HISTOIRE
DE NAPOLÉON.

BRUXELLES, IMPRIMERIE D'ARNOLD LACROSSE.

HISTOIRE DE NAPOLÉON

ET

DE LA GRANDE-ARMÉE

PENDANT L'ANNÉE 1812;

PAR

M. le général comte de Ségur.

> Quamquam animus meminisse horret, luctuque refugit,
> Incipiam..........
> VIRG.

TOME PREMIER.

BRUXELLES,

ARNOLD LACROSSE, IMPRIMEUR-LIBRAIRE,
RUE DE LA MONTAGNE, N° 1015.

1825.

Aux Vétérans de la Grande-Armée.

Mes Compagnons,

J'entreprends de tracer l'histoire de la grande-armée et de son chef pendant l'année 1812. J'adresse ce tableau à ceux d'entre vous que les glaces du nord ont désarmés, et qui ne peuvent plus servir la patrie que par les souvenirs de leurs malheurs et de leur gloire. Arrêtés dans votre noble carrière, vous existez plus encore dans le passé que dans le présent; mais quand les souvenirs sont si grands, il est permis de ne vivre que de souvenirs. Je ne craindrai donc pas, en vous rappelant le plus funeste de vos faits d'armes, de troubler un repos si chèrement acheté. Qui de nous ignore que, du sein de son obscurité, les regards de l'homme déchu se tournent involontairement vers l'éclat de son existence passée, même lorsque cette lueur brille sur l'écueil où se brisa sa fortune, et quand elle éclaire les débris du plus grand des naufrages.

Moi-même, je l'avouerai, un sentiment irrésistible me ramène sans cesse vers cette désastreuse époque de nos malheurs publics et privés. Je ne sais quel triste plaisir ma mémoire trouve à contempler et à reproduire les traces douloureuses que tant d'horreurs lui ont laissées. L'ame aussi est-elle donc fière de ses profondes et nombreuses cicatrices? se plaît-elle à les montrer? est-ce une possession dont elle doive s'enorgueillir? ou plutôt, après le désir de connaître, son premier besoin serait-il de faire partager ses sensations? Sentir et faire éprouver, sont-ce là les plus puissans mobiles de notre ame?

Mais, enfin, quelle que soit la cause du sentiment qui m'entraîne, je cède au besoin de retracer toutes les sensations que j'ai éprouvées dans le cours de cette funeste guerre. Je veux occuper mes loisirs à démêler, à rassembler avec ordre, et à résumer mes souvenirs épars et confondus. Compagnons, j'invoque aussi les vôtres! ne laissez pas se perdre de si grands souvenirs, achetés si cher, et qui sont pour nous le seul bien que le passé laisse à l'avenir. Seuls contre tant d'ennemis, vous tombâtes avec plus de gloire qu'ils ne se relevèrent. Sachez donc être vaincus sans honte! relevez ces nobles fronts, sillonnés de toutes les foudres de l'Europe! n'abaissez pas ces yeux qui ont vu tant de capitales soumises, tant de rois vaincus! Le sort vous devait sans doute un plus glorieux repos, mais, quel qu'il soit, il dépend de vous d'en faire un noble usage. Dictez à l'histoire vos souvenirs; la solitude et le silence du malheur sont favorables à ses travaux; et qu'enfin la vérité, toujours présente aux longues nuits de l'adversité, éclaire des veilles qui ne soient pas infructueuses.

Pour moi, j'userai du privilège, tantôt cruel, tantôt glorieux, de dire ce que j'ai vu; j'en retracerai peut-être avec un soin trop scrupuleux jusqu'aux moindres détails: mais j'ai cru que rien n'était minutieux dans ce prodigieux génie et ces faits gigantesques, sans lesquels nous ne saurions pas jusqu'où peut aller la force, la gloire et l'infortune de l'homme.

LIVRE PREMIER.

HISTOIRE DE NAPOLÉON

ET

DE LA GRANDE-ARMÉE

PENDANT L'ANNÉE 1812.

LIVRE PREMIER.

CHAPITRE I.

Depuis 1807, l'intervalle entre le Rhin et le Niémen était franchi, et ces deux fleuves devenus rivaux. Par ses concessions à Tilsitt, aux dépens de la Prusse, de la Suède et de la Turquie, Napoléon n'avait gagné qu'Alexandre. Ce traité était le résultat de la défaite de la Russie, et la date de sa soumission au système continental. Il attaquait, chez les Russes, l'honneur, compris par quelques-uns, et l'intérêt, que tous comprennent.

Par le système continental, Napoléon avait déclaré une guerre à mort aux Anglais; il y attachait son honneur, son existence politique, et celle de la France. Ce système repoussait du continent toutes les marchandises, ou anglaises, ou qui avaient payé un droit quelconque à l'Angleterre. Il ne pouvait réussir que par un accord unanime : on ne devait l'espérer que d'une domination unique et universelle.

D'ailleurs la France s'était aliéné les peuples par ses conquêtes, et les rois par sa révolution et sa dynastie nouvelle. Elle ne pouvait plus avoir d'amis ni de rivaux, mais seulement des sujets; car les uns eussent été faux, et les autres implacables : il fallait donc que tous lui fussent soumis, ou elle à tous.

C'est ainsi que son chef, entraîné par sa position, et poussé par son caractère entreprenant, se remplit du vaste projet de rester seul maître de l'Europe, en écrasant la Russie et en lui arrachant la Pologne. Il le contenait avec tant de peine que déjà il commençait à lui échapper de toutes parts. Les immenses préparatifs que nécessitait une si lointaine entreprise, ces amas de vivres et de munitions, tous ces bruits d'armes, de chariots, et des pas de tant de soldats, ce mouvement universel, ce cours majestueux et terrible de toutes les forces de l'Occident contre l'Orient, tout annonçait à l'Europe que ses deux plus grands colosses étaient près de se mesurer.

Mais, pour atteindre la Russie, il fallait dépasser l'Autriche, traverser la Prusse, et marcher entre la Suède et la Turquie : une alliance offensive avec ces quatre puissances était donc indispensable. L'Autriche était soumise à l'ascendant de Napoléon, et la Prusse à ses armes; il n'eut qu'à leur montrer son entreprise : l'Autriche s'y précipita d'elle-même : il y poussa facilement la Prusse.

Néanmoins la première s'y jeta sans aveuglement. Située entre les deux colosses du nord et de l'ouest, elle se plut à

CHAPITRE I.

les voir aux prises; elle espéra qu'ils s'affaibliraient mutuellement, et que sa force s'accroîtrait de leur épuisement. Le 14 mars 1812, elle promit trente mille hommes à la France : mais elle leur prépara en secret de prudentes instructions. Elle obtint une promesse vague d'agrandissement pour indemnité de ses frais de guerre, et se fit garantir la possession de la Gallicie. Toutefois elle admit la possibilité à venir de la cession d'une partie de cette province au royaume de Pologne; elle eût reçu en dédommagement les provinces illyriennes : l'article 6 du traité secret en fait foi.

Ainsi le succès de la guerre ne dépendit pas de la cession de la Gallicie, et des ménagemens qu'imposait la jalousie autrichienne pour cette possession. Napoléon aurait donc pu, dès son entrée à Wilna, proclamer ouvertement la libération de toute la Pologne, au lieu de tromper son attente, de l'étonner, de l'attiédir par des paroles incertaines.

C'était là pourtant un de ces points saillans qui, dans toute affaire de politique comme de guerre, sont décisifs, auxquels tout se rattache et sur lesquels il faut s'opiniâtrer. Mais, soit que Napoléon comptât trop sur l'ascendant de son génie, sur la force de son armée et sur la faiblesse d'Alexandre; ou qu'envisageant ce qu'il laissait derrière lui, il crût une guerre si lointaine trop dangereuse à faire lentement et méthodiquement; soit, comme lui-même va le dire, incertitude sur le succès de son entreprise, il négligea ou n'osa point encore se décider à proclamer la libération du pays qu'il venait affranchir.

Et cependant il avait envoyé un ambassadeur à sa diète. Lorsqu'on lui fit observer cette contradiction, il répliqua « que cette nomination était un acte de guerre, qui ne » l'engageait que pour la guerre, tandis que ses paroles » l'engageraient et pour la guerre et pour la paix. » Aussi ne l'a-t-on entendu répondre à l'enthousiasme lithuanien que par des paroles évasives, tandis qu'on l'a vu attaquer Alexandre corps à corps jusque dans Moskou.

Il négligea même de nettoyer les provinces polonaises du sud des faibles armées ennemies qui contenaient leur patriotisme, et de s'assurer, par leur insurrection fortement organisée, une base solide d'opération. Accoutumé aux voies courtes, à des coups de foudre, il voulut s'imiter lui-même, malgré la différence des lieux et des circonstances : car telle est la faiblesse de l'homme, qu'il se conduit toujours par imitation, ou des autres, ou de lui-même, c'est-à-dire, dans ce dernier cas, celui des grands hommes, par l'habitude, qui n'est qu'une imitation de soi-même; aussi est-ce par leur côté le plus fort que ces hommes extraordinaires périssent !

Celui-ci s'en remit au destin des batailles. Il s'était préparé une armée de six cent cinquante mille hommes : il crut que c'était avoir assez fait pour la victoire. Il attendit tout d'elle. Au lieu de tout sacrifier pour arriver à cette victoire, c'est par elle qu'il voulut arriver à tout : il s'en servit comme d'un moyen, quand elle devait être son but. Il la rendit ainsi trop nécessaire : elle ne l'était déjà que trop. Mais il lui confia tant d'avenir, il la surchargea d'une telle responsabilité, qu'il la fit pressante et indispensable. De là sa précipitation pour l'atteindre, afin de sortir d'une position si critique.

Au reste, qu'on ne se presse point de juger un génie aussi grand et aussi universel : bientôt on l'entendra lui-même ; on verra combien de nécessités le précipitèrent, et qu'en admettant même que la rapidité de son expédition ait été téméraire, le succès l'aurait vraisemblablement couronnée, si l'affaiblissement précoce de sa santé eût laissé aux forces physiques de ce grand homme toute la vigueur qu'avait conservée son esprit.

CHAPITRE II.

Quant à la Prusse, dont Napoléon était le maître, on ne sait si ce fut son incertitude sur le sort qu'il lui réservait, ou sur l'époque de la guerre, qui lui fit refuser, en 1811, l'alliance qu'elle lui proposait, et dont il dicta lui-même les conditions en 1812.

Son éloignement pour Frédéric-Guillaume était remarquable. On avait souvent entendu Napoléon reprocher au cabinet prussien ses traités avec la république française. « C'était, disait-il, avoir abandonné la cause des rois. » Selon lui, « les négociations de la cour de Berlin avec le » directoire décelaient une politique timide, intéressée, » sans noblesse, qui sacrifiait sa dignité et la cause générale » des trônes à de petits agrandissemens. » Chaque fois que, sur ses cartes, il suivait le tracé des frontières prussiennes, il s'irritait de les voir encore si étendues, et s'écriait: « Se peut-il que j'aie laissé à cet homme tant de pays! »

Cette aversion pour un prince pacifique et doux étonnait. Comme rien dans Napoléon n'est indigne de l'histoire, on doit en rechercher les causes. Quelques-uns en font remonter l'origine aux refus que le premier consul éprouva de Louis XVIII quand il lui fit offrir des arrangemens par l'intermédiaire du roi de Prusse : ils croient que Napoléon s'en prit au médiateur de l'inutilité de sa médiation. D'autres l'attribuent à l'enlèvement de l'agent anglais Rumbolt, que Napoléon fit saisir à Hambourg, et que Frédéric, protecteur de la neutralité du nord de l'Allemagne, l'obligea de rendre. Jusque-là une correspondance secrète avait lié Frédéric et Napoléon ; elle était si intime qu'ils se confiaient jusqu'à des détails de leur intérieur: cet événement la fit, dit-on, cesser.

Cependant, au commencement de 1805, la Russie, l'Autriche et l'Angleterre cherchaient encore vainement à engager Frédéric dans leur troisième coalition contre la France. La cour de Berlin, les princes, la reine, Hardenberg, et toute la jeunesse militaire prussienne, excités par l'ardeur de faire valoir l'héritage de gloire que leur avait laissé le grand Frédéric, ou par le désir d'effacer la honte de la campagne de 1792, s'unissaient au vœu de ces trois puissances; mais la politique pacifique de Frédéric et de son ministre Haugwitz leur résistait, quand la violation du territoire prussien vers Anspach, par le passage d'un corps français, exaspéra tellement toutes les passions prussiennes, que leur cri de guerre prévalut.

Alexandre était alors en Pologne; on l'appelle à Postdam; il y court, et, le 3 novembre 1805, il engage Frédéric dans la troisième coalition. Aussitôt l'armée prussienne s'éloigne des frontières russes, et M. de Haugwitz se rend à Brünn pour en menacer Napoléon. Mais la bataille d'Austerlitz lui impose silence, et, quatorze jours après, l'habile ministre, s'étant agilement retourné vers le vainqueur, signe avec lui le partage des fruits de la victoire.

Cependant Napoléon dissimule son mécontentement; car il a son armée à réorganiser, le grand-duché de Berg à donner à Murat son beau-frère, Neufchâtel à Berthier, Naples à conquérir pour son frère Joseph, la Suisse à médiatiser, le corps germanique à dissoudre, la confédération du Rhin à former : il veut s'en faire déclarer protecteur; changer en un royaume la république hollandaise et la donner à son frère Louis; c'est pourquoi, le 15 décembre, il a cédé le Hanovre à la Prusse, en échange d'Anspach, de Clèves et de Neufchâtel.

D'abord la possession du Hanovre séduisait Frédéric; mais,

quand il fallut signer, sa pudeur hésita : il ne voulut accepter cette province qu'à demi et comme un dépôt. Napoléon ne put concevoir une politique si timide. « Ce prince, » s'écria-t-il, n'ose donc faire ni la paix ni la guerre? Me » préfère-t-il les Anglais? est-ce encore une coalition qui se prépare? méprise-t-on mon alliance? » Cette supposition l'indigne, et le 8 mars, par un nouveau traité, il force Frédéric à déclarer la guerre à l'Angleterre, à s'emparer du Hanovre, et à recevoir des garnisons françaises dans *Wesel* et dans *Hameln*.

Le roi de Prusse se soumet seul; sa cour, ses sujets s'exaspèrent; ils reprochent à leur roi de s'être laissé vaincre sans avoir osé combattre, et, s'exaltant de leurs souvenirs, ils se croient seuls appelés à triompher du vainqueur de l'Europe. Dans leur impatience ils insultent le ministre de Napoléon : ils ont aiguisé leurs armes sur le seuil de sa porte; Napoléon lui-même, ils l'outragent. Leur reine elle-même, si brillante de graces et d'attraits, revêt un habit de guerre; leurs princes, l'un d'eux surtout, dont la démarche et les traits, dont l'intrépidité et l'esprit semblent leur promettre un héros, s'offrent à les conduire. Une ardeur, une fureur chevaleresque s'empare de tous leurs esprits.

On assure qu'en même temps des hommes, ou perfides, ou abusés, ont persuadé à Frédéric que Napoléon est forcé de se montrer pacifique, que ce guerrier ne veut point la guerre; ils ajoutent qu'il traite perfidement de la paix avec l'Angleterre, au prix de la restitution du Hanovre, qu'il veut reprendre à la Prusse. Frédéric, entraîné par le mouvement général, laisse enfin éclater toutes ces passions. Son armée s'avance, il en menace Napoléon, et quinze jours après il n'a plus d'armée, plus de royaume; il fuit seul, et Napoléon date de Berlin ses décrets contre l'Angleterre.

La Prusse humiliée et conquise, il devint impossible à

Napoléon de s'en dessaisir ; elle se serait rangée sous le canon des Russes. Ne pouvant la gagner, comme la Saxe, par un grand acte de générosité, il restait à la dénaturer, en la divisant : et cependant, soit pitié, soit effet de la présence d'Alexandre, il ne se décida pas à la démembrer. Cette position était fausse, comme la plupart de celles où l'on s'arrête en chemin; Napoléon ne tarda pas à le sentir, et quand il s'écriait, « Se peut-il que j'aie laissé à cet homme tant de pays ! » c'est que vraisemblablement il ne pardonnait pas à la Prusse la protection d'Alexandre : il la haïssait, s'y sentant haï.

 — En effet, les étincelles d'une haine jalouse et impatiente échappaient à la jeunesse prussienne, qu'exaltait une éducation patriotique, libérale et mystique. C'était au milieu d'elle que s'était élevée une puissance formidable contre celle de Napoléon : elle se composait de tout ce que sa victoire avait dédaigné ou offensé; elle avait toutes les forces des faibles et des opprimés, le droit naturel, le mystère, le fanatisme, la vengeance! La terre lui manquant, elle s'appuyait du ciel, et ses forces morales échappaient à la puissance matérielle de Napoléon. Animée de cet esprit de secte ardent, dévoué, infatigable, elle épiait tous les mouvemens de son ennemi, tous ses côtés faibles, se glissait dans tous les intervalles de sa puissance; et, se tenant prête à saisir toutes les occasions, elle savait attendre avec ce caractère patient et flegmatique des Allemands, cause de leur défaite, et contre lequel s'usait notre victoire.

Cette vaste conspiration était celle des *amis de la vertu*[*].

---

[*] En 1808, plusieurs hommes de lettres de Kœnigsberg, affligés des maux qui désolaient leur patrie, s'en prirent à la corruption générale des mœurs ; elle avait, selon ces philosophes, étouffé le véritable patriotisme dans les citoyens, la discipline dans l'armée, le courage dans le peuple. Les hommes de bien devaient donc se réunir pour régénérer la nation par l'exemple de tous les sacrifices. En conséquence ceux-ci formèrent une

CHAPITRE II.

Son chef, c'est-à-dire celui qui vint à propos pour donner une expression précise, une direction de l'ensemble à toutes ces volontés, fut *Stein*. Peut-être Napoléon eût-il pu le gagner, il préféra le punir. Son plan venait d'être découvert par un de ces hasards auxquels la police doit la plupart de ses miracles; mais quand les conjurations sont dans les intérêts, dans les passions, et jusque dans les consciences, on ne peut en saisir les fils, chacun s'entend sans se communiquer, ou plutôt tout est communication; c'est une sympathie générale et simultanée.

Ce foyer répandait ses feux, gagnait de proche en proche; il attaquait la puissance de Napoléon dans l'opinion de toute l'Allemagne, s'étendait jusqu'en Italie, et menaçait toute son existence. Déjà l'on avait pu voir

---

association qui prit le nom d'*Union morale et scientifique*. Le gouvernement l'approuva, en lui interdisant toutefois la politique. Cette résolution, toute noble qu'elle était, se serait peut-être perdue, comme tant d'autres, dans le vague de la métaphysique allemande ; mais, vers le même temps, le prince Guillaume, dépossédé du duché de Brunswick, s'était retiré dans sa principauté d'Oels en Silésie : on dit que du sein de ce refuge, il aperçut les premiers progrès de l'union morale dans la nation prussienne. Il s'y affilia et, le cœur tout rempli de haine et de vengeance, il conçut l'idée d'une autre ligue : elle devait se composer d'hommes déterminés à renverser la confédération du Rhin et à chasser les Français du sol de la Germanie. Cette union, dont le but était plus réel et plus positif que celui de la première, l'attira tout entière dans son sein, et de ces deux associations se forma celle des *amis de la vertu*.

Déjà, vers le 31 mai 1809, trois entreprises, celles de Katt, Dœrnberg et de Schill, avaient signalé son existence. Celle du duc Guillaume commença le 14 mai. Les Autrichiens la soutinrent d'abord. Après des fortunes diverses, ce chef abandonné à lui-même au milieu de l'Europe soumise, et seul avec deux mille hommes contre toute la puissance de Napoléon, ne céda pas; il lui tint tête: il se jeta sur la Saxe et sur le Hanovre; mais, n'ayant pu les soulever, il se fit jour à travers plusieurs corps français qu'il battit, joignit la mer à Elsflet, et s'échappa du continent sur des vaisseaux anglais qui l'attendaient là pour recueillir sa haine et la gloire qu'il venait d'acquérir.

que, si les circonstances nous devenaient contraires, les hommes ne manqueraient pas pour les seconder. En 1809, même avant le malheur d'Esslingen, c'étaient des Prussiens qui, les premiers, avaient osé lever contre Napoléon l'étendard de l'indépendance. Il les avait fait jeter dans les fers destinés aux galériens : tant ce cri de révolte, qui répondait à celui des Espagnols, et pouvait devenir général, lui avait paru important à étouffer.

Enfin, sans toutes ces causes de haine, la position de la Prusse entre la France et la Russie obligeait Napoléon à y être le maître : il ne pouvait y régner que par la force ; il ne pouvait y être fort qu'en l'affaiblissant.

Il ruinait ce pays, sachant bien pourtant que la pauvreté rend audacieux ; que l'espoir de gagner devient seul maître chez ceux qui n'ont plus rien à perdre ; qu'enfin, ne leur laisser que du fer, c'était les forcer de s'en servir. Aussi, dès que l'année 1812 s'approcha, avec la terrible lutte qu'elle apportait dans son sein, Frédéric, inquiet et fatigué de son asservissement, voulut en sortir par une alliance ou par la guerre. Ce fut en mars 1811 qu'il s'offrit comme auxiliaire de Napoléon pour l'expédition qui se préparait. Dans le mois de mai, et sur-tout en août suivant, il renouvelle cette proposition, et comme elle reste sans réponse satisfaisante, il déclare que les grands mouvemens militaires qui environnent, qui traversent, ou épuisent la Prusse, lui font craindre qu'on ne médite son entière destruction ; « il arme donc, puisque les circonstances en » imposent impérieusement la nécessité, et que mieux » vaut mourir l'épée à la main que de succomber avec » opprobre. »

On a dit qu'en même temps Frédéric offrit secrètement à Alexandre Graudentz, ses magasins, et lui-même à la tête de tous ses sujets insurgés, si l'armée russe s'avançait jusqu'en Silésie. S'il faut en croire les mêmes rapports, cette

proposition plut à Alexandre. Il envoie aussitôt à Bagration et à Witgenstein des ordres de marche cachetés. Ces généraux ne devaient les ouvrir qu'à la réception d'une nouvelle lettre de leur empereur, que ce prince n'écrivit pas; il changea de résolution, soit qu'il n'osât pas commencer le premier une si grande guerre, ou qu'il voulût mettre la justice du ciel et l'opinion des hommes de son côté, en ne paraissant pas l'agresseur; soit plutôt que Frédéric, moins inquiet des projets de Napoléon, se fût décidé à suivre sa fortune; soit, enfin, que les nobles sentimens qu'Alexandre exprima dans sa réponse à ce prince aient été ses seuls motifs : on assure qu'il lui écrivit « que, dans une guerre
» qui pouvait commencer par des revers, et où il faudrait
» de la persévérance, il ne se sentait assez de courage que
» pour lui seul, et que le malheur d'un allié ébranlerait
» peut-être sa résolution; qu'il répugnerait à enchaîner la
» Prusse à sa mauvaise fortune; que bonne, il la lui ferait
» toujours partager, quel qu'eût été le parti que la nécessité
» l'aurait forcé de prendre. »

Un témoin, subalterne à la vérité, mais enfin un témoin, affirme ces détails. Au reste, qu'un tel conseil ait été donné par la générosité ou par la politique d'Alexandre, ou que la nécessité ait seule déterminé Frédéric, ce qui est certain, c'est qu'il était temps pour lui qu'il se décidât : car, en février 1812, ces pourparlers avec Alexandre, s'ils existèrent, ou l'espoir d'obtenir de meilleures conditions de la France, l'ayant fait hésiter à répondre aux propositions définitives de Napoléon, celui-ci, impatient, fit occuper encore plus fortement Dantzick, et poussa Davoust en Poméranie; ses ordres, pour cet envahissement d'une province suédoise, furent répétés, pressans, et motivés, d'abord, sur le commerce illicite de la Poméranie avec les Anglais, et ensuite sur la nécessité de forcer la cour de Berlin à accéder à ses propositions. Le prince d'Eckmühl reçut même l'ordre de se tenir prêt à s'emparer subitement de toute la Prusse et de son roi, si ce monarque, huit jours après la réception de cette instruction, n'avait point conclu l'alliance offensive que la France lui dictait ; mais, tandis que le maréchal traçait le peu de marches nécessaires pour cette opération, il apprit que le traité du 24 février 1812 était ratifié.

Cette soumission n'a point encore rassuré Napoléon. A sa force il ajoute la feinte : les forteresses que, par pudeur, il laisse à Frédéric, sa défiance en convoite encore l'occupation : il exige que ce monarque n'entretienne que cinquante ou quatre-vingts invalides dans les unes ; il veut qu'il souffre la présence de plusieurs officiers français dans les autres ; toutes doivent lui envoyer leurs rapports et recevoir ses ordres. Sa sollicitude s'étend à tout. « Spandau, » dit-il dans ses lettres au maréchal Davoust, est la citadelle » de Berlin, comme Pillau est celle de Kœnigsberg ; » et déjà des troupes françaises ont l'ordre de se tenir prêtes à s'y introduire au premier signal : il en indique même la manière. A Postdam, que le roi s'est réservé, et qui est interdit à nos troupes, il veut que les officiers français se montrent souvent pour observer, et pour accoutumer le peuple à leur vue. Il recommande les plus grands égards pour Frédéric et ses sujets ; mais il exige en même temps qu'on leur enlève tout ce qui pourrait leur servir dans une révolte. Il désigne tout, jusqu'à la moindre arme ; et, prévoyant la perte d'une bataille et des vêpres prussiennes, il ordonne que ses troupes soient, ou casernées, ou campées, et mille autres précautions d'un détail infini. Enfin, dans le cas d'une descente des Anglais entre l'Elbe et la Vistule, et quoique Victor, et plus tard Augereau, dussent occuper la Prusse avec cinquante mille hommes, il s'est assuré d'un secours de dix mille Danois.

Au milieu de toutes ces précautions, sa défiance subsiste encore : quand le prince d'Hatzfeld est venu lui demander un secours de vingt-cinq millions pour les frais de la guerre qui se prépare, il a répondu à Daru « qu'il se garderait bien » de donner à un ennemi des armes contre lui-même. » C'est ainsi que Frédéric, enlacé dans un réseau de fer, qui l'environne et le saisit de toutes parts, s'est résigné à mettre vingt à trente mille hommes et la plupart de ses forteresses et de ses magasins à la disposition de Napoléon *.

* Par ce traité, la Prusse s'engageait à fournir deux cent mille quintaux de seigle, vingt-quatre mille de riz, deux millions de bouteilles de bière, quatre cent mille quintaux de froment, six cent cinquante mille de paille, trois cent cinquante mille de foin, six millions de boisseaux d'avoine, quarante-quatre mille bœufs, quinze mille chevaux, trois mille six cents voitures attelées, conduites, et portant chacune 1500 pesant; enfin, des hôpitaux pourvus de tout pour vingt mille malades. Il est vrai que toutes ces fournitures devaient être faites en déduction du reste des taxes imposées par la conquête.

CHAPITRE III.

Ces deux traités ouvraient à Napoléon le chemin de la Russie; mais, pour pénétrer dans les profondeurs de cet empire, il fallait encore s'assurer de la Suède et de la Turquie.

Toutes les combinaisons militaires s'étaient tellement agrandies, qu'il ne s'agissait plus, pour tracer un plan de guerre, de considérer la configuration d'une province, celle d'une chaîne de montagnes, ou le cours d'un fleuve. Quand des souverains tels qu'Alexandre et Napoléon se disputaient l'Europe, c'était la position générale et relative de tous les empires qu'il fallait embrasser d'un coup d'œil universel; ce n'était plus sur des cartes particulières, mais sur le globe entier que leur politique devait tracer ses plans guerriers.

Or, la Russie est maîtresse des hauteurs de l'Europe, ses flancs sont appuyés aux mers du nord et du sud. Son gouvernement ne peut que difficilement être acculé et forcé à composer, dans un espace presque imaginaire, dont la conquête exige de longues campagnes, auxquelles son climat s'oppose. Il en résulte que, sans le concours de la Turquie et de la Suède, la Russie est moins attaquable. C'était donc avec leur secours qu'il fallait la surprendre, attaquer au cœur cet empire dans sa moderne capitale, tourner au loin, en arrière de sa gauche, sa grande armée du Niémen, et non pas brusquer seulement des attaques sur une partie de son front, dans des plaines où l'espace empêche le désordre, et laisse toujours mille chemins ouverts à la retraite de cette armée.

Aussi les plus simples dans nos rangs s'attendaient-ils à

apprendre la marche combinée du grand-visir vers Kief, et celle de Bernadotte en Finlande. Déjà huit monarques étaient rangés sous les drapeaux de Napoléon; mais les deux souverains les plus intéressés à sa querelle manquaient encore à son commandement. Il était digne du grand empereur de faire marcher toutes les puissances, toutes les religions de l'Europe à l'accomplissement de ses grands desseins : alors leur succès était assuré; et si la voix d'un nouvel Homère eût manqué à ce roi de tant de rois, la voix du dix-neuvième siècle, devenu le grand siècle, l'aurait remplacée; et ce cri d'étonnement d'un âge entier, pénétrant et traversant l'avenir, aurait retenti de génération en génération jusqu'à la postérité la plus reculée.

Tant de gloire ne nous était pas réservée.

Qui de nous, dans l'armée française, ne se souvient de son étonnement, au milieu des champs russes, à la nouvelle des funestes traités des Turcs et des Suédois avec Alexandre, et comme nos regards inquiets se tournèrent vers notre droite découverte, vers notre gauche affaiblie, et sur notre retraite menacée? Alors nous ne pensions qu'aux funestes effets de cette paix entre nos alliés et notre ennemi; aujourd'hui nous éprouvons le besoin d'en connaître les causes.

Les traités conclus vers la fin du siècle dernier avaient soumis à la Russie le faible sultan des Turcs : l'expédition d'Égypte l'avait armé contre nous. Mais depuis l'avénement de Napoléon, un intérêt commun bien entendu, et l'intimité d'une correspondance mystérieuse, avaient rapproché Sélim du premier consul : une étroite liaison s'était établie entre ces deux princes; tous deux avaient même échangé leurs portraits. Sélim tentait une grande révolution dans les usages ottomans. Napoléon l'excitait et l'aidait à introduire dans l'armée musulmane la discipline européenne, quand la victoire d'Iéna, la guerre de Pologne et Sébastiani décidèrent le sultan à secouer le joug d'Alexandre. Les Anglais accoururent pour s'y opposer; mais ils furent chassés de la mer de Constantinople. Alors Napoléon écrivit ainsi à Selim.

Osterode, le 3 avril 1807.

« Mon ambassadeur m'apprend la bonne conduite et la
» bravoure des Musulmans contre nos ennemis communs.
» Tu t'es montré le digne descendant des Sélim et des
» Soliman. Tu m'as demandé quelques officiers, je te les
» envoie. J'ai regretté que tu ne m'eusses pas demandé
» quelques milliers d'hommes : tu ne m'en as demandé que
» cinq cents, j'ai ordonné aussitôt qu'ils partissent. J'en-
» tends qu'ils soient soldés et habillés à mes frais, et que tu
» sois remboursé des dépenses qu'ils pourront t'occasionner.
» Je donne ordre au commandant de mes troupes en Dal-
» matie de t'envoyer les armes, les munitions, et tout ce
» que tu me demanderas. Je donne les mêmes ordres à
» Naples, et déjà des canons ont été mis à la disposition du
» pacha de Janina. Généraux, officiers, armes de toute
» espèce, argent même, je mets tout à ta disposition. Tu
» n'as qu'à demander, demande d'une manière claire, et
» tout ce que tu demanderas je te l'enverrai sur l'heure.
» Arrange-toi avec le schah de Perse, qui est aussi l'ennemi
» des Russes; engage-le à tenir ferme et à attaquer vivement
» l'ennemi commun. J'ai battu les Russes dans une grande
» bataille ; je leur ai pris soixante-quinze canons, seize
» drapeaux, et un grand nombre de prisonniers. Je suis à
» quatre-vingts lieues en avant de Varsovie, et je vais
» profiter de quinze jours de repos que je donne à mon
» armée, pour me rendre à Varsovie et y recevoir ton
» ambassadeur. Je sens le besoin que tu as de canonniers et
» de troupes. J'en avais offert à ton ambassadeur; il n'en a
» pas voulu, dans la crainte d'alarmer la délicatesse des

» Musulmans. Confie-moi tous tes besoins; je suis assez
» puissant et assez intéressé à tes succès, tant par amitié
» que par politique, pour n'avoir rien à te refuser. Ici on
» m'a proposé la paix. On m'accordait tous les avantages
» que je pouvais désirer; mais on voulait que je ratifiasse
» l'état de choses établi entre la Porte et la Russie par le
» traité de Sistowe, et je m'y suis refusé. J'ai répondu qu'il
» fallait qu'une indépendance absolue fût assurée *à la*
» *Porte, et que tous les traités qui lui ont été arrachés*
» *pendant que la France sommeillait fussent révoqués.* »

Cette lettre de Napoléon avait été précédée et suivie d'assurances verbales, mais formelles, qu'il ne remettrait pas l'épée dans le fourreau que la Crimée n'ait été rendue au Croissant. Il avait même autorisé Sébastiani à donner au divan la copie des instructions qui renfermaient ces promesses.

Telles furent ses paroles; voici ses actions : d'abord elles s'accordèrent. Sébastiani demanda le passage par la Turquie d'une armée de vingt-cinq mille Français. Il la commandera; elle se réunira à l'armée ottomane. Il est vrai qu'un incident imprévu dérange ce projet; mais alors Napoléon fait accepter à Sélim la promesse d'un secours de neuf mille Français, dont cinq mille artilleurs, que onze vaisseaux de ligne devront porter à Constantinople. En même temps, l'ambassadeur turc est accueilli avec des égards minutieux dans le camp français : il accompagne Napoléon dans ses revues; les soins les plus caressans lui sont prodigués, et déjà le grand-écuyer de France traitait avec lui d'une alliance offensive et défensive, quand une attaque inopinée des Russes vint interrompre cette négociation. Cet ambassadeur retourne à Varsovie, où la même considération l'environne.

Il en jouissait encore le jour de la victoire décisive de Friedland; mais les jours suivans, son illusion se dissipe;

il se voit négligé : car ce n'est plus Sélim qu'il représente : une révolution vient de précipiter du trône ce souverain, l'ami de Napoléon, et avec lui l'espoir de donner aux Turcs une armée régulière sur laquelle on pût s'appuyer. Napoléon ne sait donc plus s'il pourra compter sur le secours de ces barbares. Son système change : c'est désormais Alexandre qu'il veut gagner; et, comme jamais son génie n'hésite, il est déjà prêt à lui abandonner l'empire d'Orient, pour qu'il le laisse s'emparer de l'empire d'Occident.

C'est sur-tout le système continental qu'il veut étendre; il faut qu'il en environne l'Europe, et la coopération de la Russie va compléter son développement. Alexandre promettra de fermer le nord aux Anglais, il forcera la Suède à rompre avec ces insulaires; en même temps, les Français les repousseront du centre, du midi et de l'ouest de l'Europe. Déjà même Napoléon médite l'expédition du Portugal, si ce royaume n'entre pas dans sa coalition. La Turquie n'est donc plus qu'un accessoire dans ses projets, et il consent à l'armistice et à l'entrevue de Tilsitt.

Cependant une députation de Wilna vient lui demander la liberté, et lui offrir le même dévouement qu'a montré Varsovie; mais Berthier, satisfait dans son ambition, et las de la guerre, repousse ces envoyés, qu'il appelle des traîtres à leur souverain. Le prince d'Eckmühl les accueille, il les présente à Napoléon, qui s'irrite contre Berthier, et reçoit avec bonté ces Lithuaniens, sans toutefois leur promettre son appui. Davoust représenta vainement que l'occasion était favorable, l'armée russe étant détruite; mais Napoléon répondit « que la Suède venait de lui dénoncer son
» armistice; que l'Autriche offrait sa médiation entre la
» France et la Russie, démarche qu'il jugeait hostile; que
» les Prussiens, en le voyant s'éloigner autant de la France,
» pourraient revenir de leur étonnement; qu'enfin Sélim,

». son allié fidèle, venait d'être détrôné, et que Musta-
» pha IV, dont il ignorait les dispositions, l'avait remplacé. »

L'empereur de France continua donc à traiter avec la Russie, et l'ambassadeur turc, dédaigné, oublié, erre dans nos camps, sans être appelé aux négociations qui vont terminer la guerre : bientôt il retourne à Constantinople y porter son mécontentement. Ce ne fut ni la Crimée, ni même la Moldavie et la Valachie, que le traité de Tilsitt rendit à cette cour barbare; il y fut seulement stipulé la restitution de ces deux dernières provinces par un armistice dont les conditions ne devaient pas être exécutées. Cependant, comme Napoléon s'était dit médiateur entre Mustapha et Alexandre, les ministres des deux puissances s'étaient rendus à Paris. Mais là, pendant la longue durée de cette feinte médiation, il ne daigna pas recevoir les plénipotentiaires turcs.

Si même on doit tout dire, dans l'entrevue de Tilsitt et depuis, on assure qu'il fut question d'un traité de partage de la Turquie. On proposait à la Russie de s'emparer de la Valachie, de la Moldavie, de la Bulgarie et d'une partie du mont Hémus. L'Autriche aurait eu la Servie et une partie de la Bosnie; la France, l'autre partie de cette province, l'Albanie, la Macédoine, et toute la Grèce jusqu'à Thessalonique : Constantinople, Andrinople et la Thrace devaient rester turques.

On ignore si les pourparlers sur ce partage furent une proposition sérieuse, ou seulement la communication d'une grande pensée : ce qui est sûr, c'est que, bientôt après l'entrevue de Tilsitt, Alexandre ne se trouva plus disposé à tant d'ambition. De prudentes suggestions lui avaient fait envisager le danger de substituer, à l'ignorante, aveugle et faible Turquie, un voisin actif, puissant et incommode; aussi, dans ses conversations sur ce sujet, l'empereur russe répondit-il alors : « qu'il avait assez de terres désertes;

» qu'il savait trop, par l'occupation de la Crimée, encore
» dépeuplée, ce que valaient ces conquêtes sur des reli-
» gions et des mœurs étrangères et ennemies; que de plus,
» la Russie et la France étaient trop fortes pour devenir si
» voisines; que deux corps si puissans, en contact immé-
» diat, se froisseraient; qu'il valait mieux laisser entre
» eux des intermédiaires. »

De son côté l'empereur des Français n'insistait plus; l'insurrection espagnole détournait son attention et l'appelait impérieusement avec toutes ses forces. Déjà même, avant l'entrevue d'Erfurt, quand Sébastiani était revenu de Constantinople, quoique Napoléon parût tenir encore à ce dépècement de la Turquie d'Europe, il avait cédé à ce raisonnement de son ambassadeur : « que, dans ce partage,
» tout serait contre lui; que la Russie et l'Autriche acquer-
» raient des provinces contiguës qui compléteraient leur
» ensemble, tandis qu'il nous faudrait sans cesse quatre-
» vingt mille Français en Grèce pour la contenir; qu'une
» telle armée, vu son éloignement et ses pertes, suites des
» longues marches, de la nouveauté, de l'insalubrité du
» climat, exigerait annuellement trente mille recrues, ce
» qui épuiserait la France; qu'une ligne d'opérations de
» Paris à Athènes était démesurée; que, d'ailleurs, elle
» était étranglée à son passage à Trieste; que, sur ce point,
» deux marches suffiraient aux Autrichiens pour se mettre
» en travers, et couper l'armée d'observation en Grèce de
» toutes ses communications avec l'Italie et la France. »

Ici Napoléon s'était écrié : « qu'en effet l'Autriche com-
» pliquait tout, qu'elle était là comme un embarras; qu'il
» en fallait finir, et partager l'Europe en deux empires;
» que le Danube, depuis la mer Noire jusqu'à Passau, les
» montagnes de Bohême jusqu'à Kœnigsgratz, et l'Elbe
» jusqu'à la Baltique, seraient leur démarcation. Alexandre
» deviendrait l'empereur du nord, et lui celui du midi de

» l'Europe. » Alors, descendant de cette hauteur, et revenant aux observations de Sébastiani sur le partage de la Turquie européenne, il avait terminé trois jours de conférences par ces mots : « C'est juste! il n'y a rien à répondre
» à cela! J'y renonce. D'ailleurs, cela entre dans mes vues
» sur l'Espagne : Je vais la réunir à la France. » Comment donc! s'était alors écrié Sébastiani, la réunir! Et votre frère? « Eh! qu'importe mon frère! » avait repris Napoléon : « est-ce qu'on donne un royaume comme l'Espagne?
» Je veux la réunir à la France. Je lui donnerai une grande
» représentation nationale. J'y ferai consentir l'empereur
» Alexandre, en le laissant s'emparer de la Turquie jus-
» qu'au Danube, et en évacuant Berlin. Quant à Joseph,
» je le dédommagerai. »

Ce fut alors que le congrès d'Erfurt eut lieu. Son motif ne pouvait être celui d'y soutenir les droits des Ottomans. L'armée française, imprudemment engagée au milieu de l'Espagne, n'y était point heureuse. La présence de son chef, et celle de ses armées du Rhin et de l'Elbe, y devenaient de plus en plus nécessaires, et l'Autriche avait saisi cet instant pour s'armer. Inquiet sur l'Allemagne, Napoléon a donc voulu s'assurer des dispositions d'Alexandre, conclure avec lui une alliance offensive et défensive, et même occuper cet empereur par une guerre. C'est pourquoi il lui abandonne la Turquie jusqu'au Danube.

Ainsi la Porte crut bientôt avoir à nous reprocher la guerre qui se ralluma entre elle et les Russes. Cependant, en juillet 1808, Mustapha, renversé du trône, ayant fait place à Mahmoud, celui-ci avait annoncé son avénement à l'empereur des Français; mais Napoléon, forcé de ménager Alexandre, et tout plein du regret de la mort de Sélim, détestant la barbarie des Musulmans, et méprisant un gouvernement si peu stable, ne répondait pas depuis trois ans au nouveau sultan, et paraissait ne pas le reconnaître.

Il était dans cette position douteuse avec les Turcs, quand tout-à-coup, le 21 mars 1812, six semaines seulement avant la guerre de Russie, il demande à Mahmoud son alliance; il exige que, cinq jours après cette communication, toute négociation des Turcs avec les Russes soit rompue; enfin qu'une armée de cent mille Turcs, commandée par le sultan, soit rendue sur le Danube en neuf jours. Ce qu'il offre pour prix de cet effort, c'est cette même Valachie, cette Moldavie que, dans cette circonstance, les Russes étaient trop heureux de rendre au prix d'une prompte paix; c'est aussi cette même Crimée, promise à Sélim six ans plus tôt.

On ignore si le temps que devait mettre cette dépêche à arriver fut mal calculé, si Napoléon crut l'armée turque plus forte qu'elle ne l'était, ou s'il espéra surprendre et enlever la détermination du divan par une proposition subite aussi avantageuse. Ce qu'on ne peut présumer, c'est qu'il ignorât que les usages invariables des Musulmans s'opposaient à ce que le grand-seigneur commandât en personne son armée.

Il paraît que le génie de Napoléon ne put s'abaisser jusqu'à supposer au divan la stupide ignorance qu'il montra de ses véritables intérêts. Après l'abandon qu'en 1807 l'empereur des Français avait fait des intérêts de la Turquie, peut-être ne calcula-t-il pas assez que les Musulmans se défieraient de ses nouvelles promesses; qu'ils étaient trop ignorans pour apprécier le changement qu'alors de nouvelles circonstances avaient imposé à sa politique; que ces barbares comprendraient encore moins tout l'éloignement qu'à cette époque ils lui avaient inspiré par la déposition et par le meurtre de Sélim, qu'il aimait, et avec lequel il avait espéré faire de la Turquie d'Europe une puissance militaire capable de résister à la Russie.

Peut-être aurait-il encore entraîné Mahmoud dans sa

causé s'il se fût servi plus tôt de plus grands moyens; mais, comme il l'a dit depuis, il répugna à sa fierté d'employer la corruption. Nous le verrons d'ailleurs bientôt hésiter à s'engager contre Alexandre, ou trop compter sur l'effroi que ses immenses préparatifs inspireraient à ce prince. Il se peut encore que les dernières propositions qu'il avait à faire aux Turcs étant une déclaration de guerre contre les Russes, il les ait retardées pour mieux tromper le czar sur l'époque de son invasion. Enfin, soit toutes ces causes, soit confiance motivée sur la haine des deux nations, et sur son traité d'alliance avec l'Autriche, qui venait de garantir aux Turcs la Moldavie et la Valachie, il retint dans sa route l'ambassadeur qu'il leur envoyait, et attendit, comme on vient de le voir, au dernier moment.

Mais les envoyés russes, anglais, autrichiens, suédois même, entouraient le divan, et, d'une commune voix, ils lui dirent : « Que les Turcs ne devaient leur existence » européenne qu'aux divisions des princes chrétiens; que, » dès que ceux-ci seraient réunis sous une même influence, » les Mahométans d'Europe seraient accablés, et que l'em- » pereur des Français étant près d'atteindre à cet empire » universel, c'était donc lui qu'ils devaient le plus re- » douter. »

A ces discours se joignirent les efforts des deux princes grecs Morozi. Ils étaient de la même religion qu'Alexandre : ils en attendaient la Moldavie et la Valachie. Riches de ses bienfaits et des trésors de l'Angleterre, ces drogmans éclairèrent l'ignorante insouciance des Turcs sur l'occupation et les reconnaissances militaires des frontières ottomanes par les Français. Ils firent bien plus : l'un d'eux se rendit maître de l'esprit du divan et de la capitale; l'autre de celui du grand-visir et de l'armée; et, comme le fier Mahmoud résistait et ne voulait accepter qu'une paix honorable, ces perfides Grecs firent débander son armée, et le forcèrent, par des soulèvemens, à signer avec les Russes le traité honteux de Bucharest.

Telle est, dans le sérail, la puissance de l'intrigue : deux Grecs, que les Turcs méprisaient, y décidèrent du sort de la Turquie malgré le sultan. Celui-ci, dépendant des intrigues de son palais, comme tous les despotes qui s'y renferment, céda; les Morozi l'emportèrent, mais ensuite il leur fit trancher la tête.

CHAPITRE IV.

Ce fut ainsi que nous perdîmes l'appui de la Turquie : mais la Suède nous restait encore ; son prince sortait de nos rangs ; soldat de notre armée, c'était à elle qu'il devait sa gloire et son sceptre : dès la première occasion de montrer sa reconnaissance, déserterait-il notre cause? On ne pouvait s'attendre à tant d'ingratitude ; mais ce qu'on pouvait encore moins prévoir, c'est qu'il sacrifierait les véritables et éternels intérêts de la Suède à son ancienne jalousie contre Napoléon, et peut-être à une faiblesse trop commune aux nouveaux favoris de la fortune ; si toutefois cette sujétion des hommes nouvellement parvenus aux grandeurs à ceux qui jouissent d'une illustration transmise, n'est point une nécessité de leur position plus qu'une erreur de leur amour-propre.

Dans cette grande guerre de la démocratie contre l'aristocratie, celle-ci se recruta de l'un de ses ennemis les plus acharnés. Bernadotte, jeté presque seul au milieu des noblesses et des cours anciennes, ne songea qu'à s'en faire adopter : il réussit ; mais ce succès dut lui coûter cher : pour l'obtenir, il lui fallut d'abord abandonner, au moment du danger, les anciens compagnons et les auteurs de sa gloire. Plus tard il fit plus : on l'a vu marcher sur leurs corps sanglans, s'unir à tous leurs ennemis, naguère les siens, pour écraser son ancienne patrie, et par là mettre sa patrie adoptive à la merci du premier czar ambitieux de régner sur la Baltique.

D'un autre côté, il semble que le caractère de Bernadotte et l'importance de la Suède dans la lutte décisive qui s'engageait, ne pesèrent pas assez dans la balance politique de Napoléon. Ardent et entier, son génie hasarda trop; il surchargea si fort une base solide, qu'il la fit crouler. C'est ainsi qu'ayant justement apprécié les intérêts des Suédois, comme étant naturellement liés aux siens, dès qu'il voulait affaiblir la Russie, il crut pouvoir en exiger tout, sans leur promettre assez; sa fierté ne calculant pas leur fierté, et les jugeant trop intéressés à sa cause pour qu'ils voulussent jamais s'en détacher.

Il faut, au reste, reprendre les choses de plus haut; les faits montreront que c'est à la jalouse ambition de Bernadotte autant qu'à l'inflexible fierté de Napoléon qu'il faut attribuer la défection de la Suède. Enfin, on verra que son nouveau prince s'est chargé d'une grande partie de la responsabilité de cette rupture, en mettant son alliance au prix d'une perfidie.

Quand Napoléon revint d'Égypte, ce ne fut pas d'un commun accord qu'il devint le chef de ses égaux. Alors ceux-ci, jaloux déjà de sa gloire, envièrent encore plus sa puissance. Ils ne pouvaient contester l'une, ils essayèrent de se refuser à l'autre. Moreau et plusieurs généraux, soit entraînement, soit surprise, avaient coopéré au 18 brumaire; ils s'en repentaient. Bernadotte s'y était refusé. Seul, la nuit, chez Napoléon, au milieu de mille officiers dévoués qui attendaient les ordres de ce conquérant, Bernadotte, alors républicain, avait osé résister à ses raisonnemens, refuser la seconde place de la république, et répondre à sa colère par des menaces. Napoléon le vit sortir fièrement et traverser la foule de ses partisans, emportant ses révélations, et se déclarant son adversaire et même son dénonciateur. Cependant, soit considération pour l'alliance de ce général avec son frère, soit douceur, compagne ordinaire de la force, soit étonnement, il le laissa sortir.

CHAPITRE IV.

Dans cette même nuit, un conciliabule, formé de dix députés du conseil des cinq-cents, s'était rassemblé chez S....; Bernadotte s'y rend. On y convient que le lendemain, dès neuf heures, la séance du conseil s'ouvrira; que ceux de leur opinion en seront seuls avertis; que l'on y décrétera que, pour imiter la sagesse que vient de montrer le conseil des anciens en nommant Bonaparte général de sa garde, le conseil des cinq-cents choisit Bernadotte pour commander la sienne; et que celui-ci, tout armé, se tiendra prêt à y être appelé. C'est chez S.... que ce projet est formé, c'est S.... qui court le révéler à Napoléon. Une menace suffit pour contenir ces conjurés: aucun n'osa paraître au conseil, et le lendemain la révolution du 18 brumaire s'accomplit.

Depuis, Bernadotte satisfit à la prudence par une feinte soumission : mais Napoléon garda dans son cœur le souvenir de sa résistance. Il suivait des yeux tous ses mouvemens; bientôt il l'entrevit à la tête d'une conspiration républicaine qui se trama dans l'ouest contre lui. Une proclamation prématurée la découvrit; un officier, arrêté pour d'autres causes, et complice de Bernadotte, en dénonça les auteurs. Cette fois Bernadotte était perdu si Napoléon eût pu l'en convaincre.

Il se contenta de l'exiler en Amérique sous le titre de ministre de la république. Mais la fortune aida Bernadotte, déjà à Rochefort, à retarder son embarcation jusqu'à ce que la guerre avec l'Angleterre eût éclaté. Alors il refuse de partir, et Napoléon ne peut plus l'y contraindre.

Ainsi toutes leurs relations étaient haineuses : cette animadversion ne fit qu'augmenter. Bientôt on entendit Napoléon reprocher à Bernadotte son envieuse et perfide inaction pendant la bataille d'Auerstaedt, son ordre du jour de Wagram, dans lequel il s'attribuait l'honneur de la victoire. Il lui reprochait son caractère plus ambitieux que patriote, et peut-être la séduction de ses manières, toutes choses dangereuses à un pouvoir naissant; et cependant, grades, titres, décorations, il lui avait tout prodigué : mais celui-ci, toujours ingrat, semblait ne les avoir acceptés que de la justice, ou du besoin qu'on avait de lui. Ces griefs étaient fondés.

De son côté Bernadotte, abusant de la douceur et des ménagemens de l'empereur, s'attirait de plus en plus son mécontentement, que son ambition appelait inimitié. Il demandait par quel motif Napoléon l'avait placé à Wagram dans une si dangereuse et si fausse position; pourquoi le rapport de cette victoire lui avait été si désavantageux; à quoi devait-il attribuer ce soin jaloux d'affaiblir son éloge dans les journaux par des notes insidieuses. Jusque-là pourtant cette obscure et sourde opposition de ce général contre son empereur était sans importance, mais alors un champ plus vaste s'ouvrit à leur mésintelligence.

A Tilsitt, la Suède, comme l'empire ottoman, avait été sacrifiée à la Russie et au système continental. La fausse ou folle politique de Gustave IV fut la cause de ce malheur. Depuis 1804, ce prince semblait s'être mis à la solde de l'Angleterre : lui-même avait rompu le premier l'ancienne alliance de la France et de la Suède. Il s'était opiniâtré dans cette fausse politique, jusqu'à lutter d'abord contre la France victorieuse de la Russie, et bientôt contre la Russie réunie à la France. La perte de la Poméranie en 1807, celle même de la Finlande et des îles d'Aland, réunies à la Russie en 1808, n'avaient pas ébranlé son obstination.

Ce fut alors que son peuple irrité ressaisit la puissance qui lui avait été ravie en 1772 et en 1788 par Gustave III, et dont son successeur faisait un si mauvais usage. Gustave-Adolphe IV fut arrêté, déposé, sa descendance directe exclue du trône, son oncle mis à sa place, et le prince de Holstein-Augustenbourg élu prince héréditaire de Suède. La guerre avait été la cause de cette révolution, la paix en fut le résultat: elle fut signée avec la Russie en 1809; mais le prince héréditaire nouvellement élu mourut alors subitement.

L'an 1810 venait de commencer. Dès ses premiers jours, la France avait rendu la Poméranie et l'île de Rügen à la Suède, pour prix de son accession au système continental. Les Suédois, fatigués, appauvris et devenus presque insulaires par la perte de la Finlande, rompaient à contre-cœur avec l'Angleterre, et cependant ils s'y voyaient forcés; d'une autre part, ils redoutaient la puissance si voisine et si conquérante des Russes: se sentant faibles et isolés, ils cherchèrent un appui.

Bernadotte venait de commander le corps d'armée français qui s'était emparé de la Poméranie: sa réputation militaire, et plus encore celle de sa nation et de son empereur, sa douceur attrayante, ses égards généreux, ses soins caressans pour les Suédois, avec lesquels il avait eu à traiter, conduisirent quelques-uns d'eux à jeter les yeux sur lui. Ils parurent ignorer la mésintelligence de ce maréchal avec son chef: ils s'étaient imaginé qu'en le choisissant pour leur prince, ils se donneraient en lui non-seulement un général redouté, mais aussi un puissant conciliateur entre la France et la Suède, et dans son empereur un protecteur assuré: il arriva tout le contraire.

Dans les intrigues auxquelles cette circonstance donna lieu, Bernadotte à ses plaintes précédentes contre Napoléon crut pouvoir en ajouter d'autres. Quand, malgré Charles XIII et la plupart des membres de la diète, il a été proposé pour la couronne de Suède; lorsque, soutenu dans cette prétention par le premier ministre de Charles, homme sans ancêtres, grand comme lui par lui-même, et par le comte de Wrede, le seul membre de la diète qui lui ait gardé sa voix, il vient demander à Napoléon son intervention, pourquoi celui-ci, auquel Charles XIII a demandé ses ordres, a-t-il montré tant d'indifférence ? Pourquoi lui a-t-il préféré la réunion des trois couronnes du nord sur la tête d'un prince danois ? Si lui, Bernadotte, a réussi dans cette entreprise, il ne le doit donc point à l'empereur des Français; il n'en est redevable qu'à la prétention du roi de Danemarck, qui a nui à celle du duc d'Augustenbourg [*], son plus dangereux rival ; à l'audacieuse reconnaissance du baron de Mœrner, le premier qui soit venu lui offrir de se mettre sur les rangs, et à l'aversion des Suédois pour les Danois ; il le doit sur-tout à un passe-port adroitement obtenu par son agent du ministre de Napoléon. Cette pièce a, dit-on, été audacieusement produite par l'émissaire secret de Bernadotte comme la preuve d'une mission autographe dont il se disait chargé, et du désir formel de l'empereur des Français de voir un de ses lieutenans, et l'allié de son frère, sur le trône de Suède.

Bernadotte sent d'ailleurs qu'il tient cette couronne du hasard, qui l'a fait naître dans une religion semblable à celle des Suédois; de la naissance de son fils, qui assurait l'hérédité; de l'adresse de ses agens, qui, autorisés ou non, ont fait briller aux yeux des Scandinaves quatorze millions dont son élection enrichirait le trésor de l'état; enfin, de ses soins caressans, qui lui ont gagné plusieurs Suédois naguère ses prisonniers. Mais pour Napoléon, que lui doit-il ? Quelle fut sa réponse à la nouvelle de l'offre de quelques Suédois, que lui-même est venu lui annoncer ? « Je suis trop loin de la Suède, a répliqué l'empereur des » Français, pour me mêler de ses affaires : ne comptez pas » sur mon appui. » Il est vrai qu'en même temps, soit nécessité, soit qu'il redoutât l'élection du duc d'Oldenbourg, mari de la grande-duchesse russe qui lui avait refusé sa main, soit enfin respect pour les volontés de la

---

[*] Frère du prince défunt du même nom.

CHAPITRE IV.

fortune, Napoléon ayant déclaré qu'il la laisserait en décider, Bernadotte avait été élu prince de Suède.

Alors le nouveau prince s'est rendu chez Napoléon. Celui-ci l'accueille franchement. « On vous offre donc la
» couronne de Suède, lui dit-il, je vous permets de l'ac-
» cepter. J'avais un autre désir, vous le savez; mais enfin
» c'est votre épée qui vous fait roi, et vous comprenez que
» ce n'est pas à moi à m'opposer à votre fortune. » Il lui découvre alors toute sa politique. Bernadotte paraît entraîné : tous les jours il se montre au lever de l'empereur avec son fils, se mêlant aux autres courtisans. Par ces marques de déférence, il pénètre dans le cœur de Napoléon. Il va partir, mais pauvre. L'empereur ne veut pas qu'il se présente au trône de Suède ainsi dépourvu et comme un aventurier : il lui donne généreusement deux millions de son trésor; il accorde même à la famille du nouveau prince les dotations que celui-ci ne pouvait plus conserver comme prince étranger; enfin ils se séparent satisfaits.

Mais les espérances de Napoléon sur l'alliance de la Suède s'étaient accrues de ce choix et de ses bienfaits. D'abord, la correspondance de Bernadotte fut celle d'un inférieur reconnaissant; mais, dès ses premiers pas hors de la France, se sentant comme soulagé d'une longue et pénible contrainte, on dit que sa haine contre Napoléon s'exhala en discours menaçans : vrais ou faux, ils furent dénoncés à l'empereur.

De son côté, ce souverain, forcé d'être absolu dans son système continental, gêne le commerce de la Suède; il veut exclure jusqu'aux vaisseaux américains des ports de ce royaume; enfin il déclare qu'il ne reconnaît plus pour amis que les ennemis de la Grande-Bretagne. Bernadotte fut forcé de choisir : l'hiver et la mer le séparaient des secours ou de l'agression des Anglais; les Français touchaient à ses ports : la guerre avec la France aurait donc été réelle et présente ; la guerre avec l'Angleterre pouvait n'être que fictive. Le prince de Suède choisit ce dernier parti.

Cependant Napoléon, aussi conquérant dans la paix que dans la guerre, et se défiant des intentions de Bernadotte, avait demandé plusieurs équipages de vaisseaux à la Suède, pour sa flotte de Brest, et l'envoi d'un corps de troupes qu'il solderait ; affaiblissant ainsi ses alliés pour dompter ses ennemis, ce qui le laissait maître des uns et des autres. Il exige ensuite que les denrées coloniales soient soumises en Suède, comme en France, à un droit de cinq pour cent. On assure même qu'il fit demander à Bernadotte que des douaniers français fussent soufferts à Gothenbourg. Ces demandes furent éludées.

Bientôt après Napoléon proposa une alliance entre la Suède, Copenhague et Varsovie : confédération du Nord, dont il se serait fait chef comme de celle du Rhin. La réponse de Bernadotte, sans être négative, eut le même effet ; il en fut de même pour un traité offensif et défensif que lui offrit encore Napoléon. Depuis, Bernadotte a dit que quatre fois, dans ses lettres autographes, il exposa franchement l'impossibilité où il se trouvait d'obtempérer aux désirs de Napoléon, et protesta de son attachement pour son ancien chef, mais que celui-ci ne daigna pas lui répondre. Ce silence impolitique (si le fait est vrai) ne peut s'attribuer qu'à la fierté de Napoléon, blessée des refus de Bernadotte. Il jugea sans doute les protestations de celui-ci trop fausses pour qu'elles méritassent une réponse.

On s'irritait : les communications devenaient désagréables ; elles s'interrompirent avec Alquier, ministre de France en Suède, qui fut rappelé. Cependant, la prétendue déclaration de guerre de Bernadotte contre l'Angleterre restait sans effet, et Napoléon, qu'on ne pouvait ni refuser ni tromper impunément, faisait la guerre au commerce suédois par ses corsaires. Avec eux, et par l'envahissement de la Poméranie suédoise, le 27 janvier 1812, il punit Bernadotte de ses déviations au système continental, et obtint, comme prisonniers, plusieurs des milliers de matelots et de soldats suédois, qu'il avait inutilement demandés comme auxiliaires.

Alors se rompirent nos liens avec la Russie. Aussitôt Napoléon s'adresse au prince de Suède : ses notes furent d'un suzerain qui croit parler dans l'intérêt de son vassal, qui sent ses droits à sa reconnaissance, ou à sa soumission, et qui y compte. Il exigeait que Bernadotte déclarât une guerre réelle à l'Angleterre, qu'il lui fermât la Baltique, et qu'il armât quarante mille Suédois contre la Russie. En récompense, il lui promettait sa protection, la Finlande, et vingt millions, pour une valeur pareille de denrées coloniales, que les Suédois devraient d'abord livrer. L'Autriche se chargea d'appuyer cette proposition ; mais Bernadotte, déjà fait au trône, répondit en prince indépendant. Ostensiblement, il se déclarait neutre, ouvrait ses ports à toutes les nations, rappelait ses droits, ses griefs, invoquait l'humanité, conseillait la paix, et se proposait lui-même pour médiateur : secrètement, il s'offrait à Napoléon au prix de la Norwège, de la Finlande, et d'un subside.

A la lecture de ce style nouveau et inattendu, Napoléon est saisi d'étonnement et de colère. Il y voit, non sans raison, une défection préméditée par Bernadotte, un accord secret avec ses ennemis! il s'agite d'indignation : il s'écrie, en frappant violemment cette lettre et la table sur laquelle elle est ouverte : « Lui! le misérable! il me donne des conseils! il veut
» me faire la loi! il m'ose proposer une infamie *! Un
» homme qui tient tout de ma bonté! Quelle ingratitude! »

---

* Napoléon voulait sûrement parler de la proposition que lui faisait Bernadotte d'ôter la Norwège au Danemarck, son allié fidèle, pour acheter par cette perfidie le secours de la Suède.

Puis, se promenant à grands pas, il laisse par intervalles échapper ces paroles : « Je devais m'y attendre! il a tou-
» jours tout sacrifié à ses intérêts! C'est le même homme
» qui, pendant son court ministère, a tenté la résurrection
» des infames jacobins! Quand il n'espérait que dans le
» désordre, il s'est opposé au 18 brumaire! C'est lui qui
» a conspiré dans l'ouest contre le rétablissement de la
» justice et de la religion! Son envieuse et perfide inaction
» n'a-t-elle pas déjà trahi l'armée française à Auerstaedt!
» Que de fois, par égard pour Joseph, j'ai pardonné à ses
» intrigues et dissimulé ses fautes! Pourtant je l'ai fait
» général en chef, maréchal, duc, prince, et roi enfin!
» Mais que font à un ingrat tant de bienfaits, et le pardon
» de tant d'injures! Depuis un siècle, si la Suède, à demi
» dévorée par la Russie, existe encore indépendante, c'est
» grace à l'appui de la France; mais il n'importe. Il faut
» à Bernadotte le baptême de l'ancienne aristocratie! un
» baptême de sang, et de sang français! et vous allez voir
» que, pour satisfaire son envie et son ambition, il va tra-
» hir à la fois et son ancienne et sa nouvelle patrie. »

En vain on cherche à le calmer. On lui objecte tout ce qu'impose à Bernadotte sa nouvelle position; que la cession de la Finlande à la Russie a séparé la Suède du continent; en a fait comme une île, et conséquemment l'a rangée sous le système anglais. Dans de si graves circonstances, tout le besoin qu'il a de cet allié ne peut vaincre sa fierté, révoltée d'une proposition qu'il regarde comme outrageante ; peut-être aussi, dans le nouveau prince de Suède, voit-il trop encore ce Bernadotte naguère son sujet, son inférieur militaire, et qui prétend enfin s'être fait une destinée indépendante de la sienne. Dès lors ses instructions se ressentirent de cette disposition : son ministre en adoucit, il est vrai, l'amertume, mais une rupture était inévitable.

CHAPITRE IV.

On ignore ce qui y contribua le plus, de la fierté de Napoléon, ou de l'ancienne jalousie de Bernadotte; ce qui est certain, c'est que du côté de l'empereur des Français les motifs furent honorables. « Le Danemarck était, » disait-il, son allié le plus fidèle; son attachement à la » France lui avait coûté sa flotte et avait amené l'in- » cendie de sa capitale. Fallait-il encore payer une fidé- » lité si cruellement prouvée, par une perfidie, en lui » arrachant la Norwège pour la donner à la Suède? »

Quant au subside qu'on lui demandait, il répondit, comme pour la Turquie, « que s'il fallait faire la guerre » avec de l'argent, l'Angleterre renchérirait toujours sur » lui. » Et sur-tout « qu'il y avait de la faiblesse et de » la honte à réussir par la corruption. » Rentrant par là dans son orgueil blessé, il termina cette négociation en s'écriant : « Bernadotte m'imposer des conditions ! » pense-t-il donc que j'ai besoin de lui ? Je saurai bien » l'enchaîner à ma victoire, et le forcer de suivre mon » impulsion souveraine ! »

Cependant l'active et spéculative Angleterre, hors d'atteinte, jugeait sainement des coups qu'il fallait porter, et trouvait les Russes dociles à ses suggestions. C'était elle qui depuis trois ans cherchait à attirer et à épuiser les forces de Napoléon dans les défilés de l'Espagne ; ce fut encore elle qui sut alors profiter de la vindicative inimitié des princes de Suède.

Sachant que l'amour-propre actif et travailleur des hommes qui parviennent reste toujours inquiet et susceptible devant les hommes anciennement parvenus, elle et Alexandre employèrent les promesses, et sur-tout les manières les plus séduisantes, pour enivrer Bernadotte. Ainsi ils caressèrent ce prince, quand Napoléon irrité le menaçait; ils lui promirent la Norwège et un subside, quand celui-ci, forcé de lui refuser cette province d'un allié fidèle, faisait occuper la Poméranie. Quand Napoléon, prince né de lui-même, se fondant sur des traités, sur d'anciens bienfaits et sur les intérêts réels de la Suède, exigeait des secours de Bernadotte, les princes anciens de Londres et de Pétersbourg lui demandaient des avis avec déférence, ils se soumettaient d'avance aux conseils de son expérience. Enfin, quand le génie de Napoléon, la grandeur de son élévation, l'importance de son entreprise, et l'habitude de leurs anciennes relations classaient encore Bernadotte comme son lieutenant, ceux-ci semblaient déjà le regarder comme leur général. Comment ne pas chercher à échapper d'une part à cette infériorité, et de l'autre résister à des formes et à des promesses si séduisantes? Aussi l'avenir de la Suède y fut sacrifié, et son indépendance livrée pour jamais à la foi des Russes par le traité de Pétersbourg, que Bernadotte signa le 24 mars 1812. Celui de Bucharest, entre Alexandre et Mahmoud, fut conclu le 28 mai. Ce fut ainsi que nous perdîmes l'appui de nos deux ailes.

Néanmoins l'empereur des Français, à la tête de plus de six cent mille hommes, et déjà engagé trop avant, espéra que sa force déciderait de tout; qu'une victoire sur le Niémen trancherait toutes ces difficultés diplomatiques qu'il méprisa trop peut-être; qu'alors tous les princes de l'Europe, forcés de reconnaître son étoile, s'empresseraient de rentrer dans son système, et qu'il entraînerait dans son tourbillon tous ces satellites.

LIVRE SECOND.

LIVRE SECOND.

CHAPITRE I.

Cependant Napoléon est encore à Paris, au milieu de ses grands, effrayés du terrible choc qui se prépare. Ceux-ci n'ont plus rien à acquérir, ils ont beaucoup à conserver : ainsi leur intérêt personnel se réunit au vœu général des peuples, fatigués de la guerre; et sans contester l'utilité de cette expédition, ils en redoutent les approches. Mais ils n'en parlent qu'entre eux, secrètement, soit qu'ils craignent de déplaire, de nuire à la confiance des peuples, ou d'être démentis par le succès : c'est pourquoi, devant Napoléon, ils se taisent, et semblent même ne pas être instruits d'une guerre qui, depuis long-temps, est le sujet des conversations de toute l'Europe.

Mais enfin ce respect silencieux, que lui-même avait pris soin d'imposer, l'importune; il y soupçonne plus d'improbation que de réserve, l'obéissance ne lui suffit plus, il veut y ajouter la conviction : ce sera une nouvelle conquête! Il sait d'ailleurs mesurer, mieux que personne, cette puissance de l'opinion, qui, selon lui, *crée ou tue les souverains*. Enfin, soit politique, soit amour-propre, il aime à persuader.

Telles étaient les dispositions de Napoléon et celles des grands qui l'entouraient, quand le voile étant près de se déchirer et la guerre évidente, leur silence avec lui devint plus indiscret que quelques paroles hasardées à propos. Les uns prirent donc l'initiative; l'empereur prévint les autres.

On * parut d'abord concevoir toutes les nécessités de sa position: « Il fallait achever l'ouvrage commencé; on ne
» pouvait s'arrêter sur une pente aussi rapide, et si près
» du sommet. L'empire de l'Europe convenait à son génie;
» la France en serait le centre et la base; autour d'elle,
» grande et entière, elle ne verrait que de faibles états,
» tellement divisés, que toute coalition deviendrait mé-
» prisable et impossible: mais, avec un tel but, pourquoi
» ne commençait-il pas par soumettre et partager ce qui
» était autour de lui? »

A cette objection, Napoléon répondit « que tel avait été
» son projet en 1809, dans la guerre d'Autriche, mais
» que le malheur d'Esslingen avait dérangé son plan: que
» même telle avait été sa pensée, quand, dès Tilsitt et par
» l'entremise de Murat, il voulut s'allier à la Russie par un
» mariage: mais que le refus de la princesse russe, et
» son union précipitée avec le duc d'Oldenbourg, l'avaient
» conduit à épouser une princesse autrichienne, et à s'ap-
» puyer de l'empereur d'Autriche contre l'empereur russe.

» Qu'il ne créait pas les circonstances, mais qu'il ne vou-
» lait pas les laisser échapper; qu'il les concevait toutes, et se
» tenait prêt, tout ce qui était possible devant arriver; qu'il
» sentait bien que, pour accomplir ses desseins, il lui fallait
» douze ans, mais qu'il n'avait pas le temps de les attendre.

» Qu'au reste, il n'avait pas provoqué cette guerre; qu'il
» avait été fidèle à ses engagemens envers Alexandre: la
» preuve s'en trouvait assez dans la froideur de ses rela-
» tions avec la Turquie et la Suède, livrées à la Russie,
» l'une presque entière, l'autre dépossédée de la Finlande,
» et même de l'île d'Aland, si voisine de Stockholm. Qu'il
» n'avait répondu aux cris de détresse des Suédois qu'en
» leur conseillant cette cession.

* L'archichancelier.

» Que cependant, dès 1809, l'armée russe, destinée à
» agir de concert avec Poniatowski dans la Gallicie autri-
» chienne, s'était présentée trop tard, trop faible, et avait
» agi perfidement; que depuis, Alexandre, par l'ukase
» du 31 décembre 1810, avait manqué au système con-
» tinental, et avait, par ses prohibitions, déclaré une
» guerre réelle au commerce français; qu'il savait bien
» que l'intérêt et l'esprit national des Russes avaient pu
» l'y contraindre, mais qu'alors il avait fait dire à leur
» empereur qu'il concevait sa position, et qu'il entrerait
» dans tous les arrangemens qu'exigerait son repos; et
» pourtant qu'Alexandre, au lieu de modifier son ukase,
» avait rassemblé quatre-vingt-dix mille hommes, sous
» prétexte de soutenir ses douaniers; qu'il s'était laissé
» gagner par l'Angleterre; qu'enfin aujourd'hui ce prince
» refusait de reconnaître la trente-deuxième division
» militaire, et demandait l'évacuation de la Prusse par les
» Français; ce qui équivalait à une déclaration de guerre. »

A travers ces griefs, dont plusieurs étaient fondés, on croyait voir que la fierté de Napoléon était encore blessée du refus qu'en 1807 la Russie avait fait de sa main, puisqu'il s'était exposé à la guerre en expropriant la princesse russe d'Oldenbourg de son duché.

Au reste, toutes ces passions qui gouvernent si despotiquement les autres hommes étaient de trop faibles mobiles pour un génie aussi ferme et aussi vaste; elles purent tout au plus déterminer en lui de premiers mouvemens qui l'engagèrent plus tôt qu'il n'eût voulu. Mais, sans pénétrer si avant dans les replis de cette grande ame, une seule pensée, un fait évident suffisait pour le précipiter tôt ou tard dans cette lutte décisive : c'était l'existence d'un empire rival du sien par une égale grandeur, mais jeune encore comme son prince, et grandissant chaque jour; quand l'empire français, déjà mûr comme son empereur, ne pouvait plus guère que décroître.

A quelque hauteur qu'il eût élevé le trône du sud et de l'ouest de l'Europe, Napoléon apercevait le trône septentrional d'Alexandre prêt encore à le dominer par sa position éternellement menaçante. Sur ces sommets glacés de l'Europe, d'où jadis s'étaient précipités tant de flots de barbares, il voyait se former tous les élémens d'un nouveau débordement. Jusque-là l'Autriche et la Prusse avaient été des barrières suffisantes, mais lui-même les avait renversées ou abaissées : il restait donc seul en présence, et seul le défenseur de la civilisation, de la richesse et de toutes les jouissances des peuples du sud, contre la rudesse ignorante, contre les désirs avides des peuples pauvres du nord, et contre l'ambition de leur empereur et de sa noblesse.

Il était évident que la guerre seule pouvait décider de ce grand débat, de cette grande et éternelle lutte, du pauvre contre le riche; et cependant, de notre côté, cette guerre n'était ni européenne, ni même nationale. L'Europe y marchait à contre-cœur, parce que le but de cette expédition était d'ajouter aux forces de celui qui l'avait conquise. La France épuisée voulait du repos; ses grands, qui formaient la cour de Napoléon, s'effrayaient de ce redoublement de guerre, de la dispersion de nos armées de Cadix à Moskou; et tout en concevant la nécessité à venir de ce grand débat, l'urgence ne leur en était pas démontrée.

Ils savaient que c'était sur-tout dans l'intérêt de sa politique qu'il fallait chercher à ébranler un prince dont le principe était « qu'il y a des hommes dont la » conduite ne peut que rarement être réglée par leurs » sentimens, mais toujours par les circonstances. » Dans cette pensée, ses ministres lui dirent, l'un *, « que ses » finances avaient besoin de repos; » mais il répondit:

---

* Le comte Mollien.

« Au contraire, elles s'embarrassent, il leur faut la guerre. »
Un autre ajouta * : « qu'à la vérité jamais l'état de ses
» revenus n'avait été plus satisfaisant : qu'après un compte
» rendu de trois à quatre milliards, il était admirable
» qu'on se trouvât sans dettes exigibles, mais que tant
» de prospérités touchaient à leur terme ; puisqu'il pa-
» raissait qu'avec l'année 1812 allait commencer une cam-
» pagne ruineuse : que jusque-là la guerre avait nourri
» la guerre ; que par-tout on avait trouvé la table mise,
» mais qu'à l'avenir nous ne pourrions plus vivre aux
» dépens de l'Allemagne, devenue notre alliée ; bien loin
» de là, il faudrait nourrir ses contingens, et cela sans
» espoir de dédommagemens, quel que fût le succès ;
» car on aurait à payer de Paris chaque ration de pain
» qui se mangerait à Moskou, les nouveaux champs de
» bataille n'offrant à recueillir, après la gloire, que des
» chanvres, des goudrons et des mâtures, qui ne servi-
» raient sans doute pas à acquitter les frais d'une guerre
» continentale. Que la France n'était pas en état de dé-
» frayer ainsi l'Europe, sur-tout dans l'instant où ses
» ressources s'écoulaient vers l'Espagne ; que c'était met-
» tre à la fois le feu aux extrémités, et qu'alors, re-
» fluant vers le centre épuisé par tant d'efforts, il pourrait
» nous consumer nous-mêmes. »

Ce ministre avait été écouté ; l'empereur le regardait d'un air riant, accompagné d'une caresse qui lui était familière. Il pensait avoir persuadé, mais Napoléon lui dit : « Vous croyez donc que je ne saurai pas bien à qui faire » payer les frais de la guerre ? » Le duc cherchait à comprendre sur qui tomberait ce fardeau, quand l'Empereur par un seul mot, dévoilant toute la grandeur de ses projets, ferma la bouche à son ministre étonné.

* Le duc de Gaëte.

Il n'appréciait pourtant que trop bien toutes les difficultés de son entreprise. Ce fut là peut-être ce qui lui attira le reproche de s'être servi d'un moyen qu'il avait repoussé dans la guerre d'Autriche, et dont, en 1793, le célèbre Pitt avait donné l'exemple.

Vers la fin de 1811, le préfet de police de Paris apprit, dit-on, qu'un imprimeur contrefaisait secrètement des billets de banque russes; il l'envoie saisir; celui-ci résiste, mais enfin sa maison est forcée, et il est conduit devant le magistrat, qu'il étonne par son assurance, et plus encore en se réclamant du ministre de la police. Cet imprimeur fut relâché sur-le-champ; on a même ajouté qu'il continua sa contrefaçon, et que, dès nos premiers pas en Lithuanie, nous répandîmes le bruit qu'à Wilna nous nous étions emparés de plusieurs millions de billets de banque russes, dans les caisses de l'armée ennemie.

Quelle qu'ait été l'origine de cette fausse monnaie, Napoléon ne la vit qu'avec une extrême répugnance: on ignore même s'il se décida à en faire usage; du moins est-il certain qu'aux jours de notre retraite, et quand nous abandonnâmes Wilna, la plupart de ces billets s'y retrouvèrent intacts, et furent brûlés par ses ordres.

CHAPITRE II.

Cependant Poniatowsky, à qui cette expédition semblait promettre un trône, se joignait généreusement aux ministres de l'empereur, pour lui en montrer le danger. Dans ce prince polonais, l'amour de la patrie était une noble et grande passion; sa vie et sa mort l'ont prouvé; mais elle ne l'aveuglait pas. Il peignit la Lithuanie déserte, peu praticable; sa noblesse déjà presque à demi russe, le caractère des habitans froid et peu empressé : mais l'empereur impatient l'interrompit; il voulait des renseignemens pour entreprendre, et non pour s'abstenir.

Il est vrai que la plupart de ces objections n'étaient qu'une faible répétition de toutes celles qui, dès long-temps, s'étaient présentées à son esprit. On ignorait jusqu'à quel point il avait mesuré le danger; ses efforts multipliés, depuis le 30 décembre 1810, pour connaître le terrain qui tôt ou tard devait infailliblement devenir le théâtre d'une guerre décisive; combien d'émissaires il avait envoyés le reconnaître; la multitude de mémoires qu'il s'était fait donner sur les routes de Pétersbourg et de Moskou; sur l'esprit des habitans, principalement sur celui de la classe marchande; enfin sur les ressources de toute nature que le pays pourrait offrir : s'il persistait, c'est que, loin de s'abuser sur sa force, il ne partageait pas cette confiance, qui peut-être empêchait d'apercevoir combien l'affaiblissement de la Russie importait à l'existence à venir du grand empire français.

Dans cette vue, il s'adressa encore à trois de ses grands-officiers [*], dont les services et l'attachement connus auto-

---

[*] Le duc de Frioul, le comte de Ségur, le duc de Vicence.

risaient la franchise : tous les trois, comme ministres, envoyés et ambassadeurs, avaient, à différentes époques, connu la Russie. Il s'attacha à leur persuader l'utilité, la justice et la nécessité de cette guerre; mais l'un d'eux surtout * l'interrompait souvent avec impatience : car, dès qu'une discussion était établie, Napoléon en souffrait les écarts.

Ce grand-officier, s'abandonnant à cette impétueuse et inflexible franchise qu'il tenait de son caractère, de son éducation militaire, et peut-être aussi de la province où il était né, s'écriait: « qu'il ne fallait pas s'abuser, ni prétendre
» abuser les autres; qu'en s'emparant du continent, et même
» des états de la famille de son allié, on ne pouvait accuser
» cet allié de manquer au système continental! Quand les
» armées françaises couvraient l'Europe, comment reprocher aux Russes leur armée? Était-ce à l'ambition de
» Napoléon à dénoncer l'ambition d'Alexandre.

» Qu'au reste, la détermination de ce prince était prise;
» que la Russie une fois envahie, il n'y aurait plus de paix
» à attendre tant qu'un Français resterait sur son terri-
» toire; qu'en cela l'orgueil national et obstiné des Russes
» était d'accord avec celui de leur empereur.

» Qu'à la vérité ses sujets l'accusaient de faiblesse, mais
» que c'était à tort; qu'il ne fallait pas le juger d'après
» toutes les complaisances dont, à Tilsitt et à Erfurt, son
» admiration, son inexpérience et quelque ambition l'a-
» vaient rendu capable. Que ce prince aimait la justice;
» qu'il tenait à mettre le bon droit de son côté, et pouvait
» hésiter jusqu'à ce qu'il s'en crût appuyé, mais qu'alors il
» devenait inflexible; qu'enfin, en le considérant par rapport
» à ses sujets, il y aurait plus de danger pour lui à faire une
» honteuse paix qu'à soutenir une guerre malheureuse.

* Le duc de Vicence.

» Comment au reste ne pas voir que, dans cette guerre,
» tout était à craindre, jusqu'à nos alliés? Napoléon n'en-
» tendait-il pas leurs rois inquiets dire qu'ils n'étaient que
» ses préfets? Pour se tourner contre lui, tous n'atten-
» daient qu'une occasion; pourquoi risquer de la faire
» naître? »

Alors, appuyé de ses deux collègues, ce général ajoutait : « que, depuis 1805, un système de guerre qui for-
» çait au pillage le soldat le plus discipliné, avait semé de
» haines toute cette Allemagne qu'aujourd'hui l'empereur
» voulait franchir. Allait-il donc se jeter avec son armée,
» par-delà tous ces peuples qui n'ont point encore cica-
» trisé les plaies qu'ils nous doivent? Que d'inimitiés,
» que de vengeances ce serait mettre entre la France
» et lui!

» Et à qui demandait-il ses points d'appui? A cette
» Prusse que nous dévorons depuis cinq ans, et dont l'al-
» liance est feinte et forcée. Il va donc tracer la plus lon-
» gue ligne d'opérations qui fut jamais, à travers une
» crainte silencieuse, souple, perfide, qui, telle que cette
» cendre des volcans, cache des feux terribles dont le
» moindre choc peut produire l'éruption*!

» Après tout enfin, que lui reviendra-t-il de tant de
» conquêtes? de substituer à des rois des lieutenans, qui,
» plus ambitieux que les généraux d'Alexandre, les imi-
» teront peut-être, sans attendre la mort de leur souve-
» rain; mort qu'au reste il rencontrera infailliblement sur
» tant de champs de bataille, et cela avant d'avoir conso-
» lidé son ouvrage, chaque guerre réveillant dans l'inté-
» rieur l'espoir de tous les partis, et remettant en question
» ce qui était résolu.

» Voulait-il connaître les discours de l'armée? Eh bien!

---

* Duc de Vicence, le comte de Ségur.

» on y disait que ses meilleurs soldats étaient en Espagne;
» que les régimens, trop souvent recrutés, manquaient
» d'ensemble; qu'ils ne se connaissaient pas entre eux;
» qu'on était incertain si l'on pourrait compter l'un sur
» l'autre dans le danger; que le premier rang cachait en
» vain la faiblesse des deux autres; que déjà, faute d'âge
» et de santé, beaucoup succombaient dans les premières
» marches, sous le seul poids de leurs sacs et de leurs
» armes.

» Et pourtant, dans cette expédition, c'était moins la
» guerre qui déplaisait que le pays où l'on allait la porter[*].
» Les Lithuaniens nous appelaient, disait-on; mais sur
» quel sol? dans quel climat? au milieu de quelles mœurs?
» On les connaissait trop par la campagne de 1806 : où
» pouvoir jamais s'arrêter dans ces plaines plates et dé-
» mantelées de toute espèce de position fortifiée par l'art
» ou la nature?

» Ne savait-on pas que tous les élémens défendaient ces
» contrées depuis le premier d'octobre jusqu'au premier de
» juin; que hors du court intervalle compris entre ces
» deux époques, une armée engagée dans ces déserts de
» boue ou de glace, y pouvait périr tout entière et sans
» gloire! » Et ils ajoutaient : « que la Lithuanie était déjà
» l'Asie plus encore que l'Espagne n'était l'Afrique; et
» l'armée française, déjà comme exilée de la France par
» une guerre perpétuelle, voulait du moins rester eu-
» ropéenne.

» Enfin, quand on serait en présence de l'ennemi dans
» ces déserts, par quels motifs différens chaque armée
» serait-elle animée? Pour les Russes, la patrie, l'indé-
» pendance, tous les intérêts privés et publics, jusqu'aux
» vœux secrets de nos alliés! Pour nous, et contre tant

---

[*] Le duc de Frioul, le comte de Ségur, le duc de Vicence.

» d'obstacles, la gloire toute seule, même sans la cupidité, » que l'affreuse pauvreté de ces climats ne pourrait tenter.

» Et quel but pour tant de travaux? Les Français ne se » reconnaissaient déjà plus au milieu d'une patrie qu'aucune autre frontière naturelle ne limitait plus, et tant » y devenait grande la diversité des mœurs, des figures » et des langages. » A ce propos le plus âgé de ces grands-officiers * ajouta : « qu'on ne s'étendait pas ainsi sans s'affaiblir; que c'était perdre la France dans l'Europe, car » enfin quand la France serait l'Europe, il n'y aurait plus » de France : déjà même un tel départ ne va-t-il pas la » laisser solitaire, déserte, sans chef, sans armée, accessible à toute diversion; qui donc la défendra? *Ma renommée!* s'écria l'empereur : *J'y laisse mon nom et* » *la crainte qu'inspire une nation armée!* »

Et, sans se laisser ébranler par tant d'objections, il annonçait : « qu'il allait organiser l'empire en cohortes de ban » et d'arrière-ban, et laisser, sans défiance, à des Français » la garde de la France, de sa couronne et de sa gloire.

» Que quant à la Prusse, il s'était assuré de sa tranquillité, par l'impossibilité où il l'avait mise de remuer, » même dans le cas d'une défaite, ou d'une descente des » Anglais sur les côtes de la mer du Nord et sur nos derrières. Qu'il tenait dans sa main la police civile et militaire de ce royaume; qu'il était maître de Stettin, » Custrin, Glogau, Torgau, Spandau, et de Magdebourg; » qu'il aurait des officiers clairvoyans à Colberg et une » armée à Berlin; qu'avec ces moyens et la loyauté de la » Saxe, il n'avait rien à craindre de l'inimitié prussienne.

» Que pour le reste de l'Allemagne, une vieille politique » l'attachait à la France, ainsi que les mariages avec les » maisons de Bade, de Bavière et d'Autriche; qu'il comp-

* M. de Ségur.

» tait sur ceux de ses rois qui lui devaient leur nouveau
» titre. Qu'après avoir enchaîné l'anarchie, et s'être rangé
» du parti des rois, fort comme il l'était, ceux-ci ne pour-
» raient l'attaquer qu'en soulevant leurs peuples par les
» principes de la démocratie : mais que sans doute les sou-
» verains ne s'allieraient pas à cette ennemie naturelle des
» trônes, qui sans lui les aurait renversés, et contre la-
» quelle lui seul pouvait les défendre.

» Que d'ailleurs les Allemands étaient d'un génie mé-
» thodique et lent, et qu'avec eux il aurait toujours le
» temps pour lui; qu'il régnait dans toutes les forteresses
» de la Prusse; que Dantzick était un second Gibraltar. »
Ce qui était inexact sur-tout en hiver. « Que la Russie devait
» effrayer l'Europe de son gouvernement militaire et con-
» quérant, comme de sa population sauvage déjà si nom-
» breuse, et qui augmentait d'un demi-million tous les
» ans : n'avait-on pas vu ses armées dans toute l'Italie,
» en Allemagne et jusque sur le Rhin ! Qu'en deman-
» dant l'évacuation de la Prusse, elle voulait une chose
» impossible, parce que se dessaisir de la Prusse, après
» l'avoir tant ulcérée, c'était la donner à la Russie, qui
» s'en servirait contre nous. »

Poursuivant ensuite avec plus de chaleur, il s'écriait :
« Pourquoi menacer mon absence des différens partis en-
» core existans dans l'intérieur de l'empire? Où sont-ils?
» je n'en vois qu'un seul contre moi, celui de quelques
» royalistes, la plupart de l'ancienne noblesse, vieux et
» sans expérience. Mais ils redoutent plus ma perte qu'ils ne
» la désirent. Voici ce que je leur ai dit en Normandie : On
» me vante fort comme grand capitaine, comme politique
» habile, et l'on ne parle guère de moi comme administra-
» teur; pourtant ce que j'ai fait de plus difficile et de plus
» utile, a été d'arrêter le torrent révolutionnaire; il aurait
» tout englouti, l'Europe et vous! J'ai réuni les partis les

» plus opposés, mêlé les classes rivales, et, parmi vous
» cependant, quelques nobles obstinés résistent: ils refu-
» sent mes places! Eh! que m'importe à moi! c'est pour
» votre bien, pour votre salut que je vous les offre. Que
» feriez-vous seuls et sans moi? Vous êtes une poignée
» contre des masses! Ne voyez-vous pas qu'il faut étein-
» dre cette guerre du tiers-état contre la noblesse, par un
» mélange complet de ce qu'il y a de mieux dans les deux
» classes? Je vous tends la main, et vous la repoussez!
» Mais qu'ai-je besoin de vous? Quand je vous soutiens, je
» me fais tort à moi-même dans l'esprit du peuple; car
» que suis-je, moi? roi du tiers-état : n'est-ce point assez? »
Alors, passant avec plus de calme à une autre question,
« il connaissait, disait-il, l'ambition de ses généraux; mais
» elle était détournée par la guerre, et ne serait pas ap-
» puyée dans ses excès par des soldats français, trop fiers
» et trop attachés à leur belle patrie. Que si la guerre
» était périlleuse, la paix avait aussi ses dangers; qu'en
» ramenant ses armées dans l'intérieur, elle y renferme-
» rait et y concentrerait trop d'intérêts et de passions auda-
» cieuses, que le repos et leur réunion feraient fermen-
» ter, et qu'il ne pourrait plus contenir; qu'il fallait donner
» un cours à toutes ces ambitions; qu'après tout, il en
» craignait moins l'effet au dehors qu'au dedans. »
Enfin il ajouta: « Vous craignez la guerre pour mes jours?
» C'est ainsi qu'au temps des conspirations on voulait m'ef-
» frayer de Georges: il se trouvait par-tout sur mes pas;
» ce misérable devait tirer sur moi. Eh bien! il aurait tué
» mon aide-de-camp tout au plus; mais me tuer, moi,
» c'était impossible! avais-je donc accompli les volontés
» du destin? Je me sens poussé vers un but que je ne con-
» nais pas: quand je l'aurai atteint, dès que je n'y serai
» plus utile, alors un atome suffira pour m'abattre; mais
» jusque-là tous les efforts humains ne pourront rien contre

» moi. Paris ou l'armée, c'est donc une même chose; quand
» mon heure sera venue, une fièvre, une chute de che-
» val à la chasse, me tueront aussi bien qu'un boulet : les
» jours sont écrits! »

Cette opinion, utile au moment du danger, aveugle trop souvent les conquérans sur le prix auquel les grands résultats qu'ils obtiennent sont achetés. Ils aiment à croire à la prédestination, soit que plus que d'autres ils aient éprouvé tout ce qu'il y a d'inattendu dans les affaires des hommes, soit qu'elle les décharge d'une trop pesante responsabilité. C'était en revenir au temps des croisades, où ces mots, *Dieu le veut*, répondaient à toutes les objections d'une politique pacifique et prudente.

Car l'expédition de Napoléon en Russie a une triste ressemblance avec celles de Saint Louis en Égypte et en Afrique. Ces invasions entreprises, les unes, pour les intérêts du ciel, l'autre pour ceux de la terre, eurent une fin pareille; et ces deux grands désastres apprennent au monde que les grands et profonds calculs politiques du siècle des lumières peuvent avoir le même résultat que les élans désordonnés des passions religieuses des siècles de l'ignorance et de la superstition.

Toutefois, dans ces deux entreprises, ne comparons ni leur opportunité, ni leurs chances de succès. Celle-ci était indispensable à l'achèvement d'un grand dessein presque accompli; son but n'était point hors de portée; les moyens pour l'atteindre étaient suffisans : il se peut que l'instant en ait été mal choisi; que la conduite en ait été, tantôt trop hâtée, tantôt incertaine; et, à cet égard, les faits parleront, c'est à eux à en décider.

CHAPITRE III.

Cependant Napoléon répondait à tout; son habile main savait saisir et manier à propos tous les esprits; et, en effet, dès qu'il voulait séduire, il y avait dans son entretien une espèce d'enchantement dont il était impossible de se défendre : on se sentait moins fort que lui, et comme contraint de se soumettre à son influence. C'était, si l'on peut s'exprimer ainsi, une espèce de puissance magnétique; car son génie ardent et mobile est tout entier dans chacun de ses désirs, le moindre comme le plus important : il veut, et toutes ses forces, toutes ses facultés se réunissent pour accomplir; elles accourent, se précipitent, et, dociles, elles prennent à l'instant même les formes qui lui plaisent.

Aussi la plupart de ceux qu'il avait en vue d'engager, se trouvaient-ils entraînés comme hors d'eux-mêmes. On se sentait flatté de voir ce maître de l'Europe sembler n'avoir plus d'autre ambition, d'autre volonté que celle de vous convaincre; de voir ces traits, pour tant d'autres si terribles, n'exprimer pour vous qu'une douce et touchante bienveillance; d'entendre cet homme mystérieux, et dont chaque parole était historique, céder comme pour vous seul à l'irrésistible attrait du plus naïf et du plus confiant épanchement : et cette voix, en vous parlant, si caressante, n'était-ce pas celle dont le moindre son retentissait dans toute l'Europe, déclarait des guerres, décidait des batailles, fixait le sort des empires, élevait ou détruisait les réputations! Quel amour-propre pouvait résister au charme d'une si grande séduction! on en était saisi de toutes parts; son éloquence était d'autant plus persuasive, que lui-même semblait persuadé.

Dans cette occasion, il n'y eut pas de teintes si variées dont sa vive et fertile imagination ne colorât son projet pour convaincre et entraîner. Le même texte lui fournissait mille argumens divers : c'est le caractère et la position de chacun de ses interlocuteurs qui l'inspirent; il l'entraîne dans son entreprise, en la lui faisant envisager sous la forme, avec la couleur, et du côté qui doit lui plaire.

Voilà comme il fait entrevoir à celui qu'effraie la dépense, qu'un autre paiera cette conquête de la Russie, qu'il veut lui faire approuver.

Il dit au militaire que cette expédition hasardeuse étonne, mais qui doit être facilement séduit par la grandeur d'une idée ambitieuse, que la paix est à Constantinople, c'est-à-dire à la fin de l'Europe : il lui est libre d'entrevoir qu'alors ce ne sera pas seulement à un bâton de maréchal, mais à un sceptre qu'on pourra prétendre.

Il répond au ministre * élevé dans l'ancien monde, et qu'épouvanterait tant de sang à verser, et d'ambition à satisfaire, « que c'est une guerre toute politique; que ce » sont les Anglais seulement qu'il va attaquer en Russie; » que la campagne sera courte; qu'après on se reposera; » que c'est le cinquième acte, le dénouement. »

Avec d'autres, c'est la puissance, l'ambition des Russes et la force des événemens qui l'entraînent à la guerre malgré lui. Devant les hommes superficiels et sans expérience, avec lesquels il ne veut ni s'expliquer, ni se donner la peine de feindre, il s'écrie brusquement : « Vous ne comprenez » rien à tout ceci, vous en ignorez les antécédens et les con- » séquens ! »

Mais avec les princes de sa famille, il s'est déclaré depuis long-temps; il s'est plaint de ce qu'ils n'appréciaient pas assez sa position. « Ne voyez-vous pas, leur a-t-il dit, que je

---

* Le comte Molé.

» ne suis point né sur le trône; que je dois m'y soutenir
» comme j'y suis monté, par la gloire; qu'il faut qu'elle
» aille en croissant; qu'un particulier devenu souverain,
» comme moi, ne peut plus s'arrêter; qu'il faut qu'il monte
» sans cesse, et qu'il est perdu s'il reste stationnaire? »

Alors, il montrait toutes les anciennes dynasties armées contre la sienne, tramant des complots, préparant des guerres, et cherchant à détruire en lui le dangereux exemple d'un roi parvenu. Voilà pourquoi toute paix, à ses yeux, était une conspiration des faibles contre le fort, des vaincus contre le vainqueur, et sur-tout des grands par leur naissance contre les grands par eux-mêmes. Tant de coalitions successives l'avaient confirmé dans cette appréhension! Aussi pensait-il souvent à ne plus souffrir de puissance ancienne en Europe, et voulait-il seul faire époque, être une ère nouvelle pour les trônes, et qu'enfin tout datât de lui.

Il se découvrait ainsi tout entier aux yeux de sa famille, par ces vives peintures de sa position politique, qui ne paraîtront peut-être plus aujourd'hui ni fausses, ni trop chargées; et pourtant la douce Joséphine, toujours occupée à le retenir et à le calmer, lui avait souvent fait entendre,
« qu'avec le sentiment de la supériorité de son génie, il
» semblait n'avoir jamais assez celui de sa puissance; que,
» comme à ces caractères jaloux, il lui en fallait sans cesse
» des preuves. Comment, à travers les bruyantes acclama-
» tions de l'Europe, son oreille inquiète pouvait-elle en-
» tendre quelques voix isolées qui contestaient sa légiti-
» mité? qu'ainsi son esprit inquiet cherchait toujours l'a-
» gitation comme son élément; que, fort pour désirer,
» faible pour jouir, il serait donc le seul qu'il n'eût pu
» vaincre. »

Mais, en 1811, Joséphine était séparée de Napoléon; et, quoiqu'il allât encore lui rendre des soins dans sa retraite, la voix de cette impératrice avait perdu cette influence que donne une présence continuelle, de tendres habitudes, et le besoin des doux épanchemens.

Cependant, de nouveaux démêlés avec le pape compliquaient la position de la France. Napoléon s'adressait alors au cardinal Fesch. C'était un prêtre zélé, et tout bouillant d'une vivacité italienne : il défendait les droits ultramontains avec une ardente opiniâtreté ; et telle était la chaleur de ses discussions avec l'empereur, que, dans une occasion précédente, celui-ci, tout irrité, s'était emporté jusqu'à lui crier, « qu'il le réduirait à obéir ! — Eh ! qui conteste
» votre puissance ? répondit le cardinal : mais force n'est
» pas raison ; car si j'ai raison, toute votre puissance ne
» me fera point avoir tort. D'ailleurs, votre majesté sait
» que je ne crains pas le martyre. — Le martyre ! répli-
» qua Napoléon en passant de la violence au sourire, ah !
» n'y comptez pas, monsieur le cardinal ; c'est une affaire
» où il faut être deux, et quant à moi je ne veux martyri-
» ser personne. »

Ces discussions prirent, dit-on, un caractère plus grave vers la fin de 1811. Un témoin assure qu'alors le cardinal, jusque-là étranger à la politique, la mêla à ses controverses religieuses ; qu'il conjura Napoléon de ne pas s'attaquer ainsi aux hommes, aux élémens, aux religions, à la terre et au ciel à la fois ; et qu'enfin il lui montra la crainte de le voir succomber sous le poids de tant d'inimitiés.

Pour toute réponse à cette vive attaque, l'empereur le prit par la main, le conduisit à la fenêtre, l'ouvrit, et lui dit : « Voyez-vous là-haut cette étoile ? — Non, sire. —
» Regardez bien. — Sire, je ne la vois pas. — Eh bien ! moi
» je la vois ! » s'écria Napoléon. Le cardinal, saisi d'étonnement, se tut, s'imaginant qu'il n'y avait plus de voix humaine assez forte pour se faire entendre d'une ambition si colossale, qu'elle atteignait déjà les cieux.

CHAPITRE III.

Quant au témoin de cette scène singulière, il comprit tout autrement les paroles de son chef. Elles ne lui parurent point l'expression d'une confiance exagérée dans sa fortune, mais plutôt celle de la grande différence que Napoléon établissait entre les aperçus de son génie et ceux de la politique du cardinal!

Mais, en supposant même que l'ame de Napoléon n'ait point été exempte d'un penchant à la superstition, son esprit était à la fois trop ferme et trop éclairé pour laisser dépendre d'une faiblesse d'aussi grandes destinées. Une grande inquiétude le préoccupait : c'était la pensée de cette même mort qu'il semblait braver. Il sentait ses forces s'affaiblir, et craignait qu'après lui cet empire français, ce grand trophée de tant de travaux et de victoires, ne fût démembré.

« L'empereur russe était, disait-il, le seul souverain » qui pesât encore sur le sommet de cet immense édifice. » Jeune et plein de vie, les forces de ce rival croissaient » encore, quand déjà les siennes déclinaient. » Il lui semblait que, des bords du Niémen, Alexandre n'attendait que la nouvelle de sa mort pour se saisir du sceptre de l'Europe, et l'arracher des mains de son faible successeur. « Quand l'Italie entière, la Suisse, l'Autriche, la Prusse » et toute l'Allemagne marchaient sous ses aigles, qu'attendrait-il donc pour prévenir ce danger, et pour consolider le grand empire, en rejetant Alexandre et la puissance russe, affaiblie de la perte de toute la Pologne, » au-delà du Borysthène ? »

Telles furent ses paroles prononcées dans le secret de l'intimité; elles renferment sans doute le véritable motif de cette terrible guerre. Quant à sa précipitation à la commencer, il semblait qu'il se hâtât, poussé par l'instinct d'une mort prochaine. Une humeur âcre répandue dans son sang, et qu'il accusait de son irascibilité, « mais sans

» laquelle, disait-il, on ne gagnait pas de batailles, » le dévorait.

Qui de nous a su pénétrer assez avant dans l'organisation humaine pour affirmer que ce vice caché ne fût pas l'une des causes de cette inquiète activité qui hâtait les événemens, et qui fit sa grandeur et sa chute ?

Cet ennemi intérieur manifestait de plus en plus sa présence par une douleur secrète, et par de violentes convulsions d'estomac qu'il lui faisait éprouver. Dès 1806, à Varsovie, dans une de ces crises douloureuses, on * avait entendu Napoléon s'écrier, « qu'il portait en lui le prin- » cipe d'une fin prématurée, et qu'il périrait du même » mal que son père. »

Déjà pour lui, les courts exercices de la chasse, le galop des chevaux les plus doux, étaient une fatigue : comment soutiendrait-il donc les longues journées, et les mouvemens rapides et violens par lesquels les combats se préparent? Aussi pendant que, même autour de lui, la plupart le croyaient emporté vers la Russie par sa grande ambition, par l'inquiétude de son esprit et par son amour pour la guerre, seul et presque sans témoin, il en pesait l'énorme poids, et, poussé par la nécessité, il ne s'y décidait qu'après une pénible hésitation.

Enfin, le 3 août 1811, dans une audience, au milieu des envoyés de toute l'Europe, il éclate; mais cet emportement, présage de la guerre, est une preuve de plus de sa répugnance à la commencer. Peut-être la défaite que viennent d'essuyer les Russes à Routschouk a-t-elle enflé son espoir, et pense-t-il qu'en menaçant il arrêtera les préparatifs d'Alexandre.

C'est au prince Kourakin qu'il s'est adressé. Cet ambassadeur vient de protester des intentions pacifiques de

---

* Le comte de Lobau.

son souverain, il l'interrompt : « Non, son maître veut la guerre! il sait par ses généraux que les armées russes accourent sur le Niémen! L'empereur Alexandre trompe et gagne tous ses envoyés! » Puis apercevant Caulaincourt, il traverse rapidement la salle, et l'interpelant avec violence : « Oui, vous aussi vous êtes devenu Russe. Vous êtes séduit par l'empereur Alexandre. » Le duc répliqua fermement : « Oui, sire, parce que je le crois Français. » Napoléon se tut; mais depuis ce moment il traita froidement ce grand-officier, sans pourtant le rebuter; plusieurs fois même il essaya, par de nouveaux raisonnemens, entremêlés de caresses familières, de le faire rentrer dans son opinion, mais inutilement; il le trouva toujours inflexible, prêt à le servir, mais sans l'approuver.

CHAPITRE IV.

Pendant que Napoléon, entraîné par son caractère, par sa position et par les circonstances, paraissait ainsi désirer et hâter l'instant des combats, il gardait le secret de sa perplexité; l'année 1811 s'écoulait en pourparlers de paix et en préparatifs de guerre. 1812 venait de commencer, et déjà l'horizon s'obscurcissait. Nos armées d'Espagne avaient fléchi : Ciudad-Rodrigo venait d'être reprise par les Anglais (19 janvier 1812); les discussions de Napoléon avec le pape s'aigrissaient; Kutusof avait détruit l'armée turque sur le Danube (8 décembre 1811); la France même devenait inquiète pour ses subsistances : tout enfin semblait détourner les regards de Napoléon de la Russie, les ramener sur la France et les y fixer; et lui, bien loin de s'aveugler, il reconnaissait dans ces contrariétés les avertissemens d'une fortune toujours fidèle.

Ce fut sur-tout au milieu de ces longues nuits d'hiver, où l'on reste long-temps seul avec soi-même, que son étoile parut l'éclairer de sa plus vive lumière; elle lui montre les différens génies de tant de peuples vaincus, attendant en silence le moment de venger leur injure; les dangers qu'il court affronter, ceux qu'il laisse derrière lui, même chez lui; que, comme les états de son armée, les tables de la population de son empire étaient trompeuses, non par leur force numérique, mais par leur force réelle : on n'y compte que des hommes vieillis par le temps ou par la guerre, et des enfans : presque plus d'hommes faits! Où étaient-ils? Les pleurs des femmes; les cris des mères le disaient assez! penchées laborieusement sur cette terre qui sans elles resterait inculte, elles maudissent la guerre en lui!

Et cependant il irait attaquer la Russie sans avoir soumis l'Espagne; oubliant ce principe, dont lui-même donna si souvent le précepte et l'exemple, « de ne jamais entre-
» prendre sur deux points à la fois, mais sur un seul et
» toujours en masse! » Pourquoi enfin sortirait-il d'une situation brillante, quoique non assurée, pour se jeter dans une position si critique, où le moindre échec pouvait tout perdre, où tout revers serait décisif?

En ce moment, aucune nécessité de position, aucun sentiment d'amour-propre ne pouvait forcer Napoléon à combattre ses propres raisonnemens, et l'empêcher de s'écouter lui-même. Aussi devient-il soucieux et agité. Il rassemble les différens états de situation de chaque puissance de l'Europe; il s'en fait composer un résumé exact et complet, et s'absorbe dans cette lecture : son anxiété s'accroît; pour lui sur-tout l'irrésolution est un supplice.

Souvent on le voit à demi renversé sur un sofa, où il reste plusieurs heures, plongé dans une méditation profonde; puis il en sort tout-à-coup, comme en sursaut, convulsivement, et par des exclamations; il croit s'entendre nommer, et s'écrie : « Qui m'appelle? » Alors se levant, et marchant avec agitation : « Non, sans doute, s'est-il enfin écrié, rien
» n'est assez établi autour de moi, même chez moi, pour
» une guerre aussi lointaine! il faut la retarder de trois ans. »
Et aussitôt il dicte précipitamment le projet d'une note détaillée, par laquelle l'empereur d'Autriche, son beau-père, deviendrait médiateur entre la Russie, l'Angleterre et la France.

Il a lu les instructions qu'il vient de dicter, et il ne les signe pas; on lui en fait l'observation; il répond, comme cela lui arrivait souvent : « Non, demain matin, il ne faut
» jamais se presser d'expédier, la nuit conseille; » et il

donne ordre que cette affaire reste secrète, et qu'on laisse toujours sur sa table le résumé qui l'éclaire sur les dangers de sa position. Souvent il le relit, et chaque fois il approuve et répète ses premières conclusions.

Celui qui écrivit ses instructions ignore ce qu'elles devinrent; ce qui est certain, c'est que vers cette époque (le 25 mars 1812) Czernicheff porta de nouvelles propositions à son souverain. Napoléon offrait de déclarer qu'il ne contribuerait ni directement ni indirectement au rétablissement d'un royaume de Pologne, et de s'entendre sur les autres griefs.

Plus tard, le 17 avril, le duc de Bassano proposa à Castlereagh un arrangement relatif à la péninsule et au royaume des Deux-Siciles; et pour le reste, de traiter sur cette base, que chacune des deux puissances garderait ce que l'autre ne pouvait pas lui ôter par la guerre. Mais Castlereagh répondit que des engagemens de bonne foi ne permettraient pas à l'Angleterre de traiter sans préalablement reconnaître Ferdinand VII pour roi d'Espagne.

Le 25 avril, Maret, en faisant part au comte Romanzof de cette communication, répétait une partie des griefs de Napoléon contre la Russie. C'était, premièrement, l'ukase du 31 décembre 1810, qui prohibait l'entrée en Russie de la plupart des productions françaises, et détruisait le système continental; secondement, la protestation d'Alexandre contre la réunion du duché d'Oldenbourg; troisièmement, les armemens de la Russie.

Ce ministre rappelait que Napoléon avait offert d'accorder une indemnité au duc d'Oldenbourg, et de s'engager formellement à ne jamais concourir au rétablissement de la Pologne; qu'en 1811, il avait proposé à Alexandre de donner au prince Kourakin les pouvoirs nécessaires pour qu'il traitât avec le duc de Bassano sur tous leurs griefs; mais que l'empereur russe avait éludé cette invitation, en pro-

CHAPITRE IV.

mettant d'envoyer Nesselrode à Paris, promesse qui n'avait point eu de suite.

L'ambassadeur moskovite remit presque en même temps l'ultimatum d'Alexandre. Il voulait l'entière évacuation de la Prusse; celle de la Poméranie suédoise; une diminution de la garnison de Dantzick; du reste il offrait d'accepter une indemnité pour le duché d'Oldenbourg; il se prêtait à des arrangemens de commerce avec la France, et enfin à de vaines modifications à l'ukase du 31 décembre 1810.

Mais il était trop tard; d'ailleurs au point où l'on en était venu, cet ultimatum entraînait la guerre. Napoléon était trop fier et de lui-même et de la France, il était trop commandé par sa position, pour céder devant un négociateur menaçant, pour laisser la Prusse libre de se jeter dans les bras que lui tendaient les Russes, et pour abandonner ainsi la Pologne. Il s'était engagé trop avant, il fallait rétrograder pour trouver un point d'arrêt; et, dans sa position, Napoléon considérait tout pas rétrograde comme le commencement d'une chute complète.

CHAPITRE V.

Ses vœux tardifs n'étant pas exaucés, il envisage l'énormité de ses forces; il revient sur les souvenirs de Tilsitt et d'Erfurt; il accueille des renseignemens inexacts sur le caractère de son rival. Tantôt il espère qu'Alexandre fléchira devant l'approche d'une si menaçante invasion, tantôt il cède à son imagination conquérante; il la laisse avec complaisance se déployer, de Cadix à Kasan, et couvrir l'Europe entière. Alors son génie semble ne plus se plaire qu'à Moskou. Cette ville est à huit cents lieues de lui, et déjà il prend sur elle des renseignemens comme sur un lieu qu'on est à la veille d'occuper. Un Français, un médecin, long-temps habitant de cette capitale, lui a répondu que ses magasins et ses environs peuvent, pendant huit mois, nourrir son armée : il l'attache à sa personne.

Toutefois, sentant le péril où il s'engage, il cherche à s'entourer de tous les siens. Talleyrand même a été rappelé; il devait être envoyé à Varsovie, mais la jalousie d'un compétiteur et une intrigue le rejettent dans la disgrace. Napoléon, abusé par une calomnie adroitement répandue, crut en avoir été trahi. Sa colère fut extrême, son expression terrible. Savary fit pour l'éclairer de vains efforts, qu'il prolongea jusqu'à l'époque de notre entrée à Wilna; là, ce ministre envoyait encore à l'empereur une lettre de Talleyrand : elle montrait l'influence de la Turquie et de la Suède sur la guerre de Russie, et offrait son zèle pour ces deux négociations.

Mais Napoléon n'y répondit que par une exclamation de dédain. « Cet homme se croyait-il si nécessaire! pensait-il

» l'instruire! » Puis il força son secrétaire d'envoyer cette lettre à celui-là même de ses ministres qui redoutait le plus le crédit de Talleyrand.

Il ne serait pas exact de dire qu'autour de Napoléon tous virent cette guerre d'un œil inquiet : on entendit dans l'intérieur du palais, comme au dehors, l'ardeur de beaucoup de militaires répondre à la politique de leur chef. La plupart s'accordèrent sur la possibilité de conquérir la Russie, soit que leur espoir y vît à acquérir, suivant leur position, depuis un simple grade jusqu'à un trône; soit qu'ils se fussent laissé prendre à l'enthousiasme des Polonais; ou qu'en effet cette expédition, conduite avec sagesse, dût réussir; soit enfin qu'avec Napoléon tout leur parût possible.

Parmi les ministres de l'empereur, plusieurs désapprouvèrent; le plus grand nombre se tut; un seul fut accusé de flatterie, et ce fut sans fondement. On l'entendait, il est vrai, répéter, « que l'empereur n'était pas assez grand, » qu'il fallait qu'il fût plus grand encore, pour pouvoir » s'arrêter. » Mais ce ministre était réellement ce que tant de courtisans veulent paraître : il avait une foi réelle et absolue dans le génie et dans l'étoile de son souverain.

Au reste, c'est à tort qu'on impute à ses conseils une grande partie de nos malheurs; on n'influençait pas Napoléon : dès que son but était marqué et qu'il marchait pour l'atteindre, il n'admettait plus de contradictions. Lui-même semblait vouloir n'accueillir que ce qui flattait sa détermination; il repoussait avec humeur, et même avec une apparente incrédulité, les nouvelles fâcheuses, comme s'il eût craint de se laisser ébranler par elles. Cette façon d'être changea de nom suivant sa fortune : heureux, on l'appela force de caractère; malheureux, on n'y vit plus que de l'aveuglement.

Une telle disposition reconnue conduisit quelques subalternes à lui faire des rapports infidèles. Un ministre lui-même se crut parfois obligé de garder un silence dangereux. Les premiers enflaient les espérances de succès, pour imiter la fière assurance de leur chef, et pour que leur aspect laissât dans son esprit l'impression d'un heureux présage; le second taisait quelquefois les mauvaises nouvelles, pour éviter, a-t-il dit, les brusques repoussemens dont alors il était accueilli.

Mais cette crainte, qui n'arrêtait pas Caulaincourt et plusieurs autres, n'eut pas plus d'influence sur Duroc, Daru, Lobau, Rapp, Lauriston, et parfois même sur Berthier. Ces ministres et ces généraux, chacun en ce qui le concernait, n'épargnaient pas la vérité à l'empereur. S'il arrivait qu'elle l'irritât, alors Duroc, sans céder, s'enveloppait d'impassibilité; Lobau résistait avec rudesse; Berthier gémissait et se roulait les larmes aux yeux; Caulaincourt et Daru, l'un pâlissant, l'autre rougissant de colère, repoussaient les vives dénégations de l'empereur; le premier avec une impétueuse opiniâtreté, et le second avec une fermeté nette et sèche. On les vit plusieurs fois terminer ces altercations en se retirant brusquement et en fermant la porte sur eux avec violence.

On doit au reste ajouter ici que ces discussions animées n'eurent jamais de suites fâcheuses: on se retrouvait l'instant d'après, sans qu'il y parût autrement que par un redoublement d'estime de Napoléon, pour la noble franchise qu'on venait de lui montrer.

J'ai donné ces détails parce qu'ils ne sont point ou qu'ils sont mal connus, parce que Napoléon, dans son intérieur, ne ressemblait pas à l'empereur en public, et que cette partie du palais est restée secrète. Car, dans cette cour sérieuse et nouvelle, on parlait peu: tout était classé sévèrement, de sorte qu'un salon ignorait l'autre. Enfin, parce qu'on ne peut bien comprendre les grands événemens

CHAPITRE V.

de l'histoire qu'en connaissant bien le caractère et les mœurs de ses principaux personnages.

Cependant une famine s'annonçait en France. Bientôt la crainte universelle accrut le mal par les précautions qu'elle suggéra. L'avarice, toujours prête à saisir toutes les voies de fortune, s'empara des grains, encore à vil prix, et attendit que la faim les lui redemandât au poids de l'or. Alors l'alarme devint générale. Napoléon fut forcé de suspendre son départ : impatient il pressait son conseil; mais les mesures à prendre étaient graves, sa présence nécessaire; et cette guerre où chaque heure perdue était irréparable, fut retardée de deux mois.

L'empereur ne recula pas devant cet obstacle ; d'ailleurs ce retard donnait aux moissons nouvelles des Russes le temps de croître. Elles nourriront sa cavalerie; son armée traînera moins de transports à sa suite; sa marche étant plus légère, en sera plus rapide : il attendra donc l'ennemi, et cette grande expédition, comme tant d'autres, sera terminée par une bataille.

Tel fut son espoir! car, sans s'abuser sur sa fortune, il en calculait la puissance sur les autres : elle entrait dans l'évaluation de ses forces. C'est ainsi qu'il la mettait partout où le reste lui manquait, l'ajoutant à ce que ses moyens avaient d'insuffisant, sans craindre de l'user à force de l'employer, sûr que ses alliés, que ses ennemis y croiraient encore plus que lui-même. Toutefois, dans la suite de cette expédition, on verra qu'il fut trop confiant dans cette puissance, et qu'Alexandre sut y échapper.

Tel était Napoléon! au-dessus des passions des hommes par sa propre grandeur, et aussi, parce qu'une plus grande passion le dominait; car ces maîtres du monde le sont-ils jamais entièrement d'eux-mêmes ? Et cependant le sang allait couler; mais dans leur grande carrière, les fondateurs d'empires marchent vers leur but, comme le destin, dont ils semblent être les ministres, et que n'ont jamais arrêté ni guerre, ni tremblement de terre, ni tous ces fléaux que le ciel permet, sans daigner en faire comprendre l'utilité à ses victimes.

LIVRE TROISIÈME.

LIVRE TROISIÈME.

LIVRE TROISIÈME.

CHAPITRE I.

Le temps de délibérer était passé, et celui d'agir enfin venu. Le 9 mai 1812, Napoléon, jusque-là toujours triomphant, sort d'un palais où il ne devait plus rentrer que vaincu.

De Paris à Dresde, sa marche fut un triomphe continuel. C'était d'abord la France orientale qu'il avait à traverser; cette partie de l'empire lui était dévouée : bien différente de l'ouest et du sud, elle ne le connaissait que par des bienfaits et des triomphes. De nombreuses et brillantes armées, que la fertile Allemagne attirait, et qui croyaient marcher à une gloire prompte et certaine, traversaient fièrement ces contrées, y répandaient de l'argent, en consommaient les produits. La guerre de ce côté avait toujours l'apparence de la justice.

Plus tard, quand nos heureux bulletins y arrivèrent, l'imagination, étonnée de se voir dépassée par la réalité, s'enflamma; l'enthousiasme saisit ces peuples, comme aux temps d'Austerlitz et d'Iéna : on formait des groupes nombreux autour des courriers, on les écoutait avec ivresse, et, transporté de joie, l'on ne se séparait qu'aux cris de « Vive » l'empereur! Vive notre brave armée! »

On sait d'ailleurs que, de tout temps, cette partie de la France fut belliqueuse. Elle est frontière : on y est élevé au bruit des armes, et les armes y sont en honneur. On y disait que cette guerre devait affranchir la Pologne, tant aimée de la France; que les barbares d'Asie, dont on menaçait l'Europe, allaient être repoussés dans leurs déserts; que Napoléon rapporterait encore une fois tous les fruits de la victoire. Ne seraient-ce pas les départemens de l'est qui les recueilleraient? Jusque-là n'avaient-ils pas dû leurs richesses à la guerre, qui faisait passer par leurs mains tout le commerce de la France avec l'Europe! En effet, bloqué par-tout ailleurs, l'empire ne respirait et ne s'alimentait que par ses provinces de l'est.

Depuis dix ans, leurs routes étaient couvertes de voyageurs de tous les rangs, qui venaient admirer la grande nation, sa capitale chaque jour embellie, les chefs-d'œuvre de tous les arts et de tous les siècles, que la victoire y avait rassemblés; et sur-tout cet homme extraordinaire, prêt à porter la gloire nationale au-delà de toutes les gloires connues. Satisfaits dans leurs intérêts, comblés dans leur amour-propre, les peuples de l'est de la France devaient donc tout à la victoire. Ils ne se montrèrent point ingrats; aussi accompagnèrent-ils l'empereur de tous leurs vœux : ce fut partout des acclamations et des arcs de triomphe, par-tout un même empressement.

En Allemagne, on trouva moins d'affection, mais plus d'hommages peut-être. Vaincus et soumis, les Allemands, soit amour-propre, soit penchant pour le merveilleux, étaient tentés de voir dans Napoléon un être surnaturel. Étonnés, comme hors d'eux-mêmes, et emportés par le mouvement universel, ces bons peuples s'efforçaient d'être de bonne foi ce qu'il fallait paraître.

Ils vinrent border la longue route que suivait l'empereur. Leurs princes quittèrent leurs capitales et remplirent les villes où devait s'arrêter quelques instans, cet arbitre de leurs destins. L'impératrice et une cour nombreuse suivaient Napoléon; il marchait aux terribles chances d'une

CHAPITRE I.

guerre lointaine et décisive, comme on en revient, vainqueur et triomphant. Ce n'était pas ainsi que jadis, il avait coutume de se présenter au combat.

Il avait souhaité que l'empereur d'Autriche, plusieurs rois, et une foule de princes, vinssent à Dresde sur son passage; son désir fut satisfait; tous accoururent : les uns, guidés par l'espoir, d'autres poussés par la crainte; pour lui, son motif fut de s'assurer de son pouvoir, de le montrer, et d'en jouir.

Dans ce rapprochement avec l'antique maison d'Autriche, son ambition se plut à montrer à l'Allemagne une réunion de famille. Il pensa que cette assemblée brillante de souverains contrasterait avec l'isolement du prince russe, qu'il s'effrayerait peut-être de cet abandon général. Enfin, cette réunion de monarques coalisés semblait déclarer que la guerre de Russie était européenne.

Là, il était au centre de l'Allemagne, lui montrant son épouse, la fille des Césars, assise à ses côtés. Des peuples entiers s'étaient déplacés pour se précipiter sur ses pas; riches et pauvres, nobles comme plébéiens, amis et ennemis, tous accouraient. On voyait leur foule curieuse, attentive, se presser dans les rues, sur les routes, dans les places publiques; ils passaient des jours, des nuits entières, les yeux fixés sur la porte et sur les fenêtres de son palais. Ce n'est point sa couronne, son rang, le luxe de sa cour, c'est lui seul qu'ils viennent contempler; c'est un souvenir de ses traits qu'ils cherchent à recueillir : ils veulent pouvoir dire à leurs compatriotes, à leurs descendans moins heureux, qu'ils ont vu Napoléon.

Sur les théâtres, des poètes s'abaissèrent jusqu'à le diviniser; ainsi des peuples entiers étaient ses flatteurs.

Dans ces hommages d'admiration, il y eut peu de différence entre les rois et leurs peuples ; on n'attendit pas même à s'imiter, ce fut un accord unanime. Pourtant les sentimens intérieurs n'étaient pas les mêmes.

Dans cette importante entrevue, nous étions attentifs à considérer ce que ces princes y apporteraient d'empressement, et notre chef de fierté. Nous espérions en sa prudence, ou que blasé sur tant de puissance, il dédaignerait d'en abuser; mais celui qui, inférieur encore, n'avait parlé qu'en ordonnant, même à ses chefs, aujourd'hui vainqueur et maître de tous, pourrait-il se plier à des égards suivis et minutieux? Cependant il se montra modéré, et chercha même à plaire; mais ce fut avec effort, en laissant apercevoir la fatigue qu'il en éprouvait. Chez ces princes, il avait plutôt l'air de les recevoir que d'en être reçu.

De leur côté, on eût dit que, connaissant sa fierté, et n'espérant plus le vaincre que par lui-même, ces monarques et leurs peuples ne s'abaissaient tant autour de lui, que pour accroître disproportionnément son élévation, et l'en éblouir. Dans leurs réunions, leur attitude, leurs paroles, jusqu'au son de leur voix, attestaient son ascendant sur eux. Tous étaient là pour lui seul! Ils discutaient à peine, toujours prêts à reconnaître sa supériorité, que lui ne sentait déjà que trop bien. Un suzerain n'eût pas beaucoup plus exigé de ses vassaux.

Son lever offrait un spectacle encore plus remarquable! Des princes souverains y vinrent attendre l'audience du vainqueur de l'Europe : ils étaient tellement mêlés à ses officiers, que souvent ceux-ci s'avertissaient de prendre garde, et de ne point froisser, involontairement ces nouveaux courtisans, confondus avec eux. Ainsi la présence de Napoléon faisait disparaître les différences; il était autant leur chef que le nôtre. Cette dépendance commune semblait tout niveler autour de lui. Peut-être alors, l'orgueil militaire mal contenu, de plusieurs généraux français, choqua ces princes : on se croyait élevé jusqu'à eux; car enfin, quelle que soit la noblesse et le rang du vaincu, le vainqueur est son égal.

Cependant les plus sages d'entre nous s'effrayaient; ils disaient, mais sourdement, qu'il fallait se croire surnaturel pour tout dénaturer et déplacer ainsi, sans craindre d'être entraîné soi-même dans ce bouleversement universel. Ils voyaient ces monarques quitter le palais de Napoléon, l'œil et le sein gonflés des plus amers ressentimens. Ils croyaient les entendre, la nuit, seuls avec leurs ministres, faisant sortir de leurs cœurs cette multitude de chagrins qu'ils avaient dévorés. Tout avait aigri leur douleur! Qu'elle était importune cette foule qu'il leur avait fallu traverser, pour parvenir à la porte de leur superbe dominateur; et cependant, la leur restait déserte; car tout, même leurs peuples, semblait les trahir. En proclamant son bonheur, ne voyait-on pas qu'on insultait à leur infortune? Ils étaient donc venus à Dresde pour relever l'éclat du triomphe de Napoléon; car c'était d'eux qu'il triomphait ainsi : chaque cri d'admiration pour lui, étant un cri de reproche contre eux; sa grandeur étant leur abaissement; ses victoires, leurs défaites.

Ils répandirent sans doute ainsi leur amertume, et chaque jour la haine se creusait, dans leur sein, de plus profondes demeures. On vit d'abord un prince se soustraire à cette pénible position par un départ précipité. L'impératrice d'Autriche, dont le général Bonaparte avait dépossédé les aïeux en Italie, se distinguait par son aversion, qu'elle déguisait vainement : elle lui échappait par de premiers mouvemens que saisissait Napoléon, et qu'il domptait en souriant : mais elle employait son esprit et sa grace à pénétrer doucement dans les cœurs pour y semer sa haine.

L'impératrice de France augmenta involontairement cette funeste disposition. On la vit effacer sa belle-mère par l'éclat de sa parure : si Napoléon exigeait plus de réserve, elle résistait, pleurait même, et l'empereur cédait, soit attendrissement, fatigue, ou distraction. On assure encore que, malgré son origine, il échappa à cette princesse de mortifier l'amour-propre allemand, par des comparaisons peu mesurées, entre son ancienne et sa nouvelle patrie. Napoléon l'en grondait, mais doucement; ce patriotisme, qu'il avait inspiré, lui plaisait; il croyait réparer ces imprudences par des présens.

Cette réunion ne put donc que froisser beaucoup de sentimens. Plusieurs amours-propres en sortirent blessés. Toutefois Napoléon, s'étant efforcé de plaire, pensa les avoir satisfaits: en attendant à Dresde le résultat des marches de son armée, dont les nombreuses colonnes traversaient encore les terres des alliés, il s'occupa donc sur-tout de sa politique.

Le général Lauriston, ambassadeur de France à Pétersbourg, reçut l'ordre de demander à l'empereur russe qu'il l'autorisât à venir lui communiquer à Wilna des propositions définitives. Le général Narbonne, aide-de-camp de Napoléon, partit pour le quartier-impérial d'Alexandre, afin d'assurer ce prince des dispositions pacifiques de la France, et pour l'attirer, dit-on, à Dresde. L'archevêque de Malines fut envoyé pour diriger les élans du patriotisme polonais. Le roi de Saxe s'attendait à perdre le grand-duché; il fut flatté de l'espoir d'une indemnité plus solide.

Cependant, dès les premiers jours, on s'était étonné de n'avoir point vu le roi de Prusse grossir la cour impériale; mais bientôt on apprit qu'elle lui était comme interdite. Ce prince s'effraya d'autant plus qu'il avait moins de torts. Sa présence devait embarrasser. Toutefois, encouragé par Narbonne, il se décide à venir. On annonce son arrivée à l'empereur: celui-ci, irrité, refuse d'abord de le recevoir: « Que lui veut ce prince? N'était-ce pas assez de l'impor-
» tunité de ses lettres et de ses réclamations continuelles!
» Pourquoi vient-il encore le persécuter de sa présence!
» Qu'a-t-il besoin de lui! » Mais Duroc insiste; il rappelle

CHAPITRE I.

le besoin que Napoléon a de la Prusse contre la Russie, et les portes de l'empereur s'ouvrent au monarque. Il fut reçu froidement, mais avec les égards que l'on devait à son rang suprême. On accepta les nouvelles assurances de son dévouement, dont il donna des preuves multipliées.

On dit qu'alors on fit espérer à ce monarque la possession des provinces russes allemandes, que ses troupes devaient être chargées d'envahir. On assure même, qu'après leur conquête, il en demanda l'investiture à Napoléon. On a dit encore, mais vaguement, que Napoléon laissa le prince royal de Prusse prétendre à la main de l'une de ses nièces. C'était là le prix des services que lui rendait la Prusse dans cette nouvelle guerre. Il allait, disait-il, l'essayer. Ainsi Frédéric, devenu l'allié de Napoléon, pourrait conserver une couronne affaiblie; mais les preuves manquent pour affirmer que cette union séduisit le roi de Prusse, comme l'espoir d'une alliance pareille avait séduit le prince d'Espagne.

Telle était alors la résignation des souverains à la puissance de Napoléon. Ceci est un exemple de l'empire de la nécessité sur tous, et montre jusqu'où peut conduire, chez les princes, comme chez les particuliers, l'espoir d'acquérir et la crainte de perdre.

Cependant Napoléon attendait encore le résultat des négociations de Lauriston et du général Narbonne. Il espérait vaincre Alexandre par le seul aspect de son armée réunie, et sur-tout par l'éclat menaçant de son séjour à Dresde. A Posen, quelques jours après, lui-même en convint, quand il répondit au général Dessolles: « La réunion de Dresde » n'ayant pas déterminé Alexandre à la paix, il ne faut » plus l'attendre que de la guerre. »

Ce jour-là, il ne parla que de ses anciennes victoires. Il semblait que, doutant de l'avenir, il se retranchât dans le passé; et qu'il eût besoin de s'armer de tous ses plus glorieux souvenirs contre un grand péril. En effet, alors comme depuis, il sentit le besoin de se faire illusion sur la faiblesse prétendue du caractère de son rival. Aux approches d'une si grande invasion, il hésitait de l'envisager comme certaine : car il n'avait plus la conscience de son infaillibilité, ni cette assurance guerrière que donnent la force et le feu de la jeunesse, ni ce sentiment du succès qui l'assure.

Au reste, ces pourparlers étaient non-seulement une tentative de paix, mais encore une ruse de guerre. Par eux, il espérait rendre les Russes, ou assez négligens pour se laisser surprendre dispersés, ou assez présomptueux, s'ils étaient réunis, pour oser l'attendre. Dans l'un ou l'autre cas, la guerre se serait trouvée terminée par un coup de main ou par une victoire. Mais Lauriston ne fut pas reçu. Pour Narbonne, il revint. « Il avait, dit-il, trouvé les Russes
» sans abattement et sans jactance. De tout ce que leur em-
» pereur lui avait répondu, il résultait qu'on préférait la
» guerre à une paix honteuse : qu'on se garderait bien de
» s'exposer à une bataille contre un adversaire trop redou-
» table ; qu'enfin, on saurait se résoudre à tous les sacrifi-
» ces, pour traîner la guerre en longueur et rebuter
» Napoléon. »

Cette réponse, qui arrivait à l'empereur au milieu du plus grand éclat de sa gloire, fut dédaignée. S'il faut tout dire, j'ajouterai qu'un grand seigneur russe avait contribué à l'abuser : soit erreur ou feinte, ce Moskovite avait su lui persuader, que son souverain se rebutait devant les difficultés, et se laissait facilement abattre par les revers. Malheureusement, le souvenir des complaisances d'Alexandre à Tilsitt et à Erfurt, confirma l'empereur de France dans cette fausse opinion.

Il resta jusqu'au 29 mai à Dresde, fier de ces hommages qu'il savait apprécier ; montrant à l'Europe les princes et les rois, issus des plus antiques familles de l'Allemagne, formant une cour nombreuse à un prince né de lui seul. Il semblait se plaire à multiplier les effets de ces grands jeux du sort, comme pour en entourer et rendre plus naturel, celui qui l'avait placé sur le trône, et pour y accoutumer ainsi les autres et lui-même.

CHAPITRE II.

Enfin, impatient de vaincre les Russes et d'échapper aux hommages des Allemands, Napoléon quitte Dresde. Il ne reste à Posen que le temps nécessaire pour plaire aux Polonais. Il néglige Varsovie, où la guerre ne l'appelait pas assez impérieusement, et où il aurait retrouvé la politique. Il séjourne à Thorn pour y voir ses fortifications, ses magasins, ses troupes. Là, les cris des Polonais, que nos alliés pillent impitoyablement et qu'ils insultent, se firent entendre. Napoléon adressa des reproches au roi de Westphalie, même des menaces : mais on sait qu'il les prodigue vainement; que leur effet se perd au milieu d'un mouvement trop rapide; que d'ailleurs, ainsi que tous les autres accès, ceux de sa colère sont suivis d'affaissement et de faiblesse; qu'enfin, lui-même peut se reprocher d'être la cause de ces désordres qui l'irritent : car, de l'Oder à la Vistule et jusqu'au Niémen, si les vivres sont suffisans et bien placés, les fourrages moins portatifs manquent. Déjà nos cavaliers ont été forcés de couper les seigles verts, et de dépouiller les maisons de leurs toits de chaume pour en nourrir leurs chevaux. Il est vrai que tous ne s'en sont pas tenus là; mais quand un désordre est autorisé, comment défendre les autres?

Le mal s'accrut au-delà du Niémen. L'empereur avait compté sur une multitude de voitures légères et sur de gros fourgons, destinés chacun à porter plusieurs milliers de livres pesant, dans des sables que des chariots du poids de quelques quintaux traversent avec peine. Ces transports étaient organisés en bataillons et en escadrons. Chaque bataillon de voitures légères, dites comtoises, était de six cents chariots, et pouvait porter six mille quintaux de farine; le bataillon de voitures lourdes, traînées par des bœufs, portait quatre mille huit cents quintaux. Il y avait, en outre, vingt-six escadrons de voitures chargées d'équipages militaires, une multitude de chariots d'outils de toute espèce, ainsi que des milliers de caissons d'ambulance et d'artillerie, six équipages de ponts et un de siége.

Les voitures de vivres devaient recevoir leur chargement des magasins établis sur la Vistule. Quand l'armée passa ce fleuve, elle reçut l'ordre de prendre, sans s'arrêter, pour vingt-cinq jours de vivres, mais de ne s'en servir qu'au-delà du Niémen. Au reste, la plupart de ces moyens de transport manquèrent, soit que cette organisation de soldats, conducteurs de convois militaires, fût vicieuse, l'honneur et l'ambition n'y soutenant pas la discipline ; soit surtout que ces voitures fussent trop pesantes pour le sol, les distances trop considérables, et les privations et les fatigues trop fortes : le plus grand nombre atteignit à peine la Vistule.

On s'approvisionna en marchant. Le pays étant fertile, chevaux, chariots, bestiaux, vivres de toute espèce, tout fut enlevé : on entraîna tout, ainsi que les habitans nécessaires pour conduire ces convois. Quelques jours après, au Niémen, l'embarras du passage, et la rapidité des premières marches de guerre firent abandonner tous les fruits de ce pillage avec autant d'indifférence qu'on avait mis de violence à s'en saisir.

Toutefois, dans ces moyens irréguliers, il y en avait que l'importance du but pouvait excuser. Il s'agissait de surprendre l'armée russe, ensemble ou dispersée, de faire un coup de main avec quatre cent mille hommes. La guerre, le pire de tous les fléaux, en eût été plus courte. Nos longs et lourds convois auraient appesanti notre marche ; il était plus à propos de vivre du pays : on eût pu l'en dédommager ensuite. Mais on fit le mal nécessaire et le mal superflu : car qui s'arrête dans le mal? Quel chef pouvait répondre de cette foule d'officiers et de soldats, répandus dans le pays, pour en ramasser les ressources? à qui porter ses plaintes? qui punir? tout se faisait en courant; on n'avait le temps ni de juger, ni même de reconnaître les coupables. Entre l'affaire de la veille et celle du jour suivant, tant d'autres s'étaient élevées! car alors les affaires d'un mois s'entassaient dans un jour.

D'ailleurs, quelques chefs donnèrent l'exemple : il y eut émulation dans le mal. En ce genre, plusieurs de nos alliés surpassèrent les Français. Nous fûmes leurs maîtres en tout, mais en imitant nos qualités, ils outrèrent nos défauts. Leur pillage grossier et brutal révolta.

Cependant l'empereur voulait de l'ordre dans le désordre. Au milieu des cris accusateurs de deux peuples alliés, sa colère distingua quelques noms. On trouve dans ses lettres : « J'ai mis à l'ordre les généraux *** et ***. » J'ai supprimé la brigade ***; Je l'ai mise à l'ordre de » l'armée, c'est-à-dire de l'Europe. J'ai fait écrire au *** » qu'il courait risque des plus grands désagrémens, s'il » n'y mettait ordre. » Quelques jours après il rencontra ce *** à la tête de ses troupes, et encore tout irrité, il lui cria : « Vous vous déshonorez; vous donnez l'exemple du » pillage. Taisez-vous, ou retournez chez votre père, je » n'ai pas besoin de vous. »

De Thorn, Napoléon descendit la Vistule. Graudentz était prussienne; il évite d'y passer : cette forteresse importait à la sûreté de l'armée; un officier d'artillerie et des artificiers y furent envoyés : le motif apparent était d'y faire des cartouches, le motif réel resta secret; car la garnison prussienne était nombreuse : elle se tint sur ses gardes, et l'empereur, qui avait passé outre, n'y songea plus.

Ce fut à Marienbourg que l'empereur revit Davoust.

Soit fierté naturelle ou acquise, ce maréchal n'aimait à reconnaître pour son chef que celui de l'Europe. D'ailleurs son caractère est absolu, opiniâtre, tenace; il ne plie guère plus devant les circonstances que devant les hommes. En 1809, Berthier fut son chef pendant quelques jours, et Davoust gagna une bataille et sauva l'armée en lui désobéissant. De là une haine terrible ; pendant la paix, elle s'augmenta, mais sourdement : car ils vivaient éloignés l'un de l'autre : Berthier à Paris, Davoust à Hambourg ; mais cette guerre de Russie les remit en présence.

Berthier s'affaiblissait. Depuis 1805, toute guerre lui était odieuse. Son talent était sur-tout dans son activité et dans sa mémoire. Il savait recevoir et transmettre, à toutes les heures du jour et de la nuit, les nouvelles et les ordres les plus multipliés. Mais, dans cette occasion, il se crut en droit d'ordonner lui-même. Ces ordres déplurent à Davoust. Leur première entrevue fut une violente altercation ; elle eut lieu à Marienbourg, où l'empereur venait d'arriver, et devant lui.

Davoust s'expliqua durement; il s'emporta jusqu'à accuser Berthier d'incapacité ou de trahison. Tous deux se menacèrent; et quand Berthier fut sorti, Napoléon, entraîné par le caractère naturellement soupçonneux du maréchal, s'écria : « Il m'arrive quelquefois de douter de la
» fidélité de mes plus anciens compagnons d'armes; mais
» alors la tête me tourne de chagrin, et je m'empresse de
» repousser de si cruels soupçons. »

Pendant que Davoust jouissait peut-être du dangereux plaisir d'avoir humilié son ennemi, l'empereur se rendait à Dantzick, et Berthier, plein de vengeance, l'y suivait. Dès lors, le zèle, la gloire de Davoust, ses soins pour cette nouvelle expédition, tout ce qui devait le servir commença à lui devenir contraire. L'empereur lui avait écrit : « qu'on allait faire la guerre dans un pays nu, où

» l'ennemi détruirait tout, et qu'il fallait se préparer à
» s'y suffire à soi-même. » Davoust lui répondit par l'énumération de ses préparatifs. « Il a soixante-dix mille
» hommes dont l'organisation est complète ; ils portent
» pour vingt-cinq jours de vivres. Chaque compagnie ren-
» ferme des nageurs, des maçons, des boulangers, des tail-
» leurs, des cordonniers, des armuriers, enfin des ouvriers
» de toute espèce. Elles portent tout avec elles ; son armée est
» comme une colonie : des moulins à bras suivent. Il a prévu
» tous les besoins : tous les moyens d'y suppléer sont prêts.»

Tant de soins devaient plaire, ils déplurent : ils furent mal interprétés. D'insidieuses observations furent entendues de l'empereur. « Ce maréchal, lui disait-on, veut
» avoir tout prévu, tout ordonné, tout exécuté. L'empereur
» n'est-il donc que le témoin de cette expédition ? la gloire
» en doit-elle être à Davoust ? — En effet, s'écria l'empe-
» reur, il semble que ce soit lui qui commande l'armée. »

On alla plus loin, on réveilla d'anciennes craintes :
« N'était-ce pas Davoust qui, après la victoire d'Iéna, avait
» attiré l'empereur en Pologne ? N'est-ce pas encore lui qui
» a voulu cette nouvelle guerre de Pologne ? lui qui déjà
» possède de si grands biens dans ce pays ; dont l'exacte et
» sévère probité a gagné les Polonais, et qu'on accuse d'es-
» pérer leur trône. »

On ne sait si la fierté de Napoléon fut choquée de voir celle de ses lieutenans se rapprocher autant de la sienne ; ou si, dans cette guerre si irrégulière, il se sentit de plus en plus gêné par le génie méthodique de Davoust ; mais cette impression fâcheuse s'approfondit ; elle eut des suites funestes ; elle éloigna de sa confiance un guerrier hardi, tenace et sage, et favorisa son penchant pour Murat, dont la témérité flatta bien mieux ses espérances. Au reste, cette désunion entre ses grands ne déplaisait pas à Napoléon, elle l'instruisait : leur accord l'eût inquiété.

CHAPITRE II.

De Dantzick l'empereur se rendit, le 12 juin, à Kœnigsberg. Là, se termina la revue de ses immenses magasins, et du deuxième point de repos et de départ de sa ligne d'opération. Des approvisionnemens de vivres, immenses comme l'entreprise, y étaient rassemblés. Aucun détail n'avait été négligé. Le génie actif et passionné de Napoléon était alors fixé tout entier sur cette partie importante, et la plus difficile de son expédition. Il fut en cela prodigue de recommandations, d'ordres, d'argent même : ses lettres l'attestent. Ses jours se passaient à dicter des instructions sur cet objet; la nuit il se relevait pour les répéter encore. Un seul général reçut, dans une seule journée, six dépêches de lui, toutes remplies de cette sollicitude.

Dans l'une, on remarque ces mots : « Pour des masses
» comme celles-ci, si les précautions ne sont pas prises, les
» moutures d'aucun pays ne pourront suffire. » Dans une autre : « Il faut, dit-il, que tous les caissons puissent
» être employés et chargés de farine, pain, riz, légumes et
» eau-de-vie, hormis ce qui est nécessaire pour les ambu-
» lances. Le résultat de tous mes mouvemens réunira qua-
» tre cent mille hommes sur un seul point. Il n'y aura rien
» alors à espérer du pays, et il faudra tout avoir avec soi. »
Mais d'une part les moyens de transport furent mal calculés, et de l'autre il se laissa emporter dès qu'il fut en mouvement;

CHAPITRE III.

De Kœnigsberg à Gumbinen, Napoléon passa en revue plusieurs de ses armées; parlant aux soldats d'un air gai, ouvert et souvent brusque : sachant bien, qu'avec ces hommes simples et endurcis, la brusquerie est franchise; la rudesse, force; la hauteur, noblesse; et que les délicatesses et les graces que quelques-uns apportent de nos salons sont à leurs yeux, faiblesse, pusillanimité; que c'est pour eux, comme une langue étrangère, qu'ils ne comprennent pas, et dont l'accent les frappe en ridicule.

Suivant son usage, il se promène devant les rangs. Il sait quelles sont les guerres que chaque régiment a faites avec lui. Il s'arrête aux plus vieux soldats; à l'un c'est la bataille des Pyramides, à l'autre celle de Marengo, d'Austerlitz, d'Iéna, ou de Friedland, qu'il rappelle d'un mot, accompagné d'une caresse familière. Et le vétéran qui se croit reconnu de son empereur, se grandit tout glorieux au milieu de ses compagnons moins anciens, qui l'envient.

Napoléon continue, il ne néglige pas les plus jeunes; il semble que pour eux tout l'intéresse; leurs moindres besoins lui sont connus; il les interroge. Leurs capitaines ont-ils soin d'eux? leur solde est-elle payée? ne leur manque-t-il aucun effet? Il veut voir leurs sacs.

Enfin il s'arrête au centre du régiment. Là, il s'informe des places vacantes, et demande à haute voix quels en sont les plus dignes. Il appelle à lui ceux désignés, et les questionne. Combien d'années de service? quelles campagnes? quelles blessures? quelles actions d'éclat? puis il les nomme officiers et les fait recevoir sur-le-champ, en sa présence, indiquant la manière : particularités qui charment le soldat! ils se disent que ce grand empereur, qui juge des nations en masse, s'occupe d'eux dans le moindre détail; qu'ils sont sa plus ancienne, sa véritable famille! c'est ainsi qu'il fait aimer la guerre, la gloire, et lui.

Cependant l'armée marchait de la Vistule sur le Niémen. Ce fleuve, depuis Grodno jusqu'à Kowno, coule parallèlement à la Vistule: La rivière de Prégel va de l'un vers l'autre ; elle fut chargée de vivres. Deux cent vingt mille hommes s'y rendirent sur quatre points différens. Ils y trouvèrent du pain et quelques fourrages. Ces approvisionnemens remontèrent avec eux cette rivière tant que sa direction le permit.

Quand il fallut que l'armée quittât sa flotte, elle lui prit assez de vivres pour atteindre et traverser le Niémen, préparer une victoire, et arriver à Wilna. Là, l'empereur comptait sur les magasins des habitans, sur ceux de l'ennemi et sur les siens, qu'il ferait venir de Dantzick, par le Frisch-Haff, le Prégel, la Daime, le canal Frédéric et la Vilia.

Nous touchions à la frontière russe ; de la droite à la gauche, ou du midi au nord, l'armée était ainsi disposée devant le Niémen. D'abord, à l'extrême droite, et sortant de la Gallicie sur Drogiczin, le prince Schwartzenberg et trente-quatre mille Autrichiens; à leur gauche, venant de Varsovie et marchant sur Bialystock et Grodno, le roi de Westphalie, à la tête de soixante-dix-neuf mille deux cents Westphaliens, Saxons et Polonais; à côté d'eux, le vice-roi d'Italie, achevant de réunir vers Marienpol et Pilony soixante-dix-neuf mille cinq cents Bavarois, Italiens et Français ; puis l'empereur avec deux cent vingt mille hommes, commandés par le roi de Naples, le prince d'Eckmühl, les ducs de Dantzick, d'Istrie, de Reggio et d'Elchingen. Ils venaient de Thorn, de Marienverder et d'Elbing, et se trouvaient, le 23 juin, en une seule masse vers Nogarisky, à une lieue au-dessus de Kowno. Enfin, devant Tilsitt, Macdonald et trente-deux mille cinq cents Prussiens, Bavarois et Polonais formaient l'extrême gauche de la grande-armée.

Tout était prêt. Des bords du Guadalquivir, et de la mer des Calabres jusqu'à ceux de la Vistule, six cent dix-sept mille hommes, dont quatre cent quatre-vingt mille déjà présens; six équipages de ponts, un de siége, plusieurs milliers de voitures de vivres, d'innombrables troupeaux de bœufs, treize cent soixante-douze pièces de canon, et des milliers de caissons d'artillerie et d'ambulance avaient été appelés, réunis et placés à quelques pas du fleuve des Russes. La plus grande partie des voitures de vivres étaient seules en retard.

Soixante mille Autrichiens, Prussiens et Espagnols venaient verser leur sang pour le vainqueur de Wagram, d'Iéna et de Madrid; pour celui qui avait terrassé quatre fois l'Autriche, abattu la Prusse, et qui accablait l'Espagne! Et cependant tous lui furent fidèles. Lorsque l'on considérait que le tiers de l'armée de Napoléon lui était étranger ou ennemi, on ne savait de quoi s'étonner le plus, ou de l'audace de l'un, ou de la résignation des autres. Ainsi Rome faisait servir ses conquêtes à conquérir.

Quant à nous, Français, il nous trouva remplis d'ardeur. Dans les soldats, l'habitude, la curiosité, le plaisir de se montrer en maîtres dans de nouveaux pays; la vanité des plus jeunes sur-tout, qui avaient besoin d'acquérir quelque gloire qu'ils pussent raconter avec ce charlatanisme tant aimé des soldats; ces récits toujours enflés de leurs hauts faits, étant d'ailleurs indispensables à leur désœuvrement, dès qu'ils ne sont plus sous les armes. A cela il faut bien ajouter l'espoir du pillage; car l'exigeante ambition de Napoléon avait souvent rebuté ses soldats; comme les désordres de ceux-ci avaient gâté sa gloire. Il fallut transiger : depuis 1805, ce fut comme une chose convenue : eux souffrirent son ambition; lui, leur pillage.

Toutefois ce pillage, ou plutôt cette maraude, ne portait en général que sur des vivres, qu'à défaut de distributions on exigeait de l'habitant, mais souvent avec trop peu de mesure. Les pillages plus condamnables, c'étaient les traîneurs, toujours nombreux dans des marches souvent forcées, qui s'en rendaient coupables. Or, ces désordres ne furent jamais tolérés. Pour les réprimer, Napoléon laissait des gendarmes et des colonnes mobiles sur les traces de l'armée; puis, quand ces traîneurs rejoignaient leurs corps, leurs sacs étaient examinés par leurs officiers, ou même, comme à Austerlitz, par leurs compagnons d'armes; et ils se faisaient entre eux une sévère justice.

Les dernières levées étaient trop jeunes et trop faibles, il est vrai : mais l'armée avait encore beaucoup de ces hommes forts et tout d'exécution, accoutumés aux situations critiques, et que rien n'étonnait. On les reconnaissait d'abord à leurs figures martiales et à leurs entretiens : ils n'avaient de souvenir et d'avenir que la guerre; ils ne parlaient que d'elle. Leurs officiers étaient dignes d'eux, ou le devenaient : car pour conserver l'ascendant de son grade sur de pareils hommes, il fallait avoir à leur montrer des cicatrices, et pouvoir se citer soi-même.

Telle était alors la vie de ces hommes; tout y était action, même la parole. Souvent on se vantait trop, mais cela engageait : car on était sans cesse mis à l'épreuve, et là il fallait être ce qu'on avait voulu paraître. Les Polonais surtout sont ainsi : ils se disent d'abord plus qu'ils n'ont été, mais non pas plus qu'ils ne peuvent être. C'est une nation de héros! se faisant valoir au-delà de la vérité, mais ensuite mettant leur honneur à rendre vrai ce qui d'abord n'avait été ni vrai ni même vraisemblable.

Quant aux anciens généraux, quelques-uns n'étaient plus ces durs et simples guerriers de la république; les honneurs, les fatigues, l'âge, et l'empereur sur-tout en avaient amolli plusieurs. Napoléon forçait au luxe par son exemple et par ses ordres : c'était, selon lui, un moyen d'imposer à la multitude. Peut-être aussi cela empêchait d'accumuler, ce qui aurait rendu indépendant; car étant la source des richesses, il était bien aise d'entretenir le besoin d'y puiser, et ainsi de ramener toujours à lui. Il avait donc poussé ses généraux dans un cercle dont il était difficile de sortir, les forçant à passer sans cesse du besoin à la prodigalité, et de la prodigalité au besoin, que lui seul pouvait satisfaire.

Plusieurs n'avaient que des appointemens qui accoutumaient à une aisance dont on ne pouvait plus se passer. S'il accordait des terres, c'était sur ses conquêtes; que la guerre exposait ensuite, et que la guerre pouvait seule conserver. Mais pour les retenir dans la dépendance, la gloire, habitude chez les uns; passion chez les autres, besoin pour tous, suffisait; et Napoléon, maître absolu de son siècle, et commandant même à l'histoire, était le dispensateur de cette gloire. Quoiqu'il la mît à un prix fort haut, on n'osait pas se rebuter; on aurait eu honte de convenir de sa faiblesse devant sa force, et de s'arrêter devant un homme qui ne s'arrêtait pas encore, quoique si haut parvenu.

D'ailleurs, le bruit d'une si grande expédition attirait; son succès paraissait certain : ce serait une marche militaire jusqu'à Pétersbourg et Moskou. Encore cet effort, et tout serait peut-être terminé. C'était une dernière occasion qu'on se repentirait d'avoir laissé échapper : on serait importuné des récits glorieux qu'en feraient les autres. La victoire du jour vieillirait tant celle de la veille! on ne voulait pas vieillir avec elle!

Et puis, quand la guerre était par-tout, comment l'éviter? Les champs de bataille n'étaient pas indifférens : ici Napoléon commanderait en personne; ailleurs c'était bien pour la même cause qu'on combattrait, mais ce serait sous un autre chef. La renommée qu'on partagerait avec lui serait étrangère à Napoléon, de qui pourtant dépendait tout, gloire et fortune; et l'on savait que, soit penchant, ou politique, il n'en dispensait abondamment les faveurs qu'à ceux dont la gloire rappelait sa gloire; qu'il récompensait moins généreusement les exploits qui n'étaient pas aussi les siens. Il fallait donc être de l'armée qu'il commandait. De là l'empressement de tous pour y accourir, jeunes ou vieux. Quel chef eut jamais tant de moyens de puissance! Il n'y avait pas d'espoir qu'il ne pût flatter, exciter, rassasier.

Enfin, nous aimions en lui le compagnon de nos travaux; le chef qui nous avait conduits à la renommée. L'étonnement, l'admiration qu'il inspirait, flattaient notre amour-propre; car tout nous était commun avec lui.

Quant à cette jeunesse d'élite qui, dans ces temps de gloire, remplissait nos camps, son effervescence était naturelle. Qui de nous, dans ses premières années, ne s'est point enflammé à la lecture de ces hauts faits de guerre des anciens et de nos ancêtres? alors n'aurions-nous pas voulu tous être ces héros, dont nous lisions l'histoire réelle ou imaginaire? Dans cette exaltation, si tout-à-coup ces souvenirs s'étaient réalisés pour nous; si nos yeux, au lieu de lire, avaient vu ces merveilles; que nous en eussions senti les lieux à notre portée, et que des places se fussent offertes à côté de ces paladins dont notre jeune et vive imagination enviait la vie aventureuse et la brillante renommée; qui de nous aurait hésité, et ne se serait pas élancé plein de joie et d'espoir, en méprisant un odieux et honteux repos!

Telles étaient les générations nouvelles. Alors on était libre d'être ambitieux! Temps d'ivresse et de prospérité, où le soldat français, maître de tout par la victoire, s'estimait plus que le seigneur, ou même le monarque, dont il traversait les états! Il lui semblait que les rois de l'Europe ne régnaient que par la permission de son chef et de ses armes.

Ainsi l'habitude entraînait les uns, l'ennui des cantonnemens les autres; la plupart la nouveauté et sur-tout la passion de la gloire, tous l'émulation; enfin la confiance dans un chef toujours heureux, et l'espoir d'une prompte victoire, qui terminerait tout d'un coup la guerre, et nous rendrait à nos foyers; car, pour l'armée entière de Napoléon, comme pour quelques volontaires de la cour de Louis XIV, une guerre n'était souvent qu'une bataille ou qu'un brillant et court voyage.

Aujourd'hui on allait atteindre aux confins de l'Europe, où jamais armée européenne n'avait été! on allait poser les colonnes d'Hercule! la grandeur de l'entreprise, l'agitation de toute l'Europe qui y coopérait, l'appareil imposant d'une armée de quatre cent mille fantassins et de quatre-vingt mille cavaliers, tant de bruits de guerre, de sons belliqueux, exaltaient jusqu'aux vétérans! Les plus froids ne pouvaient échapper à ce mouvement général, à cet entraînement universel.

Enfin, sans tous ces motifs d'ardeur, le fond de l'armée était bon, et toute bonne armée veut la guerre.

LIVRE QUATRIÈME.

LIVRE QUATRIÈME.

CHAPITRE I.

Napoléon satisfait se déclare: « Soldats, dit-il, la se-
» conde guerre de Pologne est commencée. La première
» s'est terminée à Friedland et à Tilsitt. A Tilsitt, la Russie
» a juré éternelle alliance à la France et guerre à l'Angle-
» terre. Elle viole aujourd'hui ses sermens. Elle ne veut
» donner aucune explication de son étrange conduite, que
» les aigles françaises n'aient repassé le Rhin, laissant par
» là nos alliés à sa discrétion... La Russie est entraînée par
» la fatalité; ses destins doivent s'accomplir. Nous croit-elle
» donc dégénérés? Ne serions-nous donc plus les soldats
» d'Austerlitz? Elle nous place entre le déshonneur et la
» guerre; le choix ne saurait être douteux! Marchons donc
» en avant, passons le Niémen, portons la guerre sur son
» territoire. La seconde guerre de Pologne sera glorieuse
» aux armes françaises comme la première : mais la paix
» que nous conclurons portera avec elle sa garantie; elle
» mettra un terme à la funeste influence que la Russie
» exerce depuis cinquante ans sur les affaires de l'Europe. »

Ces accens, qu'on croyait alors prophétiques, conve-
naient à une expédition presque fabuleuse. Il fallait bien
invoquer le destin et croire à son empire, quand on allait
lui livrer tant d'hommes et tant de gloire.

L'empereur Alexandre harangua aussi son armée, mais
tout autrement. Quelques-uns virent dans ses proclamations

la différence des deux peuples, celle des deux souverains, et de leur position mutuelle. En effet, l'une, défensive, fut simple et modérée; l'autre, offensive, pleine d'audace et respirant la victoire: la première s'appuya de la religion, l'autre de la fatalité; celle-ci de l'amour de la patrie, celle-là de l'amour de la gloire: mais aucune ne parla de l'affranchissement de la Pologne, qui était le véritable sujet de cette guerre.

Nous marchions vers l'orient, notre gauche au nord, notre droite au midi. A notre droite, la Volhinie nous appelait de tous ses vœux; au centre, c'était Wilna, Minsk, toute la Lithuanie et la Samogitie; devant notre gauche, la Courlande et la Livonie attendaient leur sort en silence.

L'armée d'Alexandre, forte de trois cent mille hommes, contenait ces peuples. Des bords de la Vistule, de Dresde, de Paris même, Napoléon l'avait jugée. Il avait vu que son centre, commandé par Barclay, s'étendait de Wilna et Kowno jusqu'à Lida et Grodno, s'appuyant à droite à la Vilia, et à gauche au Niémen.

Ce fleuve couvrait le front des Russes, par le détour qu'il fait de Grodno à Kowno; car c'est de l'une à l'autre de ces deux villes seulement que le Niémen, en courant vers le nord, se présentait en travers de notre attaque, et servait de frontière à la Lithuanie. Avant Grodno, et depuis Kowno, il coule vers l'ouest.

Au sud de Grodno, Bagration avec soixante-cinq mille hommes vers Wolkowisk; au nord de Kowno, à Rossiana et Keydani, Witgenstein avec vingt-six mille hommes, remplaçaient cette frontière naturelle par leurs baïonnettes.

En même temps, une autre armée, forte de cinquante mille hommes, et dite de réserve, se rassemblait à Lutsk en Volhinie, pour contenir cette province et observer Schwartzenberg : elle était confiée à Tormasof, jusqu'à ce que le traité prêt à être signé à Bucharest, eût permis à

Tchischasof et à la meilleure partie de l'armée de Moldavie, de le joindre.

Alexandre, et sous lui Barclay de Tolly, son ministre de la guerre, dirigeaient toutes ces forces. Elles étaient partagées en trois armées, dites première d'occident sous Barclay, seconde d'occident sous Bagration, et armée de réserve sous Tormasof. Deux autres corps se formaient, l'un à Mozyr, aux environs de Bobruisk, et l'autre à Riga et à Dünabourg. Les réserves étaient à Wilna et Swentziany. Enfin un vaste camp retranché s'élevait devant Drissa, dans un repli de la Düna.

L'empereur français jugea que cette position derrière le Niémen n'était ni offensive ni défensive, et que l'armée russe n'était guère mieux placée, pour opérer une retraite; que cette armée, ainsi répandue sur une ligne de soixante lieues, pouvait être surprise, dispersée, ce qui lui arriva; que bien plus, la gauche de Barclay et l'armée de Bagration tout entière, se trouvant à Lida et à Wolkowisk, en avant des marais de la Bérézina qu'elles couvraient au lieu de s'en couvrir, pourraient y être refoulées et prises; ou du moins, qu'une attaque brusque et directe sur Kowno et Wilna, les couperait de leur ligne d'opération, qu'indiquait Swentziany et le camp retranché de Drissa.

En effet, Doctorof et Bagration étaient déjà séparés de cette ligne, et au lieu d'être restés en masse avec Alexandre, devant les routes qui conduisent à la Düna, pour les défendre ou pour s'en servir, ils se trouvaient placés à quarante lieues à leur droite.

C'est pourquoi Napoléon a partagé ses forces en cinq armées. Pendant que Schwartzenberg, sortant de la Gallicie avec ses trente mille Autrichiens, dont il a l'ordre d'exagérer le nombre, contiendra Tormasof, et attirera vers le sud l'attention de Bagration; tandis que le roi de Westphalie, avec ses quatre-vingt mille hommes, occupera en face ce général vers Grodno, sans le pousser d'abord trop vivement; et que le vice-roi d'Italie, vers Pilony, se tiendra prêt à s'interposer entre ce même Bagration et Barclay; enfin, pendant qu'à l'extrême gauche, Macdonald, débouchant de Tilsitt, envahira le nord de la Lithuanie et débordera la droite de Witgenstein, lui, Napoléon, avec deux cent mille hommes, se précipitera sur Kowno, sur Wilna, sur son rival, et le détruira du premier choc.

Si l'empereur russe plie et cède, il le poussera, il le rejettera sur Drissa et jusqu'à la naissance de sa ligne d'opération; puis, tout à la fois, lançant des détachemens à droite, il enveloppera Bagration et tous les corps de la gauche des Russes, que par cette brusque irruption il aura séparés de leur droite.

Je vais me hâter de tracer un court précis de l'histoire de nos deux ailes, pressé de revenir au centre et de pouvoir m'occuper sans distraction à reproduire les grandes scènes qui s'y sont passées. Macdonald commandait l'aile gauche. Son invasion s'appuyait à la Baltique, débordait l'aile droite russe; elle menaçait Revel, puis Riga, et jusqu'à Pétersbourg. Riga le vit bientôt. La guerre se fixa sous ses murs: quoique peu importante, elle fut soutenue par Macdonald avec sagesse, science et gloire, même dans sa retraite, qui ne lui fut commandée ni par l'hiver ni par l'ennemi, mais seulement par Napoléon.

Quant à son aile droite, l'empereur avait compté sur l'appui de la Turquie; il lui manqua. Il avait pensé que l'armée russe de Volhinie suivrait le mouvement général de retraite d'Alexandre, et Tormasof au contraire s'avança sur nos derrières. L'armée française se trouva donc découverte, et menacée d'être tournée dans ces vastes plaines. La nature n'y offrant point de garantie comme à l'aile gauche, il fallut s'y suffire et s'appuyer sur soi-même. Quarante mille Saxons, Autrichiens et Polonais y restèrent en observation.

Tormasof fut battu ; mais une autre armée, que la paix de Bucharest rendit disponible, vint se joindre aux restes de la première. Dès lors, la guerre sur ce point devint défensive. Elle se fit mollement, comme on devait s'y attendre, et quoique, avec cette armée d'Autrichiens, on eût laissé des Polonais et un général français. La renommée vantait celui-ci depuis long-temps, avec obstination, malgré des revers, et ce n'était point un caprice.

Aucun succès, aucun revers ne fut décisif. Mais la position de ce corps, presque tout autrichien, devint de plus en plus importante, quand la grande-armée se retira sur lui. On jugera si Schwartzenberg trompa sa confiance, s'il nous laissa envelopper sur la Bérézina, et s'il est vrai qu'il parut alors ne vouloir plus être qu'un témoin armé de ce grand différend.

CHAPITRE II.

Entre ces deux ailes, la grande-armée marchait au Niémen en trois masses séparées. Le roi de Westphalie, avec quatre-vingt mille hommes, se dirigeait sur Grodno ; le vice-roi d'Italie, avec soixante-quinze mille hommes, sur Pilony ; Napoléon, avec deux cent vingt mille hommes, sur Nogaraïski, ferme située à trois lieues au-dessus de Kowno. Le 23 juin, avant le jour, la colonne impériale atteignit le Niémen; mais sans le voir. La lisière de la grande forêt prussienne de Pilwisky et les collines qui bordent le fleuve, cachaient cette grande armée prête à le franchir.

Napoléon, qu'une voiture avait transporté jusque-là, monta à cheval à deux heures du matin. Il reconnut le fleuve russe, sans se déguiser, comme on l'a dit faussement, mais en se couvrant de la nuit pour franchir cette frontière, que, cinq mois après, il ne put repasser qu'à la faveur d'une même obscurité. Comme il paraissait devant cette rive, son cheval s'abattit tout-à-coup, et le précipita sur le sable. Une voix s'écria : « Ceci est d'un mauvais » présage; un Romain reculerait ! » On ignore si ce fut lui ou quelqu'un de sa suite, qui prononça ces mots.

Sa reconnaissance faite, il ordonna qu'à la chute du jour suivant, trois ponts fussent jetés sur le fleuve près du village de Poniémen; puis il se retira dans son quartier, où il passa toute cette journée, tantôt dans sa tente, tantôt dans une maison polonaise, étendu sans force dans un air immobile, au milieu d'une chaleur lourde, et cherchant en vain le repos.

CHAPITRE II.

Dès que la nuit fut revenue, il se rapprocha du fleuve. Ce furent quelques sapeurs, dans une nacelle, qui le traversèrent d'abord. Étonnés, ils abordent, et descendent sans obstacle sur la rive russe. Là, ils trouvent la paix; c'est de leur côté qu'est la guerre : tout est calme sur cette terre étrangère, qu'on leur a dépeinte si menaçante. Cependant un simple officier de Cosaques, commandant une patrouille, se présente bientôt à eux. Il est seul, il semble se croire en pleine paix, et ignorer que l'Europe entière en armes est devant lui. Il demande à ces étrangers qui ils sont. — « Français, » lui répondirent-ils. — « Que voulez-vous, reprit cet officier, et pourquoi venez-vous en Russie ? Un sapeur lui répliqua brusquement : « Vous faire la guerre ! prendre Wilna ! délivrer la Pologne ! » Et le Cosaque se retire; il disparaît dans les bois, sur lesquels trois de nos soldats, emportés d'ardeur, et pour sonder la forêt, déchargent leurs armes.

Ainsi le faible bruit de trois coups de feu, auxquels on ne répondit pas, nous apprit qu'une nouvelle campagne s'ouvrait, et qu'une grande invasion était commencée.

Ce premier signal de guerre irrita violemment l'empereur, soit prudence ou pressentiment. Trois cents voltigeurs passèrent aussitôt le fleuve, pour protéger l'établissement des ponts.

Alors sortirent des vallons et de la forêt toutes les colonnes françaises. Elles s'avancèrent silencieusement jusqu'au fleuve à la faveur d'une profonde obscurité. Il fallait les toucher pour les reconnaître. On défendit les feux et jusqu'aux étincelles; on se reposa les armes à la main, comme en présence de l'ennemi. Les seigles verts et mouillés d'une abondante rosée, servirent de lit aux hommes et de nourriture aux chevaux.

La nuit, sa fraîcheur qui interrompait le sommeil, son obscurité qui alonge les heures et augmente les besoins, qui ôte aux yeux leur utilité, soit qu'on ait besoin de ses regards pour se conduire ou pour se distraire, ou de ceux des autres pour s'encourager; enfin les dangers du lendemain, tout rendait grave cette position. Mais l'attente d'une grande journée soutenait. La proclamation de Napoléon venait d'être lue : on s'en répétait à voix basse les passages les plus remarquables, et le génie des conquêtes enflammait notre imagination.

Devant nous était la frontière russe. Déjà, à travers les ombres, nos regards avides cherchaient à envahir cette terre promise à notre gloire. Il nous semblait entendre les cris de joie des Lithuaniens à l'approche de leurs libérateurs. Nous nous figurions ce fleuve bordé de leurs mains suppliantes. Ici tout nous manquait, là tout nous serait prodigué! Ils s'empresseraient de pourvoir à nos besoins : nous allions être entourés d'amour et de reconnaissance. Qu'importe une mauvaise nuit, le jour allait bientôt renaître, et avec lui sa chaleur et toutes ses illusions! Le jour parut! il ne nous montra qu'un sable aride, désert, et de mornes et sombres forêts. Nos yeux alors se tournèrent tristement sur nous-mêmes, et nous nous sentîmes ressaisis d'orgueil et d'espoir par le spectacle imposant de notre armée réunie.

A trois cents pas du fleuve, sur la hauteur la plus élevée, on apercevait la tente de l'empereur. Autour d'elle toutes les collines, leurs pentes, les vallées, étaient couvertes d'hommes et de chevaux. Dès que la terre eut présenté au soleil toutes ces masses mobiles, revêtues d'armes étincelantes, le signal fut donné, et aussitôt cette multitude commença à s'écouler en trois colonnes, vers les trois ponts. On les voyait serpenter en descendant la courte plaine qui les séparait du Niémen, s'en approcher, gagner les trois passages, s'alonger et se rétrécir pour les traverser et atteindre enfin ce sol étranger, qu'ils allaient dévaster, et qu'ils devaient bientôt couvrir de leurs vastes débris.

CHAPITRE II.

L'ardeur était si grande que deux divisions d'avant-garde, se disputant l'honneur de passer les premières, furent près d'en venir aux mains; on eut quelque peine à les calmer. Napoléon se hâta de poser le pied sur les terres russes. Il fit sans hésiter ce premier pas vers sa perte. Il se tint d'abord près du pont, encourageant les soldats de ses regards. Tous le saluèrent de leur cri accoutumé. Ils parurent plus animés que lui, soit qu'il se sentît peser sur le cœur une si grande agression, soit que son corps affaibli ne pût supporter le poids d'une chaleur excessive, ou que déjà il fût étonné de ne rien trouver à vaincre.

L'impatience enfin le saisit. Tout-à-coup, il s'enfonça à travers le pays, dans la forêt qui bordait le fleuve. Il courait de toute la vîtesse de son cheval; dans son empressement il semblait qu'il voulût tout seul atteindre l'ennemi. Il fit plus d'une lieue dans cette direction, toujours dans la même solitude, après quoi il fallut bien revenir près des ponts, d'où il redescendit avec le fleuve et sa garde vers Kowno.

On croyait entendre gronder le canon. Nous écoutions en marchant, de quel côté le combat s'engageait. Mais à l'exception de quelques troupes de Cosaques, ce jour-là comme les suivans, le ciel seul se montra notre ennemi. En effet, à peine l'empereur avait-il passé le fleuve qu'un bruit sourd avait agité l'air. Bientôt le jour s'obscurcit, le vent s'éleva et nous apporta les sinistres roulemens du tonnerre. Ce ciel menaçant, cette terre sans abri nous'attrista. Quelques-uns même, naguère enthousiastes, en furent effrayés comme d'un funeste présage. Ils crurent que ces nuées enflammées s'amoncelaient sur nos têtes, et s'abaissaient sur cette terre, pour nous en défendre l'entrée.

Il est vrai que cet orage fut grand comme l'entreprise. Pendant plusieurs heures, ces lourds et noirs nuages s'épaissirent et pesèrent sur toute l'armée; de la droite à la gauche et sur cinquante lieues d'espace, elle fut tout entière menacée de ses feux, et accablée de ses torrens : les routes et les champs furent inondés ; la chaleur insupportable de l'atmosphère fut changée subitement en un froid désagréable. Dix mille chevaux périrent dans la marche, et sur-tout dans les bivouacs qui suivirent. Une grande quantité d'équipages resta abandonnée dans les sables, beaucoup d'hommes succombèrent ensuite.

Un couvent servit d'abri à l'empereur, contre la première fureur de cet orage. Il en repartit bientôt pour Kowno, où régnait le plus grand désordre. Le fracas des coups de tonnerre n'était plus entendu ; ces bruits menaçans, qui grondaient encore sur nos têtes, semblaient oubliés. Car si ce phénomène, commun dans cette saison, a pu étonner quelques esprits, pour la plupart le temps des présages est passé. Un scepticisme, ingénieux chez les uns, insouciant ou grossier chez les autres, de terrestres passions, des besoins impérieux, ont détourné l'ame des hommes de ce ciel d'où elle vient, et où elle doit retourner. Ainsi dans ce grand désastre, l'armée ne vit qu'un accident naturel arrivé mal à propos ; et loin d'y reconnaître la réprobation d'une si grande agression, dont au reste elle n'était pas responsable, elle n'y trouva qu'un motif de colère contre le sort, ou le ciel qui, par hasard ou autrement, lui donnait un si terrible présage.

Ce jour-là même, un malheur particulier vint se joindre à ce désastre général. Au-delà de Kowno, Napoléon s'irrite contre la Vilia, dont les Cosaques ont rompu le pont ; et qui s'oppose au passage d'Oudinot. Il affecte de la mépriser, comme tout ce qui lui faisait obstacle, et il ordonne à un escadron des Polonais de sa garde, de se jeter dans cette rivière. Ces hommes d'élite s'y précipitèrent sans hésiter.

D'abord ils marchèrent en ordre, et quand le fond leur manqua, ils redoublèrent d'efforts. Bientôt ils atteignirent

CHAPITRE II.

à la nage le milieu des flots. Mais ce fut là que le courant plus rapide les désunit. Alors leurs chevaux s'effraient, ils dérivent, et sont emportés par la violence des eaux. Ils ne nagent plus, ils flottent dispersés. Leurs cavaliers luttent et se débattent vainement, la force les abandonne; enfin ils se résignent. Leur perte est certaine, mais c'est à leur patrie, c'est devant elle, c'est pour leur libérateur qu'ils se sont dévoués, et près d'être engloutis, suspendant leurs efforts, ils tournent la tête vers Napoléon et s'écrient: *Vive l'empereur!* On en remarqua trois sur-tout, qui, ayant encore la bouche hors de l'eau, répétèrent ce cri, et périrent aussitôt. L'armée était saisie d'horreur et d'admiration.

Quant à Napoléon, il ordonna vivement et avec précision tout ce qu'il fallut pour en sauver le plus grand nombre, mais sans paraître ému; soit habitude de se maîtriser, soit qu'à la guerre il regardât les émotions du cœur comme des faiblesses, dont il ne devait pas donner l'exemple, et qu'il fallait vaincre, soit enfin qu'il entrevît de plus grands malheurs, devant lesquels celui-là n'était rien.

Un pont, jeté sur cette rivière, porta le maréchal Oudinot et le deuxième corps vers Keydani. Pendant ce temps le reste de l'armée passait encore le Niémen. Il lui fallut trois jours entiers. L'armée d'Italie ne le traversa que le 29, devant Pilony. L'armée du roi de Westphalie n'entra dans Grodno que le 30.

De Kowno, Napoléon se rendit en deux jours jusques aux défilés qui défendent la plaine de Wilna. Il attendit, pour s'y montrer, des nouvelles de ses avant-postes. Il espérait qu'Alexandre lui disputerait cette capitale. Le bruit de quelques coups de feu flattait déjà son espoir; quand on vint lui annoncer que la ville était ouverte. Il s'avance soucieux et mécontent. Il accuse ses généraux d'avant-garde d'avoir laissé s'échapper l'armée russe. C'est à Montbrun, au plus actif, qu'il adresse ce reproche, et il s'emporte jusqu'à le menacer. Paroles sans effet, violence sans aucune suite, et, dans un homme d'action, moins condamnables que remarquables, en ce qu'elles prouvaient toute l'importance qu'il attachait à une prompte victoire.

Au milieu de son emportement, il mit de l'adresse dans ses dispositions, pour entrer à Wilna. Il se fit précéder et suivre par des régimens polonais. Mais, plus occupé de la retraite des Russes que des cris d'admiration et de reconnaissance des Lithuaniens, il traversa rapidement la ville, et courut aux avant-postes. Plusieurs des meilleurs hussards du 8e., engagés sans être soutenus dans un bois, venaient d'y périr sous les efforts de la garde russe : Ségur, qui les commandait, après une défense désespérée, était tombé percé de coups.

L'ennemi avait brûlé ses ponts, ses magasins : il fuyait par plusieurs routes, mais toutes dans la direction de Drissa. Napoléon fit recueillir ce que le feu avait épargné, et rétablir les communications. Il poussa Murat et sa cavalerie sur les traces d'Alexandre; en même temps, il jeta Ney sur sa gauche, pour appuyer Oudinot, qui, ce jour-là même, culbutait Witgenstein depuis Deweltowo jusqu'à Wilkomir; puis il revint occuper dans Wilna la place d'Alexandre.

Là, ses cartes déployées, les rapports militaires, et une foule d'officiers demandant ses ordres, l'attendaient. Il était sur le théâtre de la guerre, et dans l'instant de sa plus vive action; il avait de promptes et imminentes décisions à prendre, des ordres de mouvement à donner, des hôpitaux, des magasins, des lignes d'opération à établir.

Il fallait questionner, lire, comparer ensuite, enfin trouver et saisir la vérité, qui semble toujours fuir et se cacher au milieu de mille réponses et rapports contradictoires.

Ce n'était pas tout. Napoléon, dans Wilna, avait un nouvel empire à organiser, la politique de l'Europe, la guerre d'Espagne, le gouvernement de la France à diriger. Sa correspondance politique, militaire et administrative, qu'il avait laissée s'accumuler depuis plusieurs jours, l'appelait impérieusement. Car tel était son usage, dans l'attente d'un grand événement qui décidait de plusieurs de ses réponses, et dont toutes se ressentaient. Il rentra donc, et d'abord il se jeta sur un lit, moins pour dormir que pour méditer en repos; et bientôt, se levant comme en sursaut, il dicta rapidement les ordres qu'il venait de concevoir.

Il vint alors des nouvelles de Varsovie et de l'armée autrichienne. Le discours d'ouverture de la diète polonaise déplut à l'empereur; il s'écria en le jetant : « C'est du français; il fallait du polonais! » Quant aux Autrichiens, on ne lui dissimula pas que, dans toute leur armée, il ne devait compter que sur leur chef. Cette assurance lui parut suffisante.

CHAPITRE III.

CEPENDANT tout remuait au fond des cœurs lithuaniens, un patriotisme vivant encore, quoique déjà vieilli ; d'un côté, la retraite précipitée des Russes et la présence de Napoléon ; de l'autre, le cri d'indépendance qu'avait jeté Varsovie, et sur-tout la vue de ces héros polonais qui rentraient, avec la liberté, sur ce sol dont ils s'étaient exilés avec elle. Aussi les premiers jours furent-ils tout entiers à la joie ; le bonheur parut général, l'épanchement universel.

On crut voir par-tout les mêmes sentimens, dans l'intérieur des maisons, comme aux fenêtres, et sur les places publiques. On se félicitait, on s'embrassait sur les chemins ; les vieillards reparurent vêtus de leur ancien costume, qui rappelait des idées de gloire et d'indépendance. Ils pleuraient de joie à la vue des bannières nationales, qu'on venait enfin de relever ; une foule immense les suivait, en faisant retentir l'air d'acclamations. Mais cette exaltation irréfléchie chez les uns, excitée chez les autres, dura peu.

De leur côté, les Polonais du grand-duché brûlaient toujours du plus noble enthousiasme : dignes de la liberté, ils lui sacrifiaient tous les biens auxquels la plupart des hommes la sacrifient. Dans cette occasion, ils ne se démentirent pas : la diète de Varsovie se constitua en confédération générale, déclara le royaume de Pologne rétabli ; convoqua les diétines, invita toute la Pologne à se confédérer, somma tous les Polonais de l'armée russe d'abandonner la Russie, se fit représenter par un conseil-général, maintint du reste l'ordre établi, et enfin envoya une députation au roi de Saxe, et une adresse à Napoléon.

CHAPITRE III.

Le sénateur Wibicki la lui porta à Wilna. Il lui dit :
« que les Polonais n'avaient été soumis, ni par la paix ni
» par la guerre, mais par la trahison; qu'ils étaient donc
» libres de droit devant Dieu, comme devant les hommes;
» qu'aujourd'hui pouvant l'être de fait, ce droit devenait
» un devoir; qu'ils réclamaient l'indépendance de leurs
» frères, les Lithuaniens, encore esclaves; qu'ils s'offraient
» comme centre de réunion à toute la famille polonaise;
» mais que c'était à lui qui dictait au siècle son histoire,
» en qui la force de la providence résidait, à appuyer des
» efforts qu'elle devait approuver; qu'ainsi, ils venaient
» demander à Napoléon le grand, de prononcer ces seules
» paroles : *Que le royaume de Pologne existe*, et qu'il
» existerait; que tous les Polonais se dévoueraient aux
» ordres du chef de la quatrième dynastie française, de-
» vant qui les siècles n'étaient qu'un moment, et l'espace
» qu'un point. »

Napoléon répondit : « Gentilshommes, députés de la
» confédération de Pologne, j'ai entendu avec intérêt ce
» que vous venez de me dire. Polonais, je penserais et agi-
» rais comme vous; j'aurais voté comme vous dans l'as-
» semblée de Varsovie. L'amour de son pays est le pre-
» mier devoir de l'homme civilisé.

» Dans ma situation, j'ai beaucoup d'intérêts à concilier
» et beaucoup de devoirs à remplir. Si j'avais régné pen-
» dant le premier, le second, ou le troisième partage de
» la Pologne, j'aurais armé mes peuples pour la défendre.
» Aussitôt que la victoire m'eut mis en état de rétablir vos
» anciennes lois dans votre capitale, et dans une partie de
» vos provinces, je le fis sans chercher à prolonger la
» guerre, qui aurait continué à répandre le sang de mes
» sujets.

» J'aime votre nation! Pendant seize ans j'ai vu vos sol-
» dats à mes côtés, dans les champs de l'Italie et dans ceux

» de l'Espagne. J'applaudis à ce que vous avez fait; j'au-
» torise les efforts que vous voulez faire : je ferai tout ce
» qui dépendra de moi pour seconder vos résolutions. Si
» vos efforts sont unanimes, vous pouvez concevoir l'es-
» poir de réduire vos ennemis à reconnaître vos droits;
» mais dans des contrées si éloignées et si étendues, c'est
» entièrement dans l'unanimité des efforts de la population
» qui les couvre, que vous pouvez trouver l'espoir du
» succès.

» Je vous ai tenu le même langage dès ma première
» entrée en Pologne. Je dois y ajouter, que j'ai garanti
» à l'empereur d'Autriche l'intégrité de ses domaines, et
» que je ne puis sanctionner aucune manœuvre, ou aucun
» mouvement, qui tende à troubler la paisible possession
» de ce qui lui reste des provinces de la Pologne.

» Faites que la Lithuanie, la Samogitie, Witepsk, Po-
» lotsk, Mohilef, la Volhinie, l'Ukraine, la Podolie, soient
» animées du même esprit que j'ai vu dans la grande
» Pologne, et la providence couronnera votre bonne cause
» par des succès. Je récompenserai ce dévouement de vos
» contrées, qui vous rend si intéressans, et vous acquiert
» tant de titres à mon estime et à ma protection, par
» tout ce qui pourra dépendre de moi dans les circons-
» tances. »

Les Polonais avaient cru s'adresser à l'arbitre souverain
du monde, à celui dont chaque parole était un décret, et
qu'aucun ménagement politique n'était capable d'arrêter :
ils ne surent à quoi attribuer la circonspection de cette
réponse. Ils doutèrent des intentions de Napoléon : le zèle
des uns en fut glacé, la tiédeur des autres justifiée : tous
s'étonnèrent. Même autour de lui, on se demanda les motifs de cette prudence, qui paraissait intempestive, et à
laquelle il n'avait pas accoutumé : « Quel était donc le
» but de cette guerre? craignait-il l'Autriche? la retraite

» des Russes l'avait-elle déconcerté? doutait-il de sa for-
» tune, et ne voulait-il pas prendre, devant l'Europe, des
» engagemens qu'il n'était pas sûr de pouvoir tenir?

» Enfin la froideur de la Lithuanie l'avait-elle gagné?
» ou plutôt, se défiait-il de l'explosion d'un patriotisme,
» qu'il n'aurait pas pu maîtriser, et ne s'était-il pas encore
» décidé sur le sort qu'il lui réservait? »

Quels que fussent ses motifs, il voulut que les Lithuaniens parussent s'affranchir d'eux-mêmes; et comme en même temps il leur créait un gouvernement, et leur dictait jusqu'aux élans de leur patriotisme, cela le plaça, ainsi qu'eux, dans une fausse position, où tout devint fautes, contradictions, et demi-mesures. On ne se comprit pas réciproquement; une défiance mutuelle en résulta. Pour tant de sacrifices que les Polonais avaient à faire, ils voulurent des engagemens plus positifs. Mais leur réunion en un seul royaume n'ayant pas été prononcée, la crainte ordinaire à l'instant des grandes décisions, s'accrut, et la confiance qu'ils venaient de perdre en lui, ils la perdirent en eux-mêmes.

Ce fut alors qu'il désigna sept Lithuaniens pour composer le nouveau gouvernement. Ce choix fut malheureux en quelques points, il déplut à la fierté jalouse d'une noblesse difficile à contenter.

Les quatre provinces lithuaniennes de Wilna, Minsk, Grodno et Bialystock, eurent chacune une commission de gouvernement et des sous-préfets nationaux. Chaque commune dut avoir sa municipalité; mais la Lithuanie fut en effet gouvernée par un commissaire impérial, et par quatre auditeurs français, avec le titre d'intendans.

Enfin, de ces fautes inévitables peut-être, et sur-tout des désordres d'une armée, placée dans l'alternative de piller ses alliés ou de mourir de faim, il résulta un refroidissement général. L'empereur n'en put douter; il comptait sur quatre millions de Lithuaniens, quelques milliers seulement le secondèrent! Leur pospolite, qu'il avait estimée à plus de cent mille hommes, lui avait décerné une garde d'honneur; trois cavaliers seulement le suivirent! la populeuse Volhinie resta immobile, et Napoléon en appela encore à la victoire. Heureux, cette froideur ne l'inquiéta pas assez; malheureux, il ne s'en plaignit pas, soit fierté, soit justice.

Pour nous, toujours confians en lui et en nous-mêmes, d'abord les dispositions des Lithuaniens nous occupèrent peu; mais quand nos forces diminuèrent, nous regardâmes autour de nous; avec notre attention s'éveilla notre exigence. Trois généraux lithuaniens, grands par leurs noms, leurs biens et leurs sentimens, suivaient l'empereur. Les généraux français leur reprochèrent enfin la froideur de leurs compatriotes. L'ardeur des Varsoviens, en 1806, leur fut proposée pour exemple. La vive discussion qui s'ensuivit, comme plusieurs autres pareilles, qu'il faut réunir, se passa chez Napoléon, près du lieu où il travaillait; et comme on fut vrai de part et d'autre, comme dans ces discours les allégations opposées se combattent sans se détruire, comme enfin les premières et dernières causes de la froideur des Lithuaniens s'y trouvent développées, il est impossible de les omettre.

Ces généraux répondirent donc : « qu'ils croyaient avoir
» bien reçu la liberté que nous leur avions apportée.
» Qu'au reste chacun aimait avec son caractère : que les
» Lithuaniens étaient plus-froids que les Polonais, et conséquemment moins communicatifs. Qu'après tout, les
» sentimens pouvaient être les mêmes, quoique l'expression fût différente.

» Que d'ailleurs les positions n'étaient pas à comparer.
» Qu'en 1806, c'était après avoir vaincu les Prussiens,
» que les Français en avaient délivré la Pologne; au lieu

» qu'aujourd'hui, s'ils affranchissaient la Lithuanie du joug
» russe, c'était avant d'avoir subjugué la Russie. Qu'ainsi
» les uns avaient dû accueillir avec transport une liberté
» victorieuse et certaine ; et les autres plus gravement,
» une liberté incertaine et périlleuse. Qu'on n'achetait pas
» un bien, du même air qu'on le recevait gratuitement.
» Qu'à Varsovie, six ans plus tôt, on n'avait eu qu'à se
» préparer à des fêtes; tandis qu'aujourd'hui, à Wilna,
» où l'on venait de voir toute la puissance des Russes, où
» l'on savait leur armée intacte, et les motifs de leur re-
» traite, c'était à des combats qu'on avait à se préparer.

» Et avec quels moyens ? Pourquoi la liberté ne leur
» avait-elle pas été apportée en 1807 ! Alors la Lithuanie
» était riche et peuplée ! depuis, le système continental,
» en fermant à ses productions leur seul débouché, l'a
» appauvrie, en même temps que la prévoyance des Rus-
» ses l'a dépeuplée de recrues, et plus récemment, d'une
» foule de seigneurs, de paysans, de chariots et de bes-
» tiaux que l'armée russe venait d'entraîner avec elle. »

A ces causes ils ajoutèrent : « La disette, résultat de
» l'inclémence du ciel de 1811, et les avaries auxquelles
» les blés trop gras de ces contrées sont sujets. Mais pour-
» quoi ne s'adressait-on pas aux provinces du sud ? Là,
» étaient les hommes, les chevaux, les vivres de toute es-
» pèce. Il ne fallait qu'en chasser Tormasof et son armée.
» Schwartzenberg peut-être y marchait, mais était-ce
» bien à des Autrichiens, usurpateurs inquiets de la Gal-
» licie, qu'on devait confier la délivrance de la Volhinie ?
» voudraient-ils asseoir la liberté si près de l'esclavage ?
» Que n'y envoyait-on des Français et des Polonais ? Mais
» alors il faudrait s'arrêter, faire une guerre plus métho-
» dique, se donner le temps d'organiser ; et Napoléon, sans
» doute pressé par l'éloignement où il se trouvait de ses états,
» par la dépense que nécessitait chaque jour l'entretien de

» son armée, s'en tenant à elle, et courant après une vic-
» toire, sacrifiait tout à l'espoir de finir la guerre d'un
» seul choc. »

Ici, on les interrompit : ces raisons, quoique vraies, parurent des excuses insuffisantes. « Ils taisaient la plus
» forte cause de l'immobilité de leurs compatriotes; elle se
» trouvait dans l'attachement intéressé des grands pour la
» politique adroite des Russes, qui flattait leur amour-pro-
» pre, respectait leurs usages, et assurait leurs droits sur
» des paysans, que les Français venaient affranchir. On
» ajouta que, sans doute, l'indépendance nationale leur pa-
» raissait trop chère à ce prix. »

Ce reproche était fondé, et bien qu'il ne fût pas personnel, les généraux lithuaniens s'en irritèrent. L'un d'eux s'écria : « Vous parlez de notre indépendance, mais il
» faut qu'elle soit bien périlleuse, puisque vous, à la tête
» de quatre cent mille hommes, vous craignez de vous com-
» promettre en la reconnaissant; car vous ne l'avez re-
» connue ni par vos discours, ni par vos actions. Ce sont
» vos auditeurs, hommes tout neufs avec une administra-
» tion toute nouvelle, qui gouvernent nos provinces. Ils
» exigent impérieusement, et nous laissent ignorer à qui
» nous faisons des sacrifices, qu'on ne fait qu'à sa patrie.
» Ils nous montrent par-tout l'empereur, et nulle part en-
» core la république. Vous ne donnez donc point de but à
» notre marche, et vous vous étonnez qu'elle soit incer-
» taine. Ceux que nous n'aimons pas comme compatriotes,
» vous nous les donnez pour chefs. Wilna, malgré nos
» prières, reste séparée de Varsovie ; désunis, vous nous
» demandez cette confiance dans nos forces, que l'union
» seule peut donner. Les soldats que vous attendiez de
» nous, vous sont offerts; trente mille seraient déjà prêts,
» mais vous leur refusez les armes, les habits et l'argent
» qui nous manquent. »

Toutes ces imputations pouvaient peut-être encore être
» combattues ; mais il ajouta : « Certes nous ne marchan-
» dons pas la liberté, mais nous trouvons, en effet, qu'elle
» ne s'offre pas désintéressée. Par-tout le bruit de vos dé-
» sordres vous précède ; ils ne sont pas partiels, car votre
» armée marche sur cinquante lieues de front. A Wilna
» même, malgré les ordres multipliés de votre empereur,
» les faubourgs ont été pillés ; et l'on s'y défie d'une li-
» berté qu'apporte la licence.

» Qu'attendez-vous donc de notre zèle ? un visage satis-
» fait, des cris de joie, des accens de reconnaissance ? quand
» chaque jour, chacun de nous apprend que ses villages,
» que ses granges sont dévastées ; car le peu que les Russes
» n'ont point entraîné avec eux, vos colonnes affamées le
» dévorent. Dans leurs marches rapides, il s'échappe de
» leurs flancs une foule de maraudeurs de toutes nations,
» dont il faut se défendre.

» Qu'exigez-vous encore ? que nos compatriotes accou-
» rent sur votre passage, vous apportant leurs blés, vous
» conduisant leurs troupeaux ; qu'ils s'offrent eux-mêmes
» tout armés et prêts à vous suivre ? Eh ! qu'ont-ils à vous
» donner ? vos pillards prennent tout ! on n'a pas le temps
» de vous offrir. Regardez d'ici l'entrée du quartier-impé-
» rial ; y voyez-vous cet homme ? il est presque nu ! il gé-
» mit ; il vous tend une main suppliante ! eh bien, ce mal-
» heureux qui excite votre pitié, c'est un de ces nobles
» dont vous attendiez les secours : hier, il accourait vers
» vous plein d'ardeur, avec sa fille, ses vassaux et ses
» biens ; il venait s'offrir à votre empereur ; mais il a ren-
» contré des pillards wurtembergeois, et il est dépouillé ;
» il n'est plus père, à peine est-il homme. »

Chacun gémit et l'alla secourir ! Français, Allemands et
Lithuaniens, tous s'accordaient pour déplorer ces désordres,
aucun n'en pouvait trouver le remède. Comment, en effet,

rétablir la discipline dans de si grandes masses, poussées si précipitamment, conduites par tant de chefs, de mœurs, de caractères et de pays différens, et forcées de vivre de maraude.

En Prusse, l'empereur n'avait fait prendre à son armée que pour vingt jours de vivres. C'était ce qu'il en fallait pour gagner Wilna par une bataille. La victoire devait faire le reste; mais la fuite de l'ennemi ajourna cette victoire. L'empereur pouvait attendre ses convois, mais en surprenant les Russes, il les avait désunis, il ne voulut pas lâcher prise et perdre son avantage. Il lança donc sur leurs traces quatre cent mille hommes, avec vingt jours de vivres, dans un pays qui n'avait pas pu nourrir les vingt mille Suédois de Charles XII.

Ce ne fut pas défaut de prévoyance : car d'immenses convois de bœufs suivaient l'armée, la plupart en troupeaux, le reste attelé à des chariots de vivres. On avait organisé leurs conducteurs en bataillons. Il est vrai que ceux-ci, ennuyés de la lenteur de ces pesans animaux, les assommaient, ou les laissaient périr d'inanition. On en vit pourtant un grand nombre à Wilna et à Minsk; quelques-uns atteignirent Smolensk, mais trop tard; il ne purent servir qu'aux recrues et aux renforts qui nous suivirent.

D'un autre côté, Dantzick renfermait tant de grains, qu'elle seule eût pu nourrir l'armée : elle alimentait Kœnigsberg. On avait vu ses vivres remonter le Prégel sur de grands bateaux jusqu'à Vehlau, et sur de plus légers jusqu'à Insterburg. Les autres convois allaient par terre de Kœnigsberg à Labiau, et de là, par le Niémen et la Vilia, jusqu'à Kowno et Wilna. Mais la Vilia desséchée se refusa à ces transports; il fallut y suppléer.

Napoléon haïssait les traitans. Il voulut que l'administration de l'armée organisât des chariots lithuaniens; cinq cents furent rassemblés; leur vue l'en dégoûta. Il permit alors qu'on traitât avec des Juifs, qui sont les seuls commerçans de ce pays; et les vivres, arrêtés à Kowno, arrivèrent enfin à Wilna : mais l'armée en était partie.

CHAPITRE IV.

Ce fut la grande colonne, celle du centre, qui souffrit le plus : elle suivait le chemin que les Russes avaient ruiné, et que l'avant-garde française venait d'achever de dévorer. Les colonnes qui prirent des routes latérales, y trouvèrent le nécessaire ; mais elles ne mirent point assez d'ordre pour le recueillir et pour le ménager.

Le poids des calamités qu'entraîna cette marche rapide ne doit donc pas peser tout entier sur Napoléon ; car l'ordre et la discipline se maintinrent dans l'armée de Davoust ; elle souffrit moins de la disette ; il en fut à peu près de même de celle du prince Eugène. Dans ces deux corps, lorsqu'on eut recours à la maraude, ce fut avec méthode ; on ne fit que le mal nécessaire ; on obligea le soldat de porter plusieurs jours de vivres ; on l'empêcha de les gaspiller. Ailleurs, les mêmes précautions eussent donc pu être prises : mais, soit habitude de faire la guerre dans des pays fertiles, soit ardeur, plusieurs des autres chefs pensèrent plus à combattre qu'à administrer.

Aussi Napoléon était-il le plus souvent forcé de fermer les yeux sur un maraudage qu'il défendait vainement : sachant d'ailleurs trop bien tout l'attrait qu'a pour le soldat cette manière de subsister ; qu'elle lui fait aimer la guerre qui l'enrichit ; qu'elle lui plaît par l'autorité que souvent elle lui donne sur des classes supérieures à la sienne ; qu'elle a pour lui tout l'attrait de la guerre du pauvre contre le riche ; enfin que le plaisir d'être et de prouver qu'on est le plus fort, s'y fait sentir sans cesse.

Pourtant, à la nouvelle de ces excès, il s'indigne ! Il

fait proclamer ses menaces; il charge des colonnes mobiles de Français et de Lithuaniens, de les exécuter : et nous, que la vue de ces pillards irritait, nous voulions courir et punir : mais quand on leur avait arraché le pain ou le bétail qu'ils avaient ravi, et qu'on les voyait se retirer lentement, vous regardant, tantôt avec un désespoir concentré, tantôt en versant des larmes, et qu'on les entendait murmurer, « que non content de ne leur rien donner, » on leur arrachait tout, qu'on voulait donc qu'ils péris- » sent d'inanition! » alors on s'accusait de barbarie envers les siens, on les rappelait, on leur rendait leur proie ; car c'était l'impérieuse nécessité qui poussait au maraudage. L'officier lui-même ne vivait que de la part que lui en faisaient ses soldats.

Une position si excessive amena des excès. Ces hommes rudes et armés, assaillis par tant de besoins immodérés, ne purent rester modérés. Ils arrivaient affamés près des habitations : ils demandaient d'abord ; mais, soit défaut de s'entendre, soit refus ou impossibilité aux habitans de les satisfaire, à eux d'attendre, une altercation s'élevait; alors de plus en plus irrités par la faim, ils devenaient farouches, et après avoir bouleversé les cabanes et les châteaux, sans y trouver la subsistance qu'ils cherchaient, dans l'égarement de leur désespoir, ils accusaient les habitans d'être leurs ennemis, et se vengeaient des propriétaires sur les propriétés.

Il y en eut qui se tuèrent avant d'en venir à ces extrémités; d'autres après : c'étaient les plus jeunes. Ils s'appuyaient le front sur leurs fusils, et se faisaient sauter la cervelle au milieu des chemins. Mais plusieurs s'endurcirent; un excès les entraînait à un autre, comme on s'échauffe souvent par les coups qu'on donne. Parmi ceux-là, quelques vagabonds se vengèrent de leurs maux jusque sur les personnes; au milieu de cette nature ingrate, ils se dénaturèrent; à cette distance, abandonnés à eux-mêmes, ils crurent que tout leur était permis, et que leurs souffrances les autorisaient à faire souffrir.

Dans cette armée si nombreuse, et composée de tant de nations, il dut aussi se trouver plus de malfaiteurs que dans les autres; les causes de tant de malheurs en amenèrent de nouveaux; déjà faibles par la faim, il fallait aller à marches forcées pour la fuir, et pour atteindre l'ennemi. La nuit venue, on s'arrêtait, et les soldats entraient en foule dans les maisons; là, sur une paille dégoûtante, ils tombaient autant de lassitude que de besoin.

Les plus robustes n'avaient que le courage de pétrir la farine qu'ils trouvaient, et d'allumer les fours, dont toutes ces maisons de bois sont munies; les autres, d'aller à quelques pas faire les feux nécessaires pour apprêter quelques alimens; leurs officiers, épuisés comme eux, ordonnaient faiblement plus de précautions, et négligeaient de voir s'ils étaient obéis. Alors une flammèche qui s'échappait de ces fours, une étincelle qui jaillissait de ces bivouacs, suffisait pour incendier un château, un village, et pour faire périr plusieurs des malheureux soldats qui s'y étaient réfugiés. Au reste, ces désastres furent très-rares en Lithuanie.

L'empereur n'ignora point ces détails; mais il était engagé: déjà, dès Wilna, tous ces désordres avaient eu lieu; le duc de Trévise, entre autres, l'en instruisit: « Du Nié-
» men à la Vilia, il n'a vu, dit-il, que des maisons dévas-
» tées, que chariots et caissons abandonnés; on les trouve
» dispersés sur les chemins et dans les champs; ils sont
» renversés, ouverts, et leurs effets répandus çà et là, et
» pillés comme s'ils avaient été pris par l'ennemi. Il a cru
» suivre une déroute. Dix mille chevaux ont été tués par
» les froides pluies du grand orage, et par les seigles verts,
» leur nouvelle et seule nourriture. Ils gisent sur la route,
» qu'ils embarrassent; leurs cadavres exhalent une odeur
» méphitique, insupportable à respirer; c'est un nouveau

CHAPITRE IV.

» fléau que plusieurs comparent à la famine; mais celle-ci
» est bien plus terrible : déjà plusieurs soldats de la jeune
» garde sont morts de faim. »

Jusque-là Napoléon avait écouté avec calme; ici il interrompt brusquement : il veut échapper à la douleur par l'incrédulité; il s'écrie : « C'est impossible! où sont leurs
» vingt jours de vivres? Les soldats bien commandés ne
» meurent jamais de faim. »

Un général, l'auteur de ce dernier rapport, était là ; Napoléon se tourne vers lui, il l'interpelle, il le presse de questions; et ce général, soit faiblesse, soit incertitude, répond que ces malheureux ne sont point morts d'inanition, mais d'ivresse.

L'empereur demeure alors persuadé qu'on exagère à ses yeux les privations de ses soldats. Quant au reste, il s'écrie « qu'il faut bien supporter la perte des chevaux, de
» quelques équipages, celle même de quelques habitations :
» c'est un torrent qui s'écoule; c'est le mauvais côté de la
» guerre, un mal pour un bien; il faut faire au malheur
» sa part; ses trésors, ses bienfaits le répareront : un
» grand résultat couvrira tout; il ne lui faut qu'une victoire; s'il lui reste de quoi la gagner, il suffit. »

Le duc observa qu'on pouvait y arriver par une marche plus méthodique, que suivraient les magasins; mais il ne fut pas écouté. Ceux auxquels ce maréchal, qui revenait d'Espagne, se plaignit alors, lui répondirent, « qu'en
» effet l'empereur s'irritait au récit de maux qu'il jugeait
» irrémédiables, sa politique lui imposant la nécessité d'un
» succès prompt et décisif. »

Ils ajoutaient, « qu'ils voyaient bien que la santé de
» leur chef était affaiblie; et que cependant, forcé de se
» lancer dans des positions de plus en plus critiques, il
» n'envisageait pas sans humeur, des difficultés à côté
» desquelles il passait et qu'il laissait s'amonceler derrière

» lui : difficultés qu'il couvrait alors de mépris, pour en
» déguiser l'importance, et afin de conserver lui-même la
» force d'esprit nécessaire pour les surmonter. C'est pour-
» quoi, déjà inquiet et fatigué de la nouvelle situation
» critique dans laquelle il venait de se jeter, impatient
» d'en sortir, il allait marcher, et pousser son armée en
» avant, toujours en avant, pour en finir plus tôt. »

Ainsi, Napoléon était contraint de s'aveugler lui-même. On sait assez que la plupart de ses ministres n'étaient point des flatteurs : les faits et les hommes parlèrent; mais que purent-ils lui apprendre? qu'ignorait-il? tous ses préparatifs n'avaient-ils pas été dictés par la prudence la plus clairvoyante? que pouvait-on lui dire qu'il n'eût dit, qu'il n'eût écrit cent fois? C'était après avoir prévu jusqu'aux moindres détails, s'être préparé contre tous les inconvéniens, avoir tout disposé pour une guerre lente et méthodique, qu'il se dépouillait de toutes ces précautions, qu'il abandonnait tous ces préparatifs, et se laissait emporter par l'habitude, par la nécessité des guerres courtes, des victoires rapides et des paix subites.

CHAPITRE V.

Dans de si graves circonstances, Balachoff, un Russe, un ministre de l'empereur de Russie, un parlementaire, se présenta aux avant-postes français. Il fut accueilli, et l'armée, déjà moins ardente, espéra la paix.

Il apportait à Napoléon des paroles d'Alexandre : « Il
» était, disaient-elles, encore temps de traiter. Une guerre
» que le sol, le climat et le caractère russe rendraient
» interminable, était commencée ; mais tout rapproche-
» ment n'était pas devenu impossible, et d'une rive à l'au-
» tre du Niémen, on pourrait encore s'entendre. Il ajouta
» sur-tout, que son maître déclarait devant l'Europe, qu'il
» n'était pas l'agresseur ; que son ambassadeur à Paris,
» en demandant ses passe-ports, n'avait pas entendu rom-
» pre la paix ; qu'ainsi les Français se trouvaient en Russie
» sans déclaration de guerre. » Du reste, point de nouvelles propositions, ni par écrit, ni dans la bouche de Balachoff.

Le choix du parlementaire avait été remarqué ; c'était le ministre de la police russe : cette place exige un esprit observateur ; on crut qu'il venait l'exercer parmi nous : ce qui rendit plus défiant sur le caractère du négociateur, c'est que la négociation parut n'en avoir aucun, si ce n'est celui d'une grande modération, qu'on prit alors pour de la faiblesse.

Napoléon n'hésita point. Il n'avait pas pu s'arrêter à Paris, reculerait-il à Wilna ? qu'en penserait l'Europe ? quel résultat présenter aux armées françaises et alliées, pour motiver tant de fatigues, de si grands déplacemens, tant de dépenses individuelles et nationales : ce serait s'avouer vaincu. D'ailleurs, ses discours devant tant de princes, depuis son départ de Paris, l'avaient autant engagé que ses actions, de sorte qu'il se trouvait autant compromis devant ses alliés que devant ses ennemis.

Alors même, avec Balachoff, la chaleur de la conversation l'entraîna, dit-on, encore. « Qu'était-il venu faire
» à Wilna? que lui voulait l'empereur de Russie? prétend-il lui résister? il n'est général qu'à la parade. Quant
» à lui, sa tête est son conseil, tout part de là. Mais Alexandre, qui le conseillera? qui opposera-t-il? il n'a que
» trois généraux, Kutusof qu'il n'aime pas, parce qu'il est
» Russe; Beningsen, trop vieux il y a six ans, aujourd'hui en enfance, et Barclay : celui-ci manœuvrera, il
» est brave, il sait la guerre ; mais c'est un général de retraite. » Et il ajouta : « Vous croyez tous savoir la
» guerre, parce que vous avez lu Jomini ; mais si son livre avait pu vous l'apprendre, l'aurais-je donc laissé
» publier! »

Dans cet entretien que les Russes rapportent ainsi, il est certain qu'il dit encore : « qu'au reste, l'empereur Alexandre avait des amis jusque dans son quartier-impérial. » Alors, montrant Caulincourt au ministre russe : « Voilà,
» dit-il, un chevalier de votre empereur: c'est un Russe
» dans le camp français. »

Peut-être Caulincourt ne comprit-il pas assez que, par là, Napoléon voulait se préparer en lui un négociateur qui plût à Alexandre; car aussitôt que Balachoff fut sorti, il s'élança vers l'empereur, et, d'une voix irritée, il lui demanda pourquoi il l'avait insulté? s'écriant « qu'il était Français, bon
» Français, qu'il l'avait prouvé, qu'il allait le lui prouver
» encore, en lui répétant que cette guerre était impolitique, dangereuse, qu'elle perdrait l'armée, la France et
» lui. Qu'au reste, puisqu'il venait de l'insulter, il le quit-

» tait; qu'il lui demandait une division en Espagne, où per-
» sonne ne désirait servir, et le plus loin de lui possible. »

L'empereur voulut l'apaiser, mais ne pouvant s'en faire écouter, il se retira, Caulincourt le poursuivant toujours de ses reproches. Berthier, présent à cette scène, s'était interposé sans succès; Bessières, plus en arrière, avait retenu vainement Caulincourt par ses habits. Le lendemain, Napoléon ne put ramener à lui son grand-écuyer, que par des ordres formels et réitérés. Enfin il le calma par des caresses et par l'expression d'une estime et d'un attachement que Caulincourt méritait. Mais il renvoya Balachoff avec des propositions verbales et inadmissibles.

Alexandre n'y répondit pas; on n'avait point compris toute l'importance de la démarche qu'il venait de faire. Il ne devait plus s'adresser à Napoléon, ni même lui répondre. C'était, avant une rupture sans retour, une dernière parole; ce qui la rend remarquable.

Cependant Murat courait après cette victoire tant désirée; il commandait la cavalerie de l'avant-garde, il avait enfin atteint l'ennemi sur la route de Swentziany, et le poussait sur Druïa. Chaque matin, l'arrière-garde russe semblait lui avoir échappée, chaque soir, il l'avait ressaisie, et l'attaquait, mais dans une forte position, après une longue marche, trop tard, et sans que les siens eussent encore pris de nourriture; c'étaient donc tous les jours de nouveaux combats sans résultats importans.

D'autres chefs, par d'autres routes, suivaient la même direction. Oudinot avait passé la Vilia dès Kowno, et déjà en Samogitie, au nord de Wilna, à Deweltowo et à Vilkomir, il avait joint l'ennemi, qu'il poussait devant lui vers Dünabourg. Il marchait ainsi à la gauche de Ney et du roi de Naples, dont Nansouty flanquait la droite. Dès le 15 juillet, la Düna avait été abordée de Disna à Dünabourg par Murat, Montbrun, Sébastiani et Nansouty, par Oudinot et

Ney, et par trois divisions du premier corps, mises aux ordres du comte de Lobau.

Ce fut Oudinot qui se présenta devant Dünabourg; il tâta cette ville, que les Russes s'étaient inutilement efforcés de fortifier. Cette marche trop excentrique du duc de Reggio mécontenta Napoléon. Le fleuve séparait les deux armées. Oudinot le remonta pour se rapprocher de Murat, et Witgenstein pour se réunir à Barclay. Dünabourg resta sans assaillans et sans défenseurs.

Dans sa marche, Witgenstein aperçut, de la rive droite, Druïa, et la cavalerie de Sébastiani, qui occupait cette ville avec trop de sécurité. La nuit l'encouragea; il fit passer le fleuve à l'un de ses corps, et le 15 au matin, les avant-postes français furent surpris, l'une de leurs brigades presque tout enlevée, et Sébastiani forcé de reculer. Après quoi, Witgenstein rappela son monde sur la rive droite, et poursuivit sa route avec ses prisonniers, parmi lesquels se trouvait un général français. Ce coup de main fit espérer une bataille à Napoléon; croyant que Barclay reprenait l'offensive, il suspendit quelques momens sa marche sur Vitepsk, pour concentrer ses troupes, et les diriger suivant les circonstances. Son espoir fut court.

Pendant ces événemens, Davoust à Osmiana, au sud-est de Wilna, avait entrevu quelques coureurs de Bagration, qui déjà cherchait avec inquiétude une issue vers le nord. Jusque-là, hors une victoire, le plan formé dès Paris avait réussi. Sachant l'ennemi étendu sur une trop longue ligne défensive, Napoléon l'avait rompue, en l'attaquant brusquement d'un seul côté, et avait ainsi rejeté et fait poursuivre sa plus grande masse sur la Düna, tandis que Bagration, qu'il n'avait fait aborder que cinq jours plus tard, était encore sur le Niémen. C'était pendant plusieurs jours, et sur quatre-vingts lieues de front, la même manœuvre que Frédéric II avait souvent employée sur deux lieues de terrain et en quelques heures.

CHAPITRE V.

Déjà Doctorof et plusieurs divisions errantes de l'une à l'autre de ces deux masses séparées, n'avaient échappé que grace à l'étendue du pays, au hasard, et à toutes les causes de cette ignorance, où l'on est toujours à la guerre, sur ce qui se passe si près de soi, chez l'ennemi.

Plusieurs ont prétendu qu'il y avait eu trop de circonspection, ou de négligence, dans ce premier mouvement d'invasion : que depuis la Vistule, cette armée d'attaque avait eu l'ordre de marcher avec toutes les précautions d'une armée attaquée; que l'agression commencée, et Alexandre en fuite, l'avant-garde de Napoléon aurait dû remonter plus rapidement, et plus avant, les deux rives de la Vilia, et l'armée d'Italie suivre de plus près ce mouvement. Peut-être alors Doctorof, commandant l'aile gauche de Barclay, forcé de traverser notre attaque, pour fuir de Lida vers Swentziany, eût été fait prisonnier. Pajol le repoussa à Osmiana, mais il s'échappa par Smorgoni. On ne lui enleva que des bagages, et Napoléon s'en prit au prince Eugène, quoiqu'il lui eût prescrit tous ses mouvemens.

Mais bientôt l'armée d'Italie, l'armée bavaroise, le premier corps et la garde occupèrent et entourèrent Wilna. Là, couché sur ses cartes, dont sa vue courte, comme celle d'Alexandre-le-Grand et de Frédéric II, le forçait de se rapprocher ainsi, Napoléon suivait des yeux l'armée russe; elle était divisée en deux masses inégales; l'une avec son empereur vers Drissa, l'autre avec Bagration encore vers Myr.

A quatre-vingts lieues en avant de Wilna, la Düna et le Borysthène séparent la Lithuanie de la vieille Russie. D'abord ces deux fleuves coulent parallèlement de l'est à l'ouest, laissant entre eux un intervalle d'environ vingt-cinq lieues d'un terrain inégal, boisé et marécageux. Ils arrivent ainsi de l'intérieur de la Russie sur ses confins; mais à cette hauteur, en même temps, et comme de concert, ils tournent, l'un brusquement à Orcha vers le midi, l'autre près de Vitepsk, vers le nord-ouest. C'est dans cette nouvelle direction que leur cours trace les frontières de la Lithuanie et de la vieille Russie.

L'étroit intervalle que laissent entre eux ces deux fleuves avant de prendre une direction si opposée, semble être l'entrée, et comme les portes de la Moskovie. C'est le nœud des routes qui conduisent aux deux capitales de cet empire.

Tous les regards de Napoléon restèrent fixés sur ce point. Par la retraite d'Alexandre sur Drissa, il prévit celle que Bagration allait tenter de Grodno vers Vitepsk, par Osmiana, par Minsk et Docktzitzy, ou par Borizof : il voulut s'y opposer, et aussitôt vers Minsk, entre ces deux corps ennemis, il jeta Davoust avec deux divisions d'infanterie, les cuirassiers de Valence et plusieurs brigades de cavalerie légère.

Pendant qu'à sa droite le roi de Westphalie poussera Bagration sur Davoust, qui le coupera d'Alexandre, lui fera mettre bas les armes et s'emparera du cours du Borysthène ; tandis qu'à sa gauche, Murat, Oudinot et Ney, déjà devant Drissa, contiendront en face d'eux Barclay et son empereur ; lui avec son armée d'élite, l'armée d'Italie, l'armée bavaroise et trois divisions détachées de Davoust, se dirigera sur Vitepsk, entre Davoust et Murat, prêt à se joindre à l'un ou à l'autre ; s'interposant et pénétrant ainsi entre les deux armées ennemies, se jetant entre elles et au-delà d'elles ; enfin les tenant séparées, non-seulement par cette position centrale, mais par l'incertitude qu'elle donnera à Alexandre sur celle de ses deux capitales qu'il aurait alors à défendre. Les circonstances devaient décider du reste.

Telle était sa pensée, le 10 juillet, à Wilna ; c'est ainsi qu'elle fut écrite, ce jour-là même, sous sa dictée, et corrigée de sa main, pour l'un de ses chefs, pour celui qui devait le plus concourir à son exécution. Aussitôt le mouvement, déjà commencé, devint général.

CHAPITRE VI.

Le roi de Westphalie dépassait alors à Grodno le Niémen, pour le repasser à Bielitza, déborder la droite de Bagration, le mettre en fuite et le poursuivre.

Cette armée, saxonne, westphalienne et polonaise, avait devant elle un général et un pays difficiles à vaincre. Il fallait qu'elle envahît le plateau de la Lithuanie; là, sont les sources des rivières qui versent leurs eaux dans les mers Noire et Baltique. Mais le sol y est lent à décider leur pente et leur courant; de sorte que les eaux y séjournent et inondent au loin le pays. On a jeté quelques chaussées étroites sur ces champs boisés et marécageux; elles y forment de longs défilés, que Bagration défendit facilement contre le roi de Westphalie. Celui-ci l'attaqua négligemment; son avant-garde seule joignit trois fois l'ennemi à Nowogrodeck, à Myr et à Romanof. La première rencontre fut tout à l'avantage des Russes; dans les deux autres, Latour-Maubourg resta maître d'un champ de bataille sanglant et disputé.

En même temps, Davoust, parti d'Osmiana, se prolongeait vers Minsk et Ygumen, derrière le général russe, et s'emparait de l'issue des défilés où le roi de Westphalie forçait Bagration de s'engager.

Entre ce général et sa retraite se trouvait une rivière qui prend sa source dans un marais infect; son cours incertain, lent et sourd, à travers un sol pourri, ne dément pas son origine; ses eaux bourbeuses coulent vers le sud-est; son nom a une funeste célébrité, qu'il doit à nos malheurs.

Les ponts de bois et les longues chaussées que, pour en approcher, il a fallu jeter sur les marécages qui la bordent, aboutissent à une ville nommée Borizof, située sur sa rive gauche, du côté de la Russie. Cette rive est en général moins basse que la droite; remarque applicable à toutes les rivières qui, dans ce pays, coulent dans la direction d'un pôle à l'autre, leur rive orientale dominant leur rive occidentale, comme l'Asie, l'Europe.

Ce passage était important, Davoust y prévint Bagration, en se saisissant de Minsk le 8 juillet, ainsi que de tout le pays depuis la Vilia jusqu'à la Bérézina; aussi, quand le prince russe et son armée, qu'Alexandre appelait vers le nord, poussèrent leurs éclaireurs, d'abord sur Lida, puis successivement sur Olzanie, Vieznowe, Trobi, Bolzoï et Sobsnicki, ils se heurtèrent contre Davoust et furent forcés de se replier sur eux-mêmes. Alors se dirigeant un peu plus en arrière et à droite, ils firent une nouvelle tentative sur Minsk: mais ils y sentirent encore Davoust. Un faible peloton de l'avant-garde du maréchal y entrait par une porte, quand l'avant-garde de Bagration s'y présentait par une autre, et le Russe se replia encore au sud, dans ses marais.

A cette nouvelle, en voyant Bagration et quarante mille Russes coupés de l'armée d'Alexandre, et enveloppés par deux fleuves et deux armées, Napoléon s'écria : « Ils sont » à moi! » En effet, il ne s'en fallut pas de trois marches que Bagration ne fût complètement cerné. Mais Napoléon, qui depuis accusa Davoust de l'évasion de l'aile gauche des Russes, pour être resté quatre jours dans Minsk, et plus justement ensuite le roi de Westphalie, venait de mettre ce monarque sous les ordres du maréchal. Ce fut ce changement trop tardif, et au milieu d'une opération qui en détruisit l'ensemble.

Cet ordre était arrivé dans l'instant où Bagration, repoussé de Minsk, n'avait plus pour retraite qu'une chaussée longue et étroite. Elle s'élève sur les marais de Nieswig, Shlutz, Glusck et Bobruisk. Davoust écrivit au roi de pous-

CHAPITRE VI.

ser vivement les Russes dans ce défilé, dont il allait à Glusck occuper l'issue. Bagration n'en aurait pu revenir. Mais le roi, déjà irrité des reproches que l'incertitude et la lenteur de ses premières opérations lui avaient attirés, ne put souffrir pour chef un sujet; il quitta son armée, sans se faire remplacer, sans même, s'il faut en croire Davoust, communiquer à aucun de ses généraux l'ordre qu'il venait de recevoir; on le laissa libre de se retirer en Westphalie, sans sa garde, ce qu'il fit.

Cependant, Davoust attendit vainement à Glusck Bagration. Ce général n'étant plus assez poussé par l'armée westphalienne, put faire un nouveau détour vers le sud, gagner Bobruisk, y traverser la Bérézina, et atteindre le Borysthène vers Bickof. Là encore, si l'armée westphalienne eût eu un chef, si ce chef eût serré le Russe de plus près, s'il l'eût remplacé à Bickof, quand il se heurta à Mohilef contre Davoust, il est certain qu'alors Bagration, pris entre les Westphaliens, Davoust, le Borysthène et la Bérézina, eût été forcé de vaincre ou de se rendre. Car on a vu que le prince russe n'avait pu passer la Bérézina qu'à Bobruisk, ni atteindre le Borysthène que vers Novoï-Bickof, à quarante lieues au midi d'Orcha, et à soixante lieues de Vitepsk, qui était son but.

Se trouvant jeté si loin de sa direction, il se hâta de la regagner, en remontant le Borysthène jusqu'à Mohilef. Mais il y trouva encore Davoust, qui l'avait prévenu là comme à Lida, en passant la Bérézina, sur le point même où Charles XII l'avait franchie.

Ce maréchal n'attendait pourtant pas le prince russe sur le chemin de Mohilef. Il le supposait déjà sur la rive gauche du Borysthène. Leur surprise mutuelle tourna d'abord à l'avantage de Bagration, qui lui enleva tout un régiment de cavalerie légère. Bagration avait alors trente-cinq mille hommes, Davoust, douze mille. Le 23 juillet celui-ci choisit un terrain haut, défendu par un ravin, et resserré entre deux bois. Les Russes ne pouvaient s'étendre sur ce champ de bataille; néanmoins ils l'acceptèrent. Leur nombre y fut inutile; ils attaquèrent en hommes sûrs de vaincre; ils ne songèrent seulement pas à profiter des bois, pour tourner la droite de Davoust.

Ces Moskovites ont dit qu'au milieu du combat, l'effroi de se trouver en présence de Napoléon les avait troublés; car chaque général ennemi le croyait devant lui, Bagration à Mohilef, et Barclay à Drissa. On croyait le voir par-tout à la fois; tant la renommée agrandit l'homme de génie, en remplit le monde, et en fait comme un être surnaturel, en le rendant présent par-tout.

Ce choc fut violent et opiniâtre de la part des Russes, mais sans combinaison. Bagration, rudement repoussé, fut encore forcé de retourner sur ses pas. Il alla passer le Borysthène à Novoï-Bickof, où il rentra dans l'intérieur de la Russie, pour se joindre enfin à Barclay, au-delà de Smolensk.

Napoléon dédaigna d'attribuer ce mécompte à l'habileté du général ennemi : il s'en prit aux siens. Déjà, il sentait que sa présence était par-tout nécessaire, ce qui la rendait par-tout impossible. Le cercle de ses opérations s'était tellement agrandi, que, forcé de rester au centre, il manquait sur toute la circonférence. Ses généraux, fatigués comme lui, trop indépendans les uns des autres, trop séparés, et en même temps trop dépendans de lui, osaient moins et attendaient souvent ses ordres. Son influence s'affaiblissait dans cette étendue. Il fallait une trop grande ame pour un aussi grand corps : la sienne, quelque vaste qu'elle fût, n'y pouvait suffire.

Mais enfin, le 16 juillet l'armée entière était en mouvement. Pendant que tout se hâtait et s'efforçait ainsi, il était encore dans Wilna, qu'il faisait fortifier. Il y ordonnait la levée de onze régimens lithuaniens. Il y établissait le duc de Bassano, pour gouverner la Lithuanie, et comme centre de communication administrative, politique, et même militaire, entre lui, l'Europe, et les généraux commandant les corps d'armée qui ne devaient pas le suivre à Moskou.

Cette apparente inaction de Napoléon dans Wilna dura vingt jours : les uns crurent que, se trouvant au centre de ses opérations avec une forte réserve, il attendait l'événement, prêt à se porter vers Davoust, Murat, ou Macdonald ; d'autres pensèrent que l'organisation de la Lithuanie, et la politique de l'Europe, dont il était plus près à Wilna, le retenaient dans cette ville, ou qu'il ne prévoyait pas d'obstacles dignes de lui jusqu'à la Düna : en quoi il ne se trompa point, mais ce qui le flatta trop. L'évacuation précipitée de la Lithuanie par les Russes, sembla l'éblouir : l'Europe put en juger ; ses bulletins répétèrent ses paroles.

« Le voilà donc, cet empire de Russie, de loin si redou-
» table ! C'est un désert où ses peuples dispersés sont insuf-
» fisans ; ils seront vaincus par son étendue, qui devait les
» défendre : ce sont des barbares ! A peine ont-ils des armes !
» Point de recrues prêtes. Il faut plus de temps à Alexandre
» pour les rassembler, qu'à lui pour arriver à Moskou. Il
» est vrai que sans cesse, depuis le passage du Niémen, le
» ciel inonde ou brûle une terre sans abri : mais cette cala-
» mité est moins un obstacle à la rapidité de notre agression,
» qu'une entrave à la fuite des Russes ; ils sont vaincus sans
» combats, par leur seule faiblesse, par le souvenir de nos
» victoires, par leurs remords qui les pressent de restituer
» cette Lithuanie, qu'ils n'ont acquise, ni par la paix ni
» par la guerre, mais seulement par la perfidie. »

A ces motifs du séjour, peut-être trop prolongé, que Napoléon fit à Wilna, ceux qui l'approchaient le plus en ajoutaient un autre. Ils se disaient entre eux, « que ce génie » si vaste, et toujours de plus en plus actif et audacieux,

» n'était plus secondé, comme autrefois, par une vigou-
» reuse constitution. Ils s'étonnaient de ne plus trouver
» leur chef insensible aux ardeurs d'une température brû-
» lante. Ils se montraient l'un à l'autre avec regret le nou-
» vel embonpoint dont son corps était surchargé, signe
» précurseur d'un affaiblissement prématuré. »

Quelques-uns s'en prenaient à des bains dont il faisait un fréquent usage. Ils ignoraient que, bien loin d'être une habitude de mollesse, ils lui étaient d'un secours indispensable contre une souffrance d'une nature grave et inquiétante, que sa politique cachait avec soin, pour ne pas donner à ses ennemis un cruel espoir.

Telle est l'inévitable et malheureuse influence des plus petites causes sur la destinée des nations. On verra bientôt, quand les plus profondes combinaisons qui devaient assurer le succès de l'entreprise la plus hardie et peut-être la plus utile à l'Europe se seront développées, comment, à l'instant décisif, dans les champs de la Moskowa, la nature paralysa le génie, et l'homme manqua au héros. Les nombreux bataillons de la Russie n'auraient pu la défendre : un jour d'orage, une fièvre soudaine la sauvèrent.

Il sera juste et convenable de se rappeler cette observation, lorsqu'en jetant les yeux sur le tableau que je serai forcé de tracer de la bataille de la Moskowa, on me verra répéter toutes les plaintes et même les reproches qu'une inaction et une langueur inaccoutumée arrachèrent aux amis les plus dévoués et aux admirateurs les plus constans de ce grand homme. La plupart, comme ceux qui depuis ont écrit sur cette journée, ignoraient les souffrances physiques d'un chef qui, dans son abattement, s'efforçait d'en cacher la cause. Ce qui fut sur-tout un malheur, ces témoins l'ont appelé une faute.

Au reste, à huit cents lieues de la patrie, après tant de fatigues et de sacrifices, à l'instant où l'on voit la victoire s'échapper et commencer un avenir effrayant, on devient naturellement sévère, et l'on souffre trop pour être entièrement juste.

Pour moi, je ne tairai point ce que j'ai vu, persuadé que la vérité est de tous les hommages le seul digne d'un grand homme, de cet illustre capitaine qui sut tirer si souvent un parti prodigieux de tout, même de ses revers; de cet homme qui s'éleva à une si grande hauteur, que la postérité aura peine à distinguer les nuages épars sur une telle gloire.

CHAPITRE VII.

Cependant, il apprend que ses ordres sont exécutés, son armée réunie, qu'une bataille l'appelle. Il part enfin de Wilna, le 16 juillet, à onze heures et demie du soir; il s'arrête à Swentziany, pendant que le soleil du 17 est le plus ardent; le 18, il est à Klubokoé; il y séjourne dans un monastère, d'où le bourg que ce couvent domine, lui semble être plutôt une réunion de huttes de sauvages qu'une habitation européenne.

Une adresse des Russes aux Français venait d'être répandue dans son armée : on la lui apporta. Il y vit de dures vérités, que gâtait une invitation inutile et maladroite à la désertion. Cette lecture excite sa colère; dans son agitation, il dicte une réplique qu'il déchire, puis une autre qui éprouve le même sort, enfin une troisième dont il reste satisfait. Ce fut celle qu'on lut alors dans les journaux, sous le nom d'un grenadier français. Il dictait ainsi jusqu'aux moindres lettres qui partaient de son cabinet, ou de son état-major. Il réduisait sans cesse ses ministres et Berthier à n'être que ses secrétaires. Dans son corps appesanti, son esprit était resté actif; l'accord manquait, ce fut une cause de nos malheurs.

Au milieu de cette occupation, il apprend que le 18, Barclay a abandonné son camp de Drissa, et qu'il marche vers Vitepsk; ce mouvement l'éclaire: retenu par l'échec qu'avait reçu Sébastiani vers Druïa, et sur-tout par les pluies et le mauvais état des chemins, il reconnaît trop tard peut-être que l'occupation de Vitepsk est pressante et décisive, qu'elle seule est éminemment agressive en ce qu'elle sépare les deux fleuves et les deux armées ennemies. De cette position, il pourra prendre à revers l'armée incomplète de son rival, lui interdire le midi de son empire, et de sa force écraser sa faiblesse. Que si Barclay l'a prévenu dans cette capitale, sans doute il voudra la défendre; là peut-être l'attendait cette victoire tant désirée, qui vient de lui échapper sur la Vilia.

Aussitôt il dirige tous ses corps sur Beszenkowiczi; il y appelle Murat et Ney, alors vers Polotsk, où il laisse Oudinot. Quant à lui, de Klubokoé, où il se trouvait au milieu de sa garde, de l'armée d'Italie et de trois divisions détachées de Davoust, il se rend à Kamen, toujours en voiture, mais pendant la nuit, par nécessité, où peut-être pour que le soldat ignorât que son chef ne pouvait plus partager ses fatigues.

Jusque-là, la plus grande partie de l'armée marchait, étonnée de ne point trouver d'ennemis; elle s'y était habituée. Le jour, c'était la nouveauté des lieux, sur-tout l'impatience d'arriver qui occupait; le soir, c'était la nécessité de se choisir ou de se faire des abris, de chercher sa nourriture et de la préparer: on était tellement distrait par tant de soins, qu'on croyait moins faire la guerre qu'un pénible voyage; mais si la guerre et l'ennemi reculaient toujours ainsi, jusqu'où irait-on les chercher. Enfin, le 25, le canon gronda, et, comme l'empereur, l'armée espéra une victoire et la paix.

C'était vers Beszenkowiczi. Le prince Eugène venait d'y rencontrer Doctorof: ce général conduisait l'arrière-garde de Barclay. En le suivant de Polotsk à Vitepsk, il s'était fait éclairer sur la rive gauche de la Düna, à Beszenkowiczi; il en brûla le pont en se retirant. Le vice-roi, maître de cette ville, vit la Düna, et rétablit le passage: quelques troupes laissées en observation sur l'autre rive contrarièrent faiblement cette opération. Napoléon accourut: il contempla pour la première fois ce fleuve, sa nouvelle conquête. Il blâma avec raison et sèchement la construction vicieuse du pont, qui lui soumettait les deux rives.

Ce ne fut point une vanité puérile qui lui fit alors passer ce fleuve, mais l'empressement de voir par lui-même où en était l'armée russe dans sa marche de Drissa sur Vitepsk, et s'il pourrait l'attaquer au passage, ou la devancer dans cette ville. Mais la direction que prenait l'arrière-garde ennemie, et les réponses de quelques prisonniers, lui prouvèrent que Barclay l'avait prévenu, qu'il avait laissé Witgenstein devant Oudinot, et que le général en chef russe était dans Vitepsk. Déjà même, il était prêt à disputer à Napoléon les défilés qui couvrent cette capitale.

Napoléon n'ayant vu, sur la rive droite du fleuve, qu'un reste d'arrière-garde, rentra dans Beszenkowiczi. Ses armées y arrivaient en ce moment par les routes du nord et de l'ouest. Ses ordres de mouvemens avaient été exécutés avec une telle précision, que tous ces corps, partis du Niémen à des époques et par des routes différentes, malgré des obstacles de tout genre, après un mois de séparation, et à cent lieues du point où ils s'étaient quittés, se trouvèrent à la fois réunis à Beszenkowiczi, où ils arrivèrent le même jour et à la même heure.

Aussi le plus grand désordre y régnait; de nombreuses colonnes de cavalerie, d'infanterie, d'artillerie, s'y présentaient de tous côtés; elles se disputaient le passage; chacun, irrité par la fatigue et par la faim, était impatient d'arriver à sa destination.

En même temps, les rues étaient obstruées par une foule d'ordonnances, d'officiers d'état-major, de valets, de chevaux de main et de bagages. Ils parcouraient tumultueusement la ville, cherchant, les uns des vivres, d'autres des fourrages, quelques-uns des logemens : on se croisait, on s'entre-choquait, et l'affluence augmentant à chaque instant, ce fut bientôt comme un chaos.

Ici, des aides-de-camp, porteurs d'ordres pressés, cherchent vainement à s'ouvrir un passage; les soldats restent sourds à leurs avertissemens, même à leurs ordres; de là des querelles, des clameurs, dont le bruit se joint aux roulemens des tambours, aux juremens des charretiers, au bruit des caissons et des canons, aux commandemens des officiers; même aux combats qui se livrent dans les maisons, dont les uns prétendent forcer l'entrée, et que d'autres, déjà établis, défendent.

Enfin, avant minuit, toutes ces masses qui s'étaient presque mêlées, se débrouillèrent; cet amas de troupes s'écoula vers Ostrowno et dans Beszenkowiczi; au tumulte le plus effroyable succéda le plus profond silence.

Ce rassemblement, les ordres multipliés qui arrivaient de toutes parts, la rapidité avec laquelle tous les corps s'étaient portés en avant, même pendant la nuit, tout annonçait un combat pour le lendemain. En effet, Napoléon n'avait pas pu prévenir les Russes dans Vitepsk, il voulut les y forcer; mais ceux-ci, après y être entrés par la rive droite de la Düna, avaient traversé cette ville, et venaient au-devant de lui, pour défendre les longs défilés qui la couvrent.

Le 25 juillet, Murat marchait vers Ostrowno avec sa cavalerie. A deux lieues de ce village, Domon, du Coëtlosquet, Carignan, et le huitième de hussards, s'avançaient en colonne; sur une large route, marquée par un double rang de grands bouleaux. Ces hussards étaient près d'atteindre le sommet d'une colline, sur laquelle ils n'entrevoyaient que la plus faible partie d'un corps, composé de trois régimens de cavalerie de la garde russe, et de six pièces de canon. Pas un tirailleur ne couvrait cette ligne.

Les chefs du huitième se croyaient précédés par deux régimens de leur division, qui marchaient à travers champs, à droite et à gauche de la route, et dont les arbres, qui la bordent, leur dérobaient la vue. Mais ces corps s'étaient arrêtés, et le huitième, déjà bien en avant d'eux, s'avançait toujours, persuadé que ce qu'il entrevoyait au travers des arbres, à cent cinquante pas devant lui, était ces deux mêmes régimens que, sans s'en apercevoir, il venait de dépasser.

L'immobilité des Russes acheva de tromper les chefs du huitième. L'ordre de charger leur paraissant une erreur, ils envoyèrent un officier reconnaître la troupe qu'ils avaient devant eux, et s'avancèrent toujours sans défiance. Tout-à-coup ils voient leur officier, sabré, renversé, saisi, et le canon ennemi abattre leurs hussards. Ils n'hésitent plus, et sans perdre de temps à étendre leur troupe sous ce feu, ils se jettent au travers des arbres et courent dessus pour l'éteindre. D'un premier élan ils se saisissent des pièces, ils culbutent le régiment qui est au centre de la ligne ennemie, et l'écrasent. Dans le désordre de ce premier succès, ils voient le régiment russe de droite, qu'ils venaient de dépasser, rester comme immobile d'étonnement; ils reviennent sur lui par derrière, et le défont. Au milieu de cette seconde victoire, ils aperçoivent le troisième régiment de gauche de l'ennemi, qui, tout déconcerté, s'ébranlait et cherchait à se retirer; ils se retournent agilement, avec tout ce qu'ils peuvent réunir vers ce troisième ennemi, qu'ils attaquent au milieu de son mouvement, et qu'ils dispersent encore.

Animé par ce succès, Murat pousse dans les bois d'Ostrowno l'ennemi, qui semble s'y cacher. Ce monarque voulut y pénétrer, mais alors une forte résistance l'arrêta.

La position d'Ostrowno était bien choisie : elle dominait, on y voyait sans être vu ; elle coupait une grande route ; la Düna à droite, un ravin devant, des bois épais sur sa surface et à gauche. D'ailleurs elle était à portée des magasins, elle les couvrait, ainsi que Vitepsk, la capitale de ces contrées. Ostermann accourait pour la défendre.

CHAPITRE VII.

De son côté, Murat toujours prodigue de sa vie, alors celle d'un roi victorieux, comme jadis il l'avait été des jours d'un soldat obscur, s'obstine contre ce bois, malgré les feux qui en sortent. Mais il s'aperçoit qu'il ne s'agit plus d'un premier élan. Le terrain enlevé par les hussards du huitième lui est disputé, et il faut que sa tête de colonne, composée des divisions Bruyères et Saint-Germain et du huitième d'infanterie, s'y maintienne contre une armée.

On s'y défendit, comme des vainqueurs se défendent, en attaquant. Chaque corps ennemi qui se présenta sur nos flancs comme assaillant, fut assailli; la cavalerie fut refoulée dans les bois, et l'infanterie rompue à coups de sabre. Pourtant on se fatiguait à vaincre, quand la division Delzons survint; le roi la jeta promptement sur la droite et vers la retraite de l'ennemi, qui devint inquiet et ne disputa plus la victoire.

Ces défilés ont plusieurs lieues. Le soir même le vice-roi rejoignit Murat, et le lendemain ils virent les Russes dans une nouvelle position. Pahlen et Konownitzin s'étaient joints à Ostermann. Déjà, après avoir contenu la gauche des Russes, les deux princes français marquaient aux troupes de leur aile droite la position qui devait leur servir de point d'appui et de départ pour attaquer, quand tout-à-coup de grandes clameurs s'élèvent à leur gauche : ils regardent; deux fois la cavalerie et l'infanterie de cette aile viennent d'aborder l'ennemi, deux fois elles ont été repoussées, et voilà les Russes enhardis, qui sortent par masses de leur bois, en poussant des cris épouvantables. L'audace, l'ardeur de l'attaque a passé chez eux, et chez les Français l'incertitude et l'étonnement de la défense.

Un bataillon de Croates et le quatre-vingt-quatrième régiment essayaient vainement de résister, leur ligne diminuait : devant eux, la terre se jonchait de leurs morts;

derrière eux, la plaine se couvrait de leurs blessés qui se retiraient du combat, de ceux qui les portaient, et de bien d'autres encore qui, sous prétexte de soutenir les blessés, ou d'être blessés eux-mêmes, se détachaient successivement des rangs. Ainsi commence une déroute. Déjà les artilleurs, troupe toujours d'élite, ne se voyant plus soutenus, commençaient à se retirer avec leurs pièces; quelques instans de plus, et les troupes des différentes armes, dans leur fuite vers un même défilé, allaient s'y rencontrer; de là une confusion, où la voix et les efforts des chefs sont perdus, où tous les élémens de résistance se confondant deviennent inutiles.

On dit qu'à cette vue, Murat irrité s'élança à la tête d'un régiment de lanciers polonais, et que ceux-ci, excités par la présence du roi, exaltés par ses paroles, et que d'ailleurs la vue des Russes transportait de rage, se précipitèrent sur ses pas. Murat n'avait voulu que les ébranler, et les lancer sur l'ennemi : il ne lui convenait pas de se jeter avec eux dans la mêlée, d'où il n'aurait pu ni voir, ni commander : mais les lances polonaises étaient en arrêt et serrées derrière lui; elles occupaient toute la largeur du terrain : elles le poussaient en avant de toute la vitesse des chevaux. Il ne put se mettre de côté ni s'arrêter : il fallut qu'il chargeât devant ce régiment, comme il s'y était mis pour le haranguer, et en soldat, ce qu'il fit de bonne grace.

En même temps le général d'Anthouard courut à ses canonniers, le prince Eugène au cent sixième régiment, qu'il fit avancer, et la cavalerie du général Piré aborda et tourna la gauche de l'ennemi. Ils ressaisirent la fortune; les Russes rentrèrent dans leurs forêts.

Cependant, à leur gauche, ils s'obstinaient à défendre un bois épais, dont la position avancée coupait notre ligne. Le quatre-vingt-douzième régiment, étonné du feu qui en sortait, étourdi par une grêle de balles, demeurait immo-

CHAPITRE VII.

bile, n'osant ni avancer ni reculer, retenu par deux craintes contraires, celles de la honte et du danger, et n'évitant ni l'une ni l'autre : mais le duc d'Abrantès courut le ranimer par ses paroles, le général Roussel par son exemple, et le bois fut emporté.

Par ce succès, une forte colonne, qui s'était avancée sur notre droite pour la tourner, se trouva tournée elle-même; Murat s'en aperçut; aussitôt, l'épée à la main, « Que les plus braves me suivent! » s'écria-t-il. Mais ce pays est sillonné de ravins, qui protégèrent la retraite des Russes ; tous allèrent s'enfoncer dans une forêt de deux lieues de profondeur, dernier rideau qui nous cachait Vitepsk.

Après un combat aussi vif, le roi de Naples et le vice-roi hésitaient à se hasarder dans un pays si couvert, quand l'empereur survint; ils accoururent vers lui, lui montrant ce qui venait d'être fait, et ce qui restait à faire. Napoléon se porta d'abord sur le sommet le plus élevé et le plus près de l'ennemi : de là son génie, planant sur tous les obstacles, eut bientôt percé le mystère de ces forêts et l'épaisseur de ces montagnes : il ordonna sans hésiter, et ces bois qui avaient arrêté l'audace des deux princes, furent traversés de part en part : enfin, ce soir-là même, du haut de sa double colline, Vitepsk put voir nos tirailleurs déboucher dans la plaine qui l'environne.

Ici, tout arrêta l'empereur; la nuit, la multitude des feux ennemis qui couvraient cette plaine, une terre inconnue, la nécessité de la reconnaître pour y diriger les divisions, et sur-tout le temps qu'il fallait à cette foule de soldats, engagés dans un long et étroit défilé, pour en sortir. On fit donc halte pour respirer, pour se reconnaître, se rallier, se nourrir, et préparer ses armes pour le lendemain. Napoléon coucha sous sa tente, sur une hauteur à gauche de la grande route, et derrière le village de Kukowiaczi.

CHAPITRE VIII.

Le 27, l'empereur parut aux avant-postes avant le jour; ses premiers rayons lui montrèrent enfin l'armée russe campée sur une plaine haute, qui domine toutes les avenues de Vitepsk. La Luczissa, rivière qui s'est creusé profondément son lit, marquait le pied de cette position. En avant d'elle, dix mille cavaliers et quelque infanterie semblaient vouloir en défendre les approches: l'infanterie au centre sur la grande route, sa gauche dans des bois élevés; toute la cavalerie à droite, en ligne redoublée, et s'appuyant à la Düna.

Le front des Russes n'était plus en face de notre colonne, mais sur notre gauche; il avait changé de direction avec le fleuve, qu'un détour éloignait de nous; il fallut que la colonne française, après avoir passé sur un pont étroit un ravin qui la séparait de ce nouveau champ de bataille, se déployât par un changement de front à gauche, l'aile droite en avant, pour conserver de ce côté l'appui du fleuve, et faire face à l'ennemi: déjà sur les bords de ce ravin, près du pont, et à gauche de la grande route, un monticule isolé avait attiré l'empereur. De là, il pouvait voir les deux armées, placé sur le côté du champ de bataille, comme l'est un témoin dans un duel.

Ce furent deux cents voltigeurs parisiens, du neuvième régiment de ligne, qui débouchèrent les premiers; ils furent aussitôt jetés à gauche devant toute la cavalerie russe, s'appuyant comme elle à la Düna, et marquant la gauche de la nouvelle ligne; le seizième de chasseurs à cheval vint ensuite, puis quelques pièces légères. Les Russes nous re-

CHAPITRE VIII.

gardaient froidement défiler devant eux, et préparer notre attaque.

Cette inaction nous était favorable : mais le roi de Naples, qu'enivraient tant de regards, se livrant à sa fougue ordinaire, précipita les chasseurs du seizième sur toute la cavalerie russe; on vit alors avec effroi cette faible ligne française, rompue dans sa marche par un terrain tranché de profondes ravines, s'avancer contre les masses ennemies. Ces malheureux, se sentant sacrifiés, marchaient avec hésitation à une perte certaine. Aussi, dès le premier mouvement que firent les lanciers de la garde russe, tournèrent-ils le dos : mais les ravins, qu'il fallait repasser, arrêtèrent leur fuite : ils furent atteints, et culbutés dans ces bas-fonds, où beaucoup périrent; le reste se réfugia près du cinquante-troisième régiment de ligne, qui les protégea.

Cette charge heureuse des lanciers de la garde russe, les avait fait pénétrer jusqu'au pied de la colline d'où Napoléon donnait aux corps d'armée leur direction. Quelques chasseurs de la garde française venaient de mettre pied à terre, suivant l'usage, pour former une enceinte autour de lui, ils écartèrent les lanciers ennemis à coups de carabine. Ceux-ci, repoussés, rencontrèrent, en retournant sur leurs pas, les deux cents voltigeurs parisiens, que la fuite du seizième de chasseurs à cheval avait laissés seuls entre les deux armées; ils les assaillirent. Tous les regards se fixèrent alors sur ce point.

Des deux côtés on jugeait ces fantassins perdus : mais seuls, ils ne désespérèrent pas d'eux-mêmes. D'abord leurs capitaines gagnèrent, en combattant, un terrain entrecoupé de buissons et de crevasses, que bordait la Düna : tous s'y réunirent aussitôt, par l'habitude que chacun avait de la guerre, par le besoin de s'appuyer l'un de l'autre, et par le danger qui rapproche. Alors, comme il arrive toujours dans les périls imminens, ils se regardent entre eux, les plus jeunes, leurs anciens, et tous, leurs officiers cherchant à lire dans leur contenance ce qu'ils devaient espérer, craindre ou faire : ils se virent pleins d'assurance, et tous comptant les uns sur les autres, chacun compta plus sur soi-même.

On s'aida du terrain avec habileté. Les lanciers russes, embarrassés dans les broussailles et arrêtés par les crevasses, alongeaient en vain leurs longues lances, pendant qu'ils cherchaient à pénétrer, atteints par les balles, ils tombaient blessés; leurs corps et ceux de leurs chevaux s'ajoutaient aux obstacles que présentait le terrain. Enfin ils se rebutèrent; leur fuite, les cris de joie de notre armée, l'ordre d'honneur, que l'empereur envoya sur-le-champ même aux plus braves, ses paroles que l'Europe a lues, tout apprit à ces vaillans soldats, leur gloire, qu'ils n'appréciaient pas encore, les belles actions paraissant toujours simples à ceux qui les font. Ils s'étaient crus près d'être tués ou pris, ils se virent presque au même instant victorieux et récompensés.

Cependant, l'armée d'Italie et la cavalerie de Murat, que suivaient trois divisions du premier corps, confiées, depuis Wilna, au comte de Lobau, attaquaient la grande route, et les bois où s'appuyait la gauche de l'ennemi. L'engagement fut d'abord vif, mais il tourna court. L'avantgarde russe se retira précipitamment derrière le ravin de la Luczissa, pour ne pas y être jetée. Alors l'armée ennemie se trouva toute réunie sur l'autre rive; elle présentait quatre-vingt mille hommes.

Leur contenance audacieuse, dans une forte position, et devant une capitale, trompa Napoléon : il crut qu'ils tiendraient à honneur de s'y défendre. Il n'était que onze heures; il fit cesser l'attaque, afin de pouvoir parcourir paisiblement tout le front de la ligne, et de se préparer à un combat décisif pour le jour suivant. D'abord, il s'alla placer sur un tertre, parmi les tirailleurs, au milieu desquels il déjeûna. De là, il observait l'ennemi, dont une balle blessa l'un des siens, fort près de lui. Les heures suivantes furent employées à parcourir, à reconnaître le terrain, et à attendre les autres corps d'armée.

Napoléon annonçait une bataille pour le lendemain. Ses adieux à Murat furent ces paroles : « A demain à cinq heu- » res, le soleil d'Austerlitz ! » Elles expliquent cette suspension d'hostilités au milieu du jour, au milieu d'un succès qui animait les soldats. Eux furent étonnés de cette inaction, à l'instant où ils avaient atteint une armée, dont la fuite les épuisait. Murat, que chaque jour un espoir pareil avait déçu, fit observer à l'empereur que Barclay ne se montrait si audacieux à cette heure, qu'afin de pouvoir se retirer plus tranquillement pendant la nuit. Ne pouvant persuader son chef, il alla témérairement planter sa tente sur le bord de la Luczissa, presque au milieu des ennemis. Cette position plut à son désir d'entendre les premiers bruits de leur retraite, à son espoir de la troubler, et à son caractère aventureux.

Murat se trompait, et il parut avoir le mieux vu ; Napoléon avait raison, et l'événement lui donna tort : tels sont les jeux de la fortune. L'empereur des Français avait bien jugé des intentions de Barclay. Le général russe, croyant Bagration vers Orcha, s'était décidé à se battre pour lui donner le temps de le joindre. Ce fut la nouvelle, qu'il reçut le soir, de la retraite de Bagration par Novoï-Bickof, vers Smolensk, qui changea subitement sa détermination.

En effet, le 28, dès l'aurore, Murat fit dire à l'empereur qu'il allait poursuivre les Russes, qu'on n'apercevait déjà plus ; Napoléon persévéra dans son opinion, s'obstinant à prétendre que toute l'armée ennemie était là, et qu'il fallait avancer prudemment ; cela fit perdre du temps. Enfin il monta à cheval ; chaque pas détruisit son illusion : il se trouva bientôt au milieu du camp que Barclay venait d'abandonner.

Tout y attestait la science de la guerre, son heureux emplacement, la symétrie de toutes ses parties, l'exacte et exclusive observation de l'emploi auquel chacune d'elles avait été destinée ; l'ordre, la propreté qui en résultaient ; du reste, rien d'oublié, pas une arme, pas un effet, aucune trace, rien enfin, dans cette marche subite et nocturne, qui pût indiquer au-delà du camp la route que les Russes venaient de suivre. Il parut plus d'ordre dans leur défaite que dans notre victoire ! vaincus, ils nous laissaient en fuyant des leçons dont les vainqueurs ne profitent jamais : soit que le bonheur méprise, ou qu'on attende le malheur pour se corriger.

Un soldat russe, qu'on surprit endormi sous un buisson, fut le seul résultat de cette journée qui devait être décisive. On entra dans Vitepsk, qu'on trouva déserte comme le camp des Russes ; quelques Juifs immondes et des jésuites y étaient seuls restés ; on les questionna, mais en vain. Toutes les routes furent essayées inutilement. Les Russes s'étaient-ils dirigés vers Smolensk ? avaient-ils remonté la Düna ? Enfin, une bande de Cosaques irréguliers nous attira dans cette dernière direction, pendant que Ney tentait la première. Nous fîmes six lieues dans un sable profond, à travers une poussière épaisse, et par une chaleur suffocante ; la nuit nous arrêta autour d'Aghaponovchtchina.

Pendant que desséchée, altérée et épuisée de fatigue et de faim, l'armée n'y recueillait qu'une eau bourbeuse, Napoléon, le roi de Naples, le vice-roi et le prince de Neufchâtel tinrent conseil sous les tentes impériales, dressées dans la cour d'un château et sur une hauteur à gauche de la grande route.

« Cette victoire tant désirée, tant poursuivie, et que
» chaque jour rendait plus nécessaire, venait donc encore

» de s'échapper de nos mains comme à Wilna. On avait
» rejoint l'arrière-garde russe, il est vrai ; mais était-ce
» celle de leur armée? n'était-il pas plus vraisemblable que
» Barclay avait fui vers Smolensk par Rudnia; jusqu'où
» faudrait-il donc poursuivre les Russes, pour les décider
» à une bataille? la nécessité d'organiser la Lithuanie re-
» conquise, de former des magasins, des hôpitaux, d'éta-
» blir un nouveau point de repos, de défense, et de départ,
» pour une ligne d'opération qui s'alongeait d'une manière
» si effrayante, tout enfin ne devait-il pas décider à s'arrê-
» ter sur les confins de la vieille Russie? »

A ces motifs se joignirent les rayons d'un soleil dévorant, réfléchi par un sable ardent. L'empereur fatigué se décida : le cours de la Düna et celui du Borysthène marquèrent la ligne française. L'armée fut ainsi cantonnée sur les bords de ces deux fleuves et dans leur intervalle : Poniatowski et ses Polonais à Mohilef; Davoust et le premier corps à Orcha, Dubrowna et Luibowiczi; Murat, Ney, l'armée d'Italie et la garde, depuis Orcha et Dubrowna jusqu'à Vitepsk et Suraij. Les avant-postes à Lyadi et Inkowo, devant ceux de Barclay et de Bagration : car ces deux armées ennemies, l'une fuyant Napoléon au travers de la Düna, par Drissa et Vitepsk, l'autre s'échappant des mains de Davoust au travers de la Bérézina et du Borysthène, par Bobruisk, Bickof et Smolensk, venaient enfin de se réunir dans l'intervalle de ces deux fleuves.

Les grands corps détachés de l'armée centrale, étaient alors placés comme il suit : à la droite Dombrowski, devant Bobruisk et devant le corps de douze mille hommes du général russe Hœrtel.

A la gauche, le duc de Reggio et Saint-Cyr à Polotsk et à Bieloé, sur la route de Pétersbourg, que défendait Witgenstein avec trente mille hommes.

A l'extrême gauche, Macdonald et trente-huit mille

Prussiens et Polonais devant Riga. Ils se prolongeaient à droite sur l'Aa et vers Dünabourg.

En même temps, Schwartzenberg et Regnier, à la tête des corps saxon et autrichien, occupaient vers Slonim l'intervalle du Niémen au Bug, couvrant Varsovie et les derrières de la grande-armée, que Tormasof inquiétait. Le duc de Bellune partait de la Vistule avec une réserve de quarante mille hommes; enfin Augereau rassemblait une onzième armée à Stettin.

Quant à Wilna, le duc de Bassano y était resté au milieu des envoyés de plusieurs cours. Ce ministre gouvernait la Lithuanie, correspondait avec tous les chefs, leur envoyait les instructions qu'il recevait de Napoléon, et poussait en avant les vivres, les recrues et les traîneurs, à mesure qu'ils lui arrivaient.

Dès que l'empereur eut pris sa résolution, il revint à Vitepsk avec ses gardes; là, le 28 juillet, en entrant dans son quartier-impérial, il détacha son épée, et, la posant brusquement sur les cartes dont ses tables étaient couvertes, il s'écria : « Je m'arrête ici, je veux m'y reconnaî- » tre, y rallier, y reposer mon armée, et organiser la » Pologne; la campagne de 1812 est finie ! celle de 1813 » fera le reste. »

LIVRE CINQUIÈME.

LIVRE CINQUIÈME.

CHAPITRE I.

La Lithuanie conquise, le but de la guerre était atteint, et pourtant la guerre semblait à peine commencée; car on avait vaincu les lieux, et non les hommes. L'armée russe était entière; ses deux ailes, séparées par la vivacité d'une première attaque, venaient de se réunir. On était dans la plus belle saison de l'année. Ce fut dans cette situation que Napoléon se crut irrévocablement décidé à s'arrêter sur les rives du Borysthène et de la Düna. Alors il put tromper d'autant mieux sur ses intentions, qu'il se trompa lui-même.

Déjà, sa ligne de défense est tracée sur ses cartes : l'artillerie de siége marche sur Riga ; à cette ville forte s'appuiera la gauche de l'armée ; puis à Dünabourg et à Polotsk, elle va garder une défensive menaçante. Vitepsk, si facile à fortifier, et ses hauteurs boisées, serviront de camp retranché au centre. De là jusqu'au sud, la Bérézina et ses marais, que couvre le Borysthène, n'offrent pour passage que quelques défilés : peu de troupes y suffiront. Plus loin, Bobruisk marque la droite de cette grande ligne, et l'ordre est donné de se saisir de cette forteresse. Quant au reste, on compte sur l'insurrection des provinces populeuses du sud : elles aideront Schwartzenberg à chasser Tormasof, et l'armée s'accroîtra de leurs nombreux Cosaques. Un des plus grands propriétaires de ces provinces, un seigneur, en qui tout, jusqu'à l'extérieur, est distingué, est accouru se joindre aux libérateurs de sa patrie. C'est lui que l'empereur désigne pour commander cette insurrection.

Dans cette position, rien ne manquera : la Courlande nourrira Macdonald ; la Samogitie, Oudinot ; les plaines fertiles de Klubokoé, l'empereur ; les provinces du sud feront le reste. D'ailleurs, le grand magasin de l'armée est à Dantzick, ses grands entrepôts à Wilna et à Minsk. Ainsi l'armée se trouvera liée au sol qu'elle vient d'affranchir ; et sur cette terre, fleuve, marais, productions, habitans, tout s'unit à nous, tout est d'accord pour se défendre.

Tel fut le plan de Napoléon. On le vit alors parcourir Vitepsk et ses environs, comme pour reconnaître des lieux qu'il devait long-temps habiter. Des établissemens de toute espèce y furent formés. Trente fours, qui pouvaient donner à la fois vingt-neuf mille livres de pain, s'y construisirent. On ne s'en tint pas à l'utile, on voulut des embellissemens. Des maisons de pierre gâtaient la place du palais, l'empereur ordonna à sa garde de les abattre et d'en enlever les débris. Déjà même, il songe aux plaisirs de l'hiver : des acteurs de Paris viendront à Vitepsk ; et comme cette ville est déserte, des spectatrices de Varsovie et de Wilna y seront attirées.

Alors son étoile l'éclairait : heureux, s'il n'eût pas pris ensuite les mouvemens de son impatience pour des inspirations de génie ! Mais, quoi qu'on ait pu dire, il ne se laissa emporter que par lui-même : car en lui, tout venait de lui ; et ce fut sans succès qu'on tenta sa prudence. Vainement alors, l'un de ses maréchaux lui promit le soulèvement des Russes, à la lecture des proclamations que ses officiers d'avant-garde étaient chargés de répandre. Des Polonais avaient enivré ce général de promesses inconsidérées, dictées par cet espoir trompeur, commun à tous

CHAPITRE I.

les exilés, dont ils abusent l'ambition des chefs qui s'y confient.

Mais celui dont les excitations furent les plus vives et les plus fréquentes, fut Murat. Ce roi, que le repos fatiguait, insatiable de gloire, et qui sentait l'ennemi près de lui, ne put se contenir. Il quitte l'avant-garde, il vient à Vitepsk, et seul avec l'empereur, il s'emporte : « il accuse » l'armée russe de lâcheté : à l'entendre, il semble que de-» vant Vitepsk, elle ait manqué à un rendez-vous, comme » s'il eût été question d'un duel. C'était une armée ter-» rifiée, que sa cavalerie légère mettrait seule en déroute. » Cet emportement d'ardeur fit sourire Napoléon ; puis pour le modérer : « Murat, lui dit-il, la première campagne de » Russie est finie ; plantons ici nos aigles. Deux grands » fleuves marquent notre position ; élevons des blocs-house » sur cette ligne : que les feux se croisent par-tout : for-» mons le bataillon carré. Des canons aux angles et à l'ex-» térieur. Que l'intérieur contiennent les cantonnemens » et les magasins. 1813 nous verra à Moskou, 1814 à Pé-» tersbourg. La guerre de Russie est une guerre de trois » ans ! »

Ainsi son génie concevait tout par masses, et il voyait une armée de quatre cent mille hommes comme un régiment.

Ce jour-là même, il interpela hautement un administrateur par ces mots remarquables : « Pour vous, monsieur, » songez à nous faire vivre ici : car, ajouta-t-il à haute » voix, en s'adressant à ses officiers, nous ne ferons pas » la folie de Charles XII ! » Mais bientôt, ses actions démentirent ses paroles, et chacun s'étonna de son indifférence à donner des ordres pour un si grand établissement. A gauche, on n'envoyait à Macdonald, ni les instructions ni les moyens de s'emparer de Riga ; à droite, c'était Bobruisk qu'il fallait prendre. Cette forteresse s'élève du lieu d'un vaste et profond marais. Ce fut de la cavalerie qu'on chargea de l'assiéger.

Autrefois Napoléon n'ordonnait guère qu'avec la possibilité d'être obéi; mais les merveilles de la guerre de Prusse avaient eu lieu, et depuis, l'impossibilité ne fut plus admise. On ordonnait toujours, tout devant être tenté, puisque jusque-là tout avait réussi. Cela fit d'abord faire de grands efforts, qui tous ne furent pas heureux. On se rebuta; mais le chef persistait : il s'était accoutumé à tout commander; on s'accoutuma à ne pas tout exécuter.

Cependant Dombrowski fut laissé devant cette place avec sa division polonaise, que Napoléon disait être de huit mille hommes, quoiqu'il sût bien qu'elle n'était alors que de douze cents hommes; mais telle était sa coutume; soit qu'il crût que ses paroles seraient répétées, et qu'elles tromperaient l'ennemi; soit que par cette évaluation exagérée, il voulût faire sentir à ses généraux tout ce qu'il attendait d'eux.

Restait Vitepsk. De ses maisons, la vue plonge à pic dans la Düna, ou jusqu'au fond des précipices dont ses murs sont environnés. Dans ces contrées, les neiges séjournent long-temps sur les terres : elles filtrent au travers de ses parties les moins solides, qu'elles pénètrent profondément, qu'elles délavent et effondrent. De là ces profonds ravins si inattendus, qu'aucun mouvement de terrain ne fait prévoir, inaperçus à quelques pas de leurs bords, et qu'on a vu, dans ces vastes plaines, surprendre et arrêter tout-à-coup des charges de cavalerie.

Il ne fallait à des Français qu'un mois pour mettre cette ville à l'abri d'un siége, même régulier : on négligea d'ajouter ce peu d'art à la nature. En même temps quelques millions indispensables à la levée des troupes lithuaniennes, leur furent refusés. C'était le prince Sangutsko qui devait aller commander l'insurrection du sud : on le retint au quartier impérial.

CHAPITRE I.

— Au reste, la modération des premiers discours de Napoléon n'avait pas trompé ceux de son intérieur. Ils se rappelaient qu'à la première vue du camp vide des Russes, et de Vitepsk abandonnée, les entendant se réjouir de cette conquête, il s'était retourné brusquement vers eux, en s'écriant : « Croyez-vous donc que je sois venu de si loin » pour conquérir cette masure! » On savait d'ailleurs qu'avec un grand but, il ne formait jamais qu'un plan vague, n'aimant à prendre conseil que de l'occasion, ce qui convenait à la promptitude de son génie.

Au reste, l'armée entière fut comblée des faveurs de son chef. S'il rencontrait des convois de blessés, il les arrêtait, s'informait de leur sort, de leurs souffrances, des actions où ils avaient succombé, et ne les quittait qu'après les avoir consolés par ses paroles et secourus de ses largesses.

On remarqua pour sa garde des attentions particulières; lui-même en passait chaque jour la revue, prodiguant la louange, quelquefois le blâme, mais qui ne tombait guère que sur les administrateurs; ce qui plaisait aux soldats et détournait leurs plaintes.

Souvent il envoyait du vin de sa table au factionnaire le plus près de lui. Un jour on le vit rassembler l'élite de ses gardes; il s'agissait de leur donner un nouveau chef; ce fut de sa voix, de sa main, et avec son épée qu'il le leur présenta : puis il l'embrassa en leur présence. Tant de soins furent attribués, par les uns, à sa reconnaissance pour le passé, et par d'autres, à son exigence pour l'avenir.

Ceux-ci voyaient bien que, pendant les premiers jours, Napoléon s'était flatté de recevoir de nouvelles propositions de paix de la part d'Alexandre, et que la misère et l'affaiblissement de l'armée l'avaient occupé. Il fallait bien laisser à la longue file des traîneurs et des malades, le temps de joindre, les uns leurs corps, les autres les hôpitaux. Enfin, créer ces hôpitaux, rassembler des vivres, refaire les chevaux, et attendre les ambulances, l'artillerie, les pontons, qui se traînaient encore péniblement dans les sables lithuaniens pour nous atteindre. Sa correspondance avec l'Europe devait encore le distraire. Enfin, un ciel dévorant l'arrêtait! car tel est ce climat: le ciel y est extrême, immodéré, il dessèche ou inonde, brûle ou glace cette terre et ses habitans, qu'il semble fait pour protéger: atmosphère perfide, dont la chaleur amollissait nos corps, comme pour les rendre plus accessibles aux frimas, qui devaient bientôt les pénétrer.

L'empereur n'y était pas le moins sensible; mais quand le repos l'eut rafraîchi, qu'il ne vit arriver aucun envoyé d'Aléxandre, et que ses premières dispositions furent prises, l'impatience le saisit. On le vit inquiet: soit que, comme à tous les hommes d'action, l'inaction lui pesât, et qu'à l'ennui d'attendre il préférât le péril, ou qu'il fût agité par cet espoir d'acquérir qui, chez la plupart, est plus fort que la douceur de conserver, ou la crainte de perdre.

Ce fut alors sur-tout que l'image de Moskou prisonnière obséda son esprit: c'était le terme de ses craintes, le but de ses espérances. Dans sa possession, il trouvait tout. Dès lors, on commença à prévoir qu'un génie ardent, inquiet, accoutumé aux voies courtes, n'attendrait pas huit mois, quand il sentait son but à sa portée, quand vingt journées suffisaient pour l'atteindre.

Au reste, qu'on ne se presse pas de juger cet homme extraordinaire sur des faiblesses communes à tous les hommes: on va l'entendre lui-même, on verra jusqu'à quel point sa position politique compliquait sa position militaire. Plus tard encore, on blâmera moins la résolution qu'il va prendre, quand on verra que le sort de la Russie tint à un jour de santé de plus, qui manqua à Napoléon sur le champ même de la Moskowa.

CHAPITRE I.

Cependant, il parut d'abord ne pas oser s'avouer à lui-même une si grande témérité : mais peu à peu il s'enhardit à la considérer. Alors il délibère, et cette grande irrésolution, qui tourmente son esprit, s'empare de toute sa personne. On le voyait errer dans ses appartemens comme poursuivi par cette dangereuse tentation : rien ne peut plus le fixer ; à chaque instant il prend, quitte et reprend son travail : il marche sans objet, demande l'heure, considère le temps ; et, tout absorbé, il s'arrête ; puis il fredonne d'un air préoccupé et marche encore.

Dans sa perplexité, il adresse des paroles entrecoupées à ceux qu'il rencontre. « Eh bien ! que ferons-nous ?
» resterons-nous ? irons-nous plus avant ? comment s'ar-
» rêter dans un si glorieux chemin ? » Il n'attend pas leur réponse, il erre encore ; il semble chercher quelque chose ou quelqu'un qui le décide.

Enfin, tout surchargé du poids d'une si considérable pensée, et comme accablé d'une si grande incertitude, il s'est jeté sur un des lits de repos qu'il a fait étendre sur le parquet de ses chambres ; son corps, qu'épuise la chaleur et la contention de son esprit, n'a gardé qu'un léger vêtement ; c'est ainsi qu'il passe à Vitepsk une partie de ses journées.

Mais quand son corps est en repos, son esprit est encore plus actif. « Que de motifs le précipitent vers Moskou !
» comment supporter à Vitepsk l'ennui de sept mois d'hi-
» ver ! lui qui jusqu'alors a toujours attaqué, il va donc
» être réduit à se défendre, rôle indigne de lui, dont il
» n'a pas l'expérience, et qui convient mal à son génie.

» D'ailleurs, à Vitepsk, rien n'est décidé, et pourtant à
» quelle distance se trouve-t-il déjà de la France ! l'Europe
» le verra donc enfin arrêté, lui que rien n'arrêtait ! La
» durée de cette entreprise n'en augmentait-elle pas le
» danger ? laissera-t-il à la Russie le temps de s'armer

» tout entière? jusques à quand pourra-t-il prolonger cette
» position incertaine, sans diminuer le prestige de son in-
» faillibilité, qu'affaiblissait déjà la résistance de l'Espagne,
» et sans faire naître en Europe un dangereux espoir?
» qu'allait-on penser en apprenant que le tiers de son ar-
» mée, malade ou dispersé, manquait aux drapeaux? Il
» fallait donc éblouir promptement par l'éclat d'une grande
» victoire, et cacher sous un amas de lauriers tant de sa-
» crifices. »

Dès lors, à Vitepsk c'est l'ennui, c'est toute la dépense, ce sont tous les inconvéniens, toutes les inquiétudes d'une position défensive qu'il considère ; à Moskou, c'est la paix, l'abondance, les frais de la guerre, et une gloire immortelle. Il se persuade qu'il n'y a plus pour lui de prudence que dans l'audace; qu'il en est de toutes les entreprises hasardeuses, comme des fautes qu'on risque toujours à commencer et qu'on gagne souvent à achever ; que moins elles ont d'excuses, plus il leur faut de succès. Qu'il fallait donc consommer celle-ci, l'outrer, étonner l'univers, atterrer Alexandre de son audace, et arracher un prix qui pût compenser tant de pertes.

Ainsi, le même danger qui peut-être aurait dû le rappeler sur le Niémen, ou le fixer sur la Düna, le pousse sur Moskou! C'est le propre des fausses positions; tout y est péril : témérité, prudence; on n'a plus que le choix des fautes ; il ne reste plus d'espoir que dans celles de l'ennemi et dans le hasard.

Alors décidé, il se relève soudainement, comme pour ne pas laisser à ses réflexions le temps de lui rendre une pénible incertitude; et déjà, tout rempli du plan qui doit lui livrer sa conquête, il court à ses cartes : elles lui montrent Smolensk et Moskou. « La grande Moskou, la ville sainte,» noms qu'il répète avec complaisance, et qui semblent accroître son désir. A cette vue, plein du feu de sa redoutable conception, il paraît possédé du génie de la guerre. Sa voix s'endurcit, son regard devient étincelant, et son air farouche. On s'écarte de lui, par frayeur autant que par respect; mais enfin son plan est arrêté, sa détermination prise, sa marche tracée : aussitôt tout en lui s'apaise, et, délivré de sa terrible conception, ses traits reprennent une gaieté douce et sereine.

CHAPITRE II.

Sa résolution fixée, il lui importait qu'elle ne mécontentât pas ses entours ; il pensait qu'en eux la persuasion aurait plus de zèle que l'obéissance. C'était d'ailleurs par leurs sentimens qu'il jugeait de ceux du reste de l'armée : enfin, comme tous les hommes, le chagrin tacite de ceux de son intérieur le gênait ; il se sentait mal à l'aise, entouré de regards désapprobateurs, et d'avis contraires au sien. Et puis, faire approuver un tel projet, c'était en quelque sorte en faire partager la responsabilité, qui peut-être lui pesait.

Mais ceux de son intérieur y apportèrent leur opposition, chacun suivant son caractère : Berthier par une contenance triste, des plaintes et même des larmes; Lobau et Caulincourt par une franchise qui, chez le premier, avait une haute et froide rudesse, excusable dans un si brave guerrier, et qui, dans le second, était persévérante jusqu'à l'opiniâtreté et impétueuse jusqu'à la violence. L'empereur repoussa leurs observations avec humeur; il s'écriait, en s'adressant sur-tout à son aide-de-camp, ainsi qu'à Berthier : « qu'il avait fait ses généraux
» trop riches, qu'ils n'aspiraient plus qu'aux plaisirs de
» la chasse, qu'à faire briller dans Paris leurs somptueux
» équipages, et que sans doute ils étaient dégoûtés de la
» guerre ! » L'honneur ainsi attaqué, il n'y avait plus de réponse ; on baissait la tête et l'on se résignait. Dans un mouvement d'impatience il avait dit à l'un des généraux de sa garde : « Vous êtes né au bivouac, et vous y
» mourrez. »

CHAPITRE II.

Pour Duroc, il désapprouva d'abord par un froid silence, puis par des réponses nettes, des rapports véridiques et de courtes observations. L'empereur lui répondit : « qu'il voyait bien que les Russes ne cherchaient qu'à
» l'attirer ; mais que pourtant il fallait encore aller jus-
» qu'à Smolensk ; qu'il s'y établirait, et qu'au printemps
» de 1813, si la Russie n'avait pas fait la paix, elle était
» perdue ; que Smolensk était la clef des deux routes de
» Pétersbourg et de Moskou ; qu'il fallait s'en saisir : alors
» il pourrait marcher en même temps sur ces deux ca-
» pitales, pour tout détruire dans l'une et tout conserver
» dans l'autre. »

Ici, le grand-maréchal lui fit observer qu'il ne trouverait pas plus la paix à Smolensk, et même à Moskou, qu'à Vitepsk ; et que pour s'éloigner autant de la France, les Prussiens étaient des intermédiaires peu sûrs. Mais l'empereur répliqua : « que dans cette supposition, la guerre de
» Russie ne lui présentant plus aucune chance avanta-
» geuse, il y renoncerait ; qu'il tournerait ses armes con-
» tre la Prusse, et qu'il lui ferait payer les frais de la
» guerre. »

Daru vint à son tour. Ce ministre est droit jusqu'à la roideur, et ferme jusqu'à l'impassibilité : la grande question de la marche sur Moskou s'engagea ; Berthier seul était présent ; elle fut agitée pendant huit heures consécutives ; l'empereur demanda à son ministre sa pensée sur cette guerre : « Qu'elle n'est point nationale, répliqua
» Daru ; que l'introduction de quelques denrées anglaises
» en Russie, que même l'érection d'un royaume de Po-
» logne, ne sont pas des raisons suffisantes pour une guerre
» si lointaine ; que vos troupes, que nous-mêmes, nous
» n'en concevons ni le but, ni la nécessité, et que du
» moins tout conseille de s'arrêter ici. »

L'empereur se récria : « Le croyait-on un insensé ! Pen-

» sait-on qu'il faisait la guerre par goût! Ne lui avait-on
» pas entendu dire, que la guerre d'Espagne et celle de
» Russie étaient deux chancres qui rongeaient la France,
» et qu'elle ne pouvait supporter à la fois.

» Il voulait la paix; mais pour traiter, il fallait être
» deux, et il était seul. Voyait-on une seule lettre d'A-
» lexandre lui parvenir?

» Qu'attendrait-il donc à Vitepsk? Des fleuves y mar-
» quaient, il est vrai, une position! mais pendant l'hiver,
» il n'y avait plus de fleuves en ce pays. Ainsi, c'était
» une ligne illusoire qu'ils indiquaient; une démarcation
» plutôt qu'une séparation. Il faudrait donc en élever
» une factice, construire des villes, des forteresses à l'é-
» preuve de tous les élémens et de tous les fléaux; tout
» créer, le ciel et la terre; car tout manquait, jusqu'aux
» vivres, à moins d'épuiser la Lithuanie et de la tourner
» contre lui, ou de se ruiner; car si dans Moskou on
» pourra tout prendre, ici il faudra tout acheter. Ainsi,
» continua-t-il, nous ne pouvons, ni vous me faire vivre
» à Vitepsk, ni moi vous y défendre; ni l'un ni l'autre
» nous ne saurions faire ici notre métier.

» Que s'il retournait à Wilna, on l'y nourrirait plus
» facilement, mais qu'il ne s'y défendrait pas mieux; qu'il
» faudrait donc reculer jusqu'à la Vistule et perdre la Li-
» thuanie. Tandis qu'à Smolensk il trouverait, ou une
» bataille décisive, ou du moins une place et une position
» sur le Dnieper.

» Qu'il voyait bien qu'on pensait à Charles XII; mais
» que si l'expédition de Moskou manquait d'un exemple
» heureux, c'est qu'elle avait manqué d'un homme pour
» l'entreprendre; qu'à la guerre, la fortune est de moitié
» dans tout; que si l'on attendait toujours une réunion
» complète de circonstances favorables, on n'entrepren-
» drait jamais rien; que pour finir, il fallait commencer;

CHAPITRE II.

» qu'il n'y a pas d'entreprise où tout concourt, et que
» dans tous les projets des hommes le hasard a sa place;
» qu'enfin la règle ne fait pas le succès, mais le succès la
» règle, et que s'il réussissait par de nouvelles marches,
» on ferait d'après un nouveau succès de nouveaux prin-
» cipes.

» Il n'y a pas encore de sang versé, ajouta-t-il, et la
» Russie est trop grande pour céder sans combattre.
» Alexandre ne peut traiter qu'après une grande bataille.
» S'il le faut, j'irai chercher jusqu'à la ville sainte cette
» bataille, et je la gagnerai. La paix m'attend aux por-
» tes de Moskou. Mais, l'honneur sauvé, si Alexandre
» s'obstine encore, eh bien, je traiterai avec les boyards;
» sinon, avec la population de cette capitale; elle est con-
» sidérable, ensemble, et conséquemment éclairée; elle
» entendra ses intérêts, elle comprendra la liberté. » Et
il termina en disant : « que d'ailleurs Moskou haïssait
» Pétersbourg; qu'il profiterait de cette rivalité : que les
» résultats d'une telle jalousie étaient incalculables. »

Ainsi l'empereur, que la conversation et le dîner avaient
échauffé, découvrait son espoir. Daru lui répondit : « que
» la guerre était un jeu qu'il jouait bien, où il gagnait
» toujours, et qu'on pouvait en conclure qu'il la faisait
» avec plaisir. Mais qu'ici, c'étaient moins les hommes
» que la nature qu'il fallait vaincre; que déjà, soit dé-
» sertion, maladie ou famine, l'armée était diminuée d'un
» tiers.

» Si les vivres manquaient à Vitepsk, que serait-ce
» plus loin? Les officiers qu'il envoie pour en requérir,
» ne reparaissent plus, ou reviennent les mains vides. Le
» peu de farine ou de bestiaux qu'on parvient à réunir,
» est aussitôt dévoré par la garde : on entend les autres
» corps dire qu'elle exige et absorbe tout; que c'est comme
» une classe privilégiée. Ambulances, fourgons, trou-

» peaux de bœufs, rien n'a pu suivre. Les hôpitaux ne
» suffisent plus aux malades : on y manque de vivres,
» de places, de médicamens.

» Tout conseille donc de s'arrêter, et d'autant plus,
» qu'à dater de Vitepsk, il ne faut plus compter sur les
» bonnes dispositions des habitans. D'après ses ordres se-
» crets, ils ont été sondés, mais inutilement. Comment
» les soulever pour une liberté dont ils ne comprennent
» pas même le nom? par où avoir prise sur ces peu-
» ples presque sauvages, sans propriétés, sans besoins?
» Qu'avait-on à leur arracher ? Avec quoi les séduire ?
» Leur seul bien était la vie, qu'ils emportaient dans des
» espaces presque infinis. »

Berthier ajouta : « que si nous marchions plus avant,
» les Russes auraient pour eux nos flancs trop alongés;
» la famine, et sur-tout leur puissant hiver ; tandis qu'en
» s'arrêtant, l'empereur mettrait l'hiver de son côté, et se
» rendrait maître de la guerre ; qu'il la fixerait à sa por-
» tée, au lieu de la suivre, trompeuse, vagabonde, in-
» déterminée. »

Berthier et Daru répliquaient ainsi. L'empereur les écoutait doucement; plus souvent il les interrompait par des
raisonnemens subtils : posant la question suivant ses désirs,
ou la déplaçant, quand elle devenait trop pressante. Mais
quelque fâcheuses que fussent les vérités qu'il eut à entendre, il les écouta patiemment et y répondit de même.
Dans toute cette discussion, ses paroles, ses manières,
tous ses mouvemens furent remarquables par une facilité,
une simplicité, une bonhomie, qu'au reste il avait presque
toujours dans son intérieur; ce qui explique pourquoi,
malgré tant de malheurs, il est encore aimé par ceux qui
ont vécu dans son intimité.

L'empereur, peu satisfait, fit venir successivement plusieurs des généraux de son armée ; mais ses questions leur in-

CHAPITRE II.

diquèrent leurs réponses; et quelques-uns de ces chefs, nés soldats, et accoutumés à obéir à sa voix, lui furent soumis dans ces entretiens, comme aux champs de bataille.

D'autres attendirent, pour dire leur avis, l'événement : taisant leur crainte d'un malheur devant un homme toujours heureux, et leur opinion que le succès leur reprocherait peut-être un jour.

La plupart approuvèrent, sachant bien d'ailleurs, que quand même ils s'exposeraient à déplaire, en conseillant de s'arrêter, on n'en marcherait pas moins. Puisqu'il fallait courir de nouveaux dangers, ils aimèrent mieux paraître les affronter volontairement. Ils trouvaient moins d'inconvéniens à avoir tort avec lui, que raison contre lui.

Mais il y en eut un qui, non content de l'approuver, l'excita. Par une coupable ambition, il accrut sa confiance, en grossissant à ses yeux la force de sa division. Car après tant de fatigues, sans dangers, c'était un grand mérite aux chefs d'avoir su conserver, autour de leurs aigles, un plus grand nombre d'hommes. On satisfaisait ainsi l'empereur par son côté le plus faible, et le temps des récompenses arrivait. Celui-là, pour mieux plaire, répondait hardiment de l'ardeur de ses soldats, dont les visages amaigris s'accordaient mal avec les flatteries de leur chef. L'empereur croyait à cette ardeur, parce qu'elle lui plaisait, et parce qu'il ne voyait le soldat qu'à des revues : dans ces occasions où sa présence, la pompe militaire, cet entraînement mutuel des grandes réunions, exaltait les esprits; où tout enfin, jusqu'à l'ordre secret des chefs, commandait l'enthousiasme.

Encore n'était-ce que de sa garde qu'il s'occupait ainsi. Dans l'armée, les soldats se plaignaient de son absence. « Ils
» ne le voyaient plus qu'aux jours des combats, quand
» il fallait mourir, jamais pour les faire vivre. Tous étaient
» là pour lui, et lui ne semblait plus y être pour eux. »

Ils souffraient et se plaignaient ainsi ; mais sans assez sentir que c'était là un des malheurs attachés à cette campagne. La dispersion des corps d'armée étant indispensable, pour qu'ils pussent trouver des subsistances dans ces déserts, cette nécessité tenait Napoléon loin des siens. A peine sa garde pouvait-elle vivre et s'abriter autour de lui : le reste était hors de sa portée. Il est vrai que plusieurs imprudences venaient d'être commises ; on ignore par quel ordre, au quartier-impérial, on avait osé retenir à leur passage, et pour la garde, plusieurs convois de vivres qui appartenaient à d'autres corps. Cette violence, jointe à la jalousie qu'inspirent toujours les corps d'élite, mécontenta l'armée.

Toutefois, le respect pour le vainqueur de l'Europe, et la nécessité soutenaient ; on se sentait engagé trop avant ; il fallait une victoire pour se dégager promptement ; lui seul pouvait la donner ; puis le malheur avait épuré l'armée : ce qui en restait n'en pouvait être que l'élite, d'esprit comme de corps. Pour être arrivé jusque-là, il fallait avoir résisté à tant d'épreuves ! l'ennui et le mal-être de leurs misérables cantonnemens agitaient de tels hommes. Rester, leur paraissait insupportable ; reculer, impossible ; il fallait donc avancer.

Les grands noms de Smolensk et de Moskou n'effrayaient pas. Dans des temps et pour des hommes ordinaires, ce sol inconnu, ces peuples nouveaux, cet éloignement qui agrandit tout, aurait repoussé. C'était ce qui les attirait ; ils ne se plaisaient que dans des situations hasardeuses, que plus de dangers rendent plus piquantes, et auxquelles des périls nouveaux donnent un air de singularité : émotions pleines d'attraits pour des esprits actifs qui avaient goûté de tout, et auxquels il fallait des choses nouvelles.

Alors, l'ambition était sans entraves ; tout inspirait la passion de la renommée ; on avait été lancé dans une carrière sans terme. Eh comment mesurer l'ascendant qu'avait dû prendre, et l'élan qu'avait donné un puissant empereur, capable de dire à ses soldats d'Austerlitz, après cette victoire : « Donnez mon nom à vos enfans, je vous le » permets ; et si parmi eux il s'en trouve un digne de » nous, je lui lègue tous mes biens, et je le nomme mon » successeur. »

CHAPITRE III.

CEPENDANT la réunion des deux ailes de l'armée russe, vers Smolensk, avait forcé Napoléon de rapprocher l'un de l'autre ses corps d'armée. Aucun signal d'attaque n'était encore donné; mais la guerre l'entourait; elle semblait tenter son génie par des succès, et l'exciter par des revers.

A sa gauche, le 1er août, le duc de Reggio par une marche hardie sur Sébez, jusqu'à la hauteur d'Iakubowo, venait de tourner la gauche de Witgenstein. Ce général ennemi, laissé vers Drissa, avait à couvrir la route de Sébez à Pétersbourg. Craignant à la fois Oudinot et Macdonald, il se trouvait entre les deux chemins qui, de Polotsk et de Dünabourg, se réunissent à Sébez. Le 30 juillet, se sentant dépassé à gauche par Oudinot, il accourut, décidé à reprendre, par une victoire, cette branche de sa ligne d'opération.

Sa résolution a fait chanceler celle du duc de Reggio; le choc a duré deux jours; le maréchal français a cédé son avantage dans une position rétrécie, sur laquelle se concentraient tous les feux russes, il n'a point attaqué pour en sortir; il s'est retiré, et le Russe, sentant l'ennemi fléchir, en est devenu plus pressant; il a jeté du désordre dans notre retraite: plusieurs centaines de prisonniers et des bagages sont tombés entre les mains de Koulnief.

Witgenstein, échauffé par ce facile succès, l'a poussé sans mesure. Dans l'emportement de sa victoire, il fait passer la Drissa à Koulnief et à douze mille hommes, pour aller à la poursuite d'Albert et de Legrand. Ceux-ci s'étaient arrêtés; ils se couvraient d'une colline, et voyant le général russe s'aventurer imprudemment dans un défilé entre eux et la rivière, ils s'élancent tout-à-coup sur lui, le renversent, le tuent, et lui font perdre avec la vie, huit canons et deux mille hommes.

La mort de Koulnief fut, dit-on, héroïque; un boulet lui brisa les deux jambes et l'abattit sur ses propres canons : alors, voyant les Français s'approcher, il arracha ses décorations, et s'indignant contre lui-même de sa témérité, il se condamna à mourir sur le lieu même de sa faute, en ordonnant aux siens de l'abandonner. Toute l'armée russe le regretta; elle accusa de ce revers un de ces hommes dont la bizarrerie de Paul avait cru faire des généraux, à l'époque où cet empereur, tout nouveau, imagina d'entrer comme un vainqueur triomphant dans son paisible héritage.

La témérité passa, avec la victoire, du camp russe dans le camp des Français; ce succès inattendu les exalte; ils oublient à quelle faute ils le doivent; et sans songer qu'ils imitent l'imprudence dont ils viennent de profiter, ils se précipitent sur les traces des Russes. L'avant-garde française fait ainsi deux lieues tête baissée, et n'ouvre les yeux sur sa témérité que pour se voir en présence de l'armée russe. Alors ramené et rejeté à son tour derrière la Drissa, Oudinot perd tout son avantage; bientôt même Witgenstein, ayant reçu des renforts, le repousse jusque sur Polotsk, et va reprendre tranquillement sa première position d'Osweia. Ce fut alors que Napoléon, mécontent, envoya de ce côté Saint-Cyr et les Bavarois; ce qui porta à trente-cinq mille hommes ce corps d'armée.

Presqu'en même temps on apprit à Vitepsk que l'avant-garde du vice-roi avait eu des succès vers Suraij, mais qu'au centre, près du Dnieper, à Inkowo, Sébastiani, surpris par le nombre, avait été battu.

Napoléon écrivait alors au duc de Bassano d'annoncer

chaque jour de nouvelles victoires aux Turcs. Vraies ou fausses, il n'importait, pourvu que ces communications suspendissent leur paix avec les Russes. Il s'occupait encore de ce soin, quand des députés de la Russie-Rouge vinrent à Vitepsk, et apprirent à Duroc, qu'ils avaient entendu le canon des Russes proclamer la paix de Bucharest. Cette paix, signée par Kutusof, avait été ratifiée le 14 juillet.

A cette nouvelle, que Duroc transmit à Napoléon, celui-ci fut saisi d'un violent chagrin. Il ne s'étonne plus du silence d'Alexandre. D'abord, c'est la lenteur des négociations de Maret qu'il accuse; puis l'aveugle ineptie des Turcs à qui leurs paix étaient toujours plus funestes que leurs guerres : enfin la perfide politique de ses alliés, qui tous, dans cet éloignement, et dans l'obscurité du sérail, avaient sans doute osé se réunir contre le dominateur de tous.

Cet événement lui rend une prompte victoire encore plus nécessaire. Tout espoir de paix est détruit. Il vient de lire les proclamations des Russes. Pour des peuples grossiers, elles devaient être grossières : en voici quelques passages :
« L'ennemi, avec une perfidie sans pareille, annonce la des-
» truction de notre pays. Nos braves veulent se jeter sur
» ses bataillons et les détruire ; mais nous ne voulons pas
» les sacrifier sur les autels de ce Moloch. Il faut une levée
» générale contre le tyran universel. Il vient, la trahison
» dans le cœur et la loyauté sur les lèvres, nous enchaî-
» ner avec ses légions d'esclaves. Chassons cette race de
» sauterelles. Portons la croix dans nos cœurs, le fer dans
» nos mains. Arrachons les dents à cette tête de lion,
» et renversons le tyran qui veut renverser la terre. »

L'empereur s'émut. Ces injures, ces succès, ces revers, tout l'excite. La marche en avant de Barclay sur trois colonnes, vers Rudnia, qu'avait décelée l'échec d'Inkowo, et la vigoureuse défensive de Witgenstein, promettaient une bataille. Il fallait opter entre elle et une défensive longue, pénible, sanglante, inaccoutumée, difficile à soutenir à cette distance de ses renforts, et encourageante pour ses ennemis.

Napoléon se décide : mais sa décision, sans être téméraire, est grande et hardie comme l'entreprise. S'il s'écarte d'Oudinot, c'est après l'avoir renforcé de Saint-Cyr, et lui avoir ordonné de se lier au duc de Tarente : s'il marche à l'ennemi, c'est en changeant devant lui, à sa portée et à son insu, sa ligne d'opération de Vitepsk contre celle de Minsk; sa manœuvre est si bien combinée, il a accoutumé ses lieutenans à tant de ponctualité, de précision et de secret, que dans quatre jours, pendant que l'armée ennemie surprise cherchera vainement un Français devant elle, lui se trouvera, avec une masse de cent quatre-vingt-cinq mille hommes, sur le flanc gauche et sur les derrières de cet ennemi, qui, un moment, osa concevoir la pensée de le surprendre.

Cependant, l'étendue et la multiplicité des opérations, qui de toutes parts appellent sa présence, le retiennent encore à Vitepsk. Ce n'est que par ses lettres qu'il peut être présent par-tout. Sa tête seule travaille; il se plaît à croire que ses ordres, pressans et répétés, suffiront pour vaincre même la nature.

L'armée vivait d'industrie et à la journée; elle n'avait pas pour vingt-quatre heures de vivres; il lui ordonne d'en prendre pour quinze jours; il dicte sans cesse. Le 10 août, on lui voit adresser huit lettres au prince d'Eckmühl, et presque autant à chacun de ses autres lieutenans. Dans les unes, il attire tout à lui, suivant son principe : « que la » guerre n'est autre chose que l'art de réunir plus de monde » que l'ennemi sur un point donné. » Il écrit donc à Davoust : « Faites venir Latour-Maubourg. Si l'ennemi tient à » Smolensk, comme je suis fondé à le penser, ce sera une » affaire décisive, et nous ne saurions être trop de monde. » Orcha deviendra le point central de l'armée. Tout porte

» à penser qu'il y aura une grande bataille à Smolensk; il
» me faut donc des hôpitaux; il en faut à Orcha, Dom-
» browna, Mohilef, Kochanowo, Bobre, Borizof et Minsk. »

Alors seulement, il montre une vive inquiétude sur les approvisionnemens d'Orcha. C'est le 10 août, dans l'instant même où il dicte cette lettre, qu'il donne l'ordre de mouvement. Dans quatre jours, toute son armée doit être rassemblée sur la rive gauche du Borysthène, vers Liady. Ce fut le 13 qu'il partit de Vitepsk. Il y était resté quinze jours.

LIVRE SIXIÈME.

LIVRE SIXIÈME.

LIVRE SIXIÈME.

CHAPITRE I.

L'ÉCHEC d'Inkowo venait de décider Napoléon; dix mille chevaux russes, dans une rencontre d'avant-garde, avaient culbuté Sébastiani et sa cavalerie. Le général battu, son rapport, l'audace de l'attaque, l'espoir, le pressant besoin d'une bataille décisive, tout porta l'empereur à croire que l'armée russe se trouvait entre la Düna et le Dnieper, et qu'elle marchait contre le centre de ses cantonnemens : ce qui était vrai.

La grande armée était dispersée, il fallait la réunir : Napoléon s'était décidé à défiler avec sa garde, l'armée d'Italie et trois divisions de Davoust, devant le front d'attaque des Russes; à abandonner sa ligne d'opération de Vitepsk, pour prendre celle d'Orcha, et enfin à se jeter avec cent quatre-vingt-cinq mille hommes sur la gauche du Dnieper et de l'armée ennemie. Couvert par le fleuve, il la dépassera; c'est dans Smolensk qu'il veut la prévenir; s'il réussit, il aura séparé l'armée russe, non-seulement de Moskou, mais de tout le centre et du midi de l'empire : elle sera reléguée dans le nord; il aura effectué dans Smolensk, contre Bagration et Barclay réunis, ce qu'il a tenté vainement à Vitepsk contre l'armée de Barclay, toute seule.

Ainsi, la ligne d'opération d'une si grande armée allait être changée subitement; deux cent mille hommes, répandus sur plus de cinquante lieues de terrain, allaient être réunis tout-à-coup, à l'insu de l'ennemi, à sa portée, et sur son flanc gauche. C'est là sans doute une de ces grandes déterminations, qui, exécutées avec l'ensemble et la rapidité de leur conception, changent tout-à-coup la face de la guerre, décident du sort des empires, et font éclater le génie des conquérans.

Nous marchions, et depuis Orcha jusqu'à Liady, l'armée française formait une longue colonne sur la rive gauche du Dnieper. Dans cette masse, le premier corps, formé par Davoust, se distinguait par l'ordre et l'ensemble qui régnaient dans ses divisions. L'exacte tenue des soldats, le soin avec lequel ils étaient approvisionnés, celui qu'on mettait à leur faire ménager et conserver leurs vivres, que le soldat imprévoyant se plaît à gaspiller; enfin, la force de ces divisions, heureux résultat de cette sévère discipline, tout les faisait reconnaître et citer au milieu de toute l'armée.

La division Gudin manquait: un ordre mal écrit l'avait fait errer pendant vingt-quatre heures dans des bois marécageux; elle arriva cependant, mais affaiblie de trois cents combattans: car on ne répare ces erreurs que par des marches forcées, où les plus faibles succombent.

L'empereur franchit en un jour l'intervalle montueux et boisé qui sépare la Düna du Borysthène; ce fut devant Rassasna qu'il traversa ce fleuve. Sa distance de notre patrie, jusqu'à l'antiquité de son nom, tout en lui excitait notre curiosité; pour la première fois, les eaux de ce fleuve moskovite allaient porter une armée française, et réfléchir nos armes victorieuses. Les Romains ne l'avaient connu que par leurs défaites; c'était sur ces mêmes flots que descendaient les sauvages du nord, les enfans d'Odin et de Rurick, pour aller piller Constantinople. Long-temps avant de l'apercevoir, nos regards le cherchèrent avec une ambitieuse impatience; nous rencontrâmes une rivière étroite et encaissée entre des bords boisés et incultes : c'était le Borysthène qui se présentait à nos yeux avec cette humble apparence. Toutes nos orgueilleuses pensées s'abaissèrent à cet aspect, et bientôt elles s'évanouirent devant la nécessité de pourvoir à nos premiers besoins.

L'empereur coucha dans sa tente en avant de Rassasna; le lendemain l'armée marcha ensemble, prête à se ranger en bataille, l'empereur à cheval au milieu. L'avant-garde chassa devant elle deux pulks de Cosaques, qui ne résistaient que pour avoir le temps de détruire des ponts et quelques meules de fourrages. Les bourgs, où l'on remplaçait l'ennemi, étaient aussitôt pillés; on les dépassait en toute hâte et en désordre.

On traversait les cours d'eau à des gués bientôt gâtés; les régimens qui venaient ensuite passaient ailleurs, où ils pouvaient; on s'en inquiétait peu : l'état-major-général négligeait ces détails; personne ne restait pour indiquer le danger, s'il y en avait, ou le chemin, s'il en existait plusieurs. Chaque corps d'armée semblait n'être là que pour lui; chaque division pour elle seule, chacun pour soi, comme si du sort de l'un n'eût pas dépendu celui de l'autre.

On laissait par-tout des traîneurs, des hommes égarés, près desquels les officiers passaient indifféremment; il y aurait eu trop à reprendre : on avait trop à faire personnellement pour s'occuper des autres. Beaucoup de ces hommes isolés étaient des maraudeurs qui feignaient une maladie ou une blessure, pour s'écarter ensuite; ce qu'on n'avait pas le temps d'empêcher, et ce qui arrivera toujours dans ces grandes foules qu'on pousse en avant avec tant de précipitation, l'ordre intérieur ne pouvant exister au milieu d'un désordre général.

Jusqu'à Liady, les bourgs nous parurent plus juifs que polonais; les Lithuaniens fuyaient quelquefois à notre approche; les Juifs restaient : rien n'aurait pu les résoudre à abandonner leurs misérables demeures; on les reconnaissait à leur prononciation grasse, à leur élocution volublc et précipitée, à la vivacité de leurs mouvemens, à leur teint qu'échauffe la vile passion du gain. On remarquait sur-tout leurs regards avides et perçans, leurs figures et leurs traits alongés en pointes aiguës, que ne peut ouvrir un sourire malicieux et perfide; et cette taille longue, souple et maigre, cette démarche empressée; enfin leur barbe ordinairement rousse, et ces longues robes noires, que retient autour de leurs reins une ceinture de cuir : car tout, hors leur saleté, les distingue des paysans lithuaniens; tout rappelle en eux un peuple dégradé.

Ils semblent avoir conquis la Pologne, où ils pullulent et dont ils sucent toute la substance. Jadis leur religion, aujourd'hui le souvenir d'une réprobation, trop long-temps universelle, les ont faits ennemis des hommes: autrefois, c'était par les armes qu'ils les attaquaient, à présent c'est par la ruse. Cette race est en horreur aux Russes, peut-être parce qu'elle est presque inconoclaste, tandis que les Moskovites poussent l'adoration des images jusqu'à l'idolâtrie. Enfin, soit superstition, soit rivalité d'intérêt, ils lui ont interdit leurs terres; les Juifs étaient forcés de souffrir leurs mépris : leur impuissance haïssait; mais ils détestèrent encore plus notre pillage. Ennemis de tous, espions des deux armées, ils vendaient l'une à l'autre par ressentiment, par peur, suivant l'occasion, et parce qu'ils vendent tout.

Après Liady, la vieille Russie commençant, les Juifs finissent; les yeux furent donc soulagés de leur dégoûtante présence; mais d'autres besoins réduisirent à les regretter; on regretta leur intérêt actif et industrieux, dont l'argent pouvait tout obtenir, leur jargon allemand, seul langage que nous comprenions dans ces déserts, et qu'ils parlent tous, parce qu'ils en ont besoin pour commercer.

CHAPITRE II.

Le 15 août, à trois heures, on découvrit Krasnoë, ville de bois, qu'un régiment russe voulut défendre : mais il n'arrêta le maréchal Ney que le temps nécessaire pour arriver sur lui et le renverser. La ville prise, on vit au-delà six mille hommes d'infanterie russe en deux colonnes, dont plusieurs escadrons couvraient la retraite : c'était le corps de Newerowskoï.

Le sol était inégal, mais nu : il convenait à la cavalerie; Murat s'en empara : mais les ponts de Krasnoë étaient rompus; la cavalerie française fut forcée de s'écarter à gauche, et de défiler longuement, dans de mauvais gués, pour joindre l'ennemi. Quand on fut en présence, la difficulté du passage qu'on venait de laisser derrière soi, et la bonne contenance des Russes firent hésiter; on perdit du temps à s'attendre et à se déployer; enfin, un premier effort dissipa la cavalerie ennemie.

Newerowskoï, se voyant découvert, réunit ses colonnes; il en forma un carré plein et si épais, que la cavalerie de Murat y pénétra plusieurs fois sans pouvoir le traverser, ni le dissoudre.

Il est même vrai que nos premières charges échouèrent à vingt pas du front des Russes; chaque fois que ceux-ci se sentaient trop pressés, ils se retournaient, nous attendaient de pied ferme et nous repoussaient à coups de fusil; puis aussitôt, profitant de notre désordre, ils continuaient leur retraite.

On voyait leurs Cosaques frapper à grands coups de bois de lance ceux de leurs fantassins qui allongeaient la marche, ou qui s'éloignaient de leurs rangs : car nos escadrons les harcelaient sans cesse, épiaient tous leurs mouvemens, pénétraient dans les moindres intervalles, et enlevaient aussitôt tout ce qui se séparait de la masse.

Newerowskoï eut un moment très-critique : sa colonne marchait à la gauche de la grande route dans des seigles encore debout, quand tout-à-coup la longue enceinte d'un champ, formée par un rang de fortes palissades, l'arrêta; ses soldats, pressés par nos mouvemens, n'eurent pas le temps d'y faire une trouée, et Murat lança contre eux les Wurtembergeois pour leur faire mettre bas les armes; mais pendant que la tête de la colonne russe franchissait l'obstacle, leurs derniers rangs se retournèrent et tinrent ferme. Ils tirèrent mal, il est vrai, la plupart en l'air, et comme des gens troublés, mais de si près, que la fumée, les feux, et le fracas de tant de coups épouvantèrent les chevaux wurtembergeois, et les renversèrent pêle-mêle.

Les Russes saisirent l'instant, ils mirent entre eux et nous cette barrière qui aurait dû leur être fatale. Leur colonne en profita pour se reformer et gagner du terrain. Quelques canons français arrivèrent enfin; seuls, ils purent faire brèche dans cette forteresse vivante. Ce fut alors que nos escadrons y pénétrèrent, mais peu, les chevaux restant comme engravés dans cette foule épaisse et opiniâtre.

Newerowskoï se hâtait pour atteindre un défilé, où Grouchy avait ordre de le prévenir; mais ce général et sa cavalerie arrivèrent trop tard, soit qu'ils se fussent trop écartés à gauche, ou que le terrain se fût refusé à un mouvement plus rapide; soit que Grouchy n'en eût pas assez senti l'importance. Elle était grande, puisque, entre Smolensk et Murat, il n'y avait que ce corps russe, et que lui défait, Smolensk aurait pu être surprise sans défenseurs, enlevée sans combat, et l'armée ennemie coupée de sa capitale. Mais cette division russe réussit enfin à gagner un terrain boisé, où ses flancs furent couverts.

CHAPITRE II.

Newerowskoï fit une retraite de lion. Toutefois, il laissa sur le champ de bataille douze cents morts, mille prisonniers et huit pièces de canon. La cavalerie française eut l'honneur de cette journée. L'attaque y fut aussi acharnée que la défense opiniâtre ; elle eut plus de mérite, n'ayant à employer que le fer contre le fer et le feu : le courage éclairé du soldat français étant d'ailleurs d'une nature plus relevée que celui des soldats russes, esclaves dociles, qui exposent une vie moins heureuse, et des corps en qui les frimas ont émoussé la sensibilité.

Le hasard voulut que le jour de ce succès fût celui de la fête de l'empereur. L'armée ne pensa pas à la célébrer. Dans la disposition des hommes, dans celle des lieux, rien ne convenait à une fête : de vaines acclamations se seraient perdues au milieu de ces vastes solitudes. Dans notre position, il n'y avait de jour de fête que celui d'une victoire complète.

Cependant Murat et Ney, en rendant compte de leur succès à l'empereur, en firent hommage à cet anniversaire. Ils firent tirer une salve de cent coups de canon. L'empereur, mécontent, remarqua qu'en Russie il fallait mieux ménager la poudre française ; mais on lui répondit qu'elle était russe et conquise de la veille. L'idée d'entendre l'anniversaire de sa fête célébré aux dépens de l'ennemi fit sourire Napoléon. On trouva que ce genre assez rare de flatterie convenait à de tels hommes.

Le prince Eugène crut aussi devoir lui apporter ses vœux. L'empereur lui dit : « Tout se prépare pour une » bataille ; je la gagnerai, et nous verrons Moskou. » Le prince garda le silence ; mais en sortant il répondit aux questions du maréchal Mortier, « Moskou nous perdra ! » Ainsi, l'on commençait à désapprouver. Duroc, le plus réservé de tous, l'ami, le confident de l'empereur, disait hautement qu'il ne prévoyait pas d'époque à notre retour.

Toutefois, ce n'était qu'entre soi qu'on s'épanchait ainsi, car on sentait que, la décision prise, tous devaient concourir à son exécution; que plus la position devenait périlleuse, plus il y fallait de courage, et qu'une parole qui refroidirait le zèle, serait une trahison : voilà pourquoi nous vîmes ceux dont le silence, ou même les paroles combattaient l'empereur dans sa tente, paraître au dehors confians et pleins d'espoir. Cette attitude leur était dictée par l'honneur : la foule l'a imputée à flatterie.

Newerowskoï, presque écrasé, courut se renfermer dans Smolensk. Il laissa derrière lui quelques Cosaques pour brûler les fourrages : les habitations furent respectées.

CHAPITRE III.

Pendant que la grande-armée remontait ainsi le Dnieper par sa rive gauche, Barclay et Bagration, placés entre ce fleuve et le lac Kasplia, vers Inkowo, s'y croyaient encore en présence de l'armée française. Ils hésitaient : deux fois, entraînés par les conseils du quartier-maître-général Toll, ils avaient résolu d'enfoncer la ligne de nos cantonnemens, et deux fois, étonnés d'une détermination si hardie, ils s'étaient arrêtés au milieu de leur mouvement commencé. Enfin, trop timides pour ne prendre conseil que d'eux-mêmes, ils paraissaient attendre leur décision des événemens, et notre attaque pour y conformer leur défense.

On put aussi s'apercevoir, à l'incertitude de leurs mouvemens, de la mésintelligence de ces deux chefs. En effet, leur position, leur caractère, jusqu'à leur origine, tout se heurtait en eux. D'un côté, la valeur froide, le génie savant, méthodique et tenace de Barclay, dont l'esprit, allemand comme la naissance, voulait tout calculer, jusqu'aux chances du hasard, s'osbtinant à devoir tout à sa tactique et rien à la fortune; de l'autre, l'instinct guerrier, audacieux et violent de Bagration, vieux Russe de l'école de Suwarow, mécontent d'obéir à un général moins ancien que lui, terrible au combat, mais ne connaissant d'autre livre que la nature, d'autre instruction que ses souvenirs, d'autres conseils que ses inspirations.

Ce vieux Russe, sur les frontières de la vieille Russie, frémissait de honte à l'idée de reculer encore sans combattre. Dans l'armée, tous partageaient son ardeur; elle était appuyée d'un côté par l'orgueil patriotique des nobles, par le succès d'Inkowo, par l'inaction de Napoléon à Vitepsk, et par les discours tranchans de ceux qui n'étaient pas responsables; de l'autre côté, c'était par un peuple de paysans, de marchands et de soldats, qui nous voyaient prêts à fouler leur terre sacrée, avec cette horreur qu'inspirent des profanateurs. Tous enfin demandaient une bataille.

Barclay seul s'y opposait. Son plan, faussement attribué à l'Angleterre, était arrêté dans son esprit depuis 1807; mais il avait à combattre sa propre armée, comme la nôtre : et malgré qu'il fût général en chef et ministre, il n'était ni assez Russe, ni assez victorieux, pour obtenir la confiance des Russes. Il n'avait que celle d'Alexandre.

Bagration et ses officiers hésitaient à lui obéir. Il s'agissait de défendre le sol natal, de se dévouer pour le salut de tous : c'était l'affaire de chacun, et tous se croyaient le droit d'examiner. Ainsi leur malheur se défiait de la prudence de leur général, quand, à l'exception de quelques chefs, notre bonheur se livrait aveuglément à l'audace, jusque-là toujours heureuse, du nôtre : car dans le succès, le commandement est facile; personne n'examine si c'est prudence ou fortune qui conduit. Telle est la position des chefs : heureux, tous leur obéissent aveuglément; malheureux, tous les jugent.

Toutefois, entraîné par l'impulsion générale, Barclay venait d'y céder un instant, de réunir ses forces vers Rudnia, et de tenter de surprendre l'armée française dispersée. Mais le faible coup que son avant-garde vient de frapper à Inkowo, l'a épouvanté. Il tremble, s'arrête, et croyant à tout moment voir apparaître Napoléon en face de lui, sur sa droite, et par-tout, hors sur sa gauche, qu'il pense être couverte par le Dnieper, il perd plusieurs jours en marches et en contre-marches. Il hésitait

CHAPITRE III.

ainsi, quand tout-à-coup les cris de détresse de Newerowskoï retentirent dans son camp. Il ne fut plus question d'attaquer; on courut aux armes, et l'on se précipita vers Smolensk pour la défendre.

Déjà Murat et Ney attaquaient cette ville. Le premier avec sa cavalerie, et du côté où le Borysthène entre dans ses murs; le second à sa sortie, avec son infanterie, et sur un terrain boisé et coupé de profonds ravins. Ce maréchal appuyait sa gauche au fleuve, et Murat sa droite, que Poniátowski, arrivant directement de Mohilef, vint renforcer.

En cet endroit, deux collines escarpées resserrent le Borysthène; c'est sur elles que Smolensk est bâtie. Cette cité offre l'aspect de deux villes, que le fleuve sépare, et que deux ponts réunissent. Celle de la rive droite, la plus nouvelle, est toute marchande; elle est ouverte, mais elle domine l'autre, dont elle n'est pourtant qu'une dépendance.

L'ancienne ville, celle qui occupe le plateau et les pentes de la rive gauche, est environnée d'une muraille haute de vingt-cinq pieds, épaisse de dix-huit, longue de trois mille toises, et défendue par vingt-neuf grosses tours, par une mauvaise citadelle en terre de cinq bastions qui commande la route d'Orcha, et par un large fossé servant de chemin couvert. Quelques ouvrages extérieurs et des faubourgs dérobent les approches des portes de Mohilef et du Dnieper; elles sont défendues par un ravin qui, après avoir environné une grande partie de la ville, devient plus profond et s'escarpe en s'approchant du Dnieper, du côté de la citadelle.

Les habitans, trompés, sortaient des temples, où ils venaient de louer Dieu des victoires de leurs troupes, quand ils les virent accourir sanglantes, vaincues, et fuyant devant l'armée française victorieuse. Leur malheur étant inattendu, leur consternation en fut d'autant plus grande.

Cependant, la vue de Smolensk avait enflammé l'ardeur impatiente du maréchal Ney ; on ne sait s'il se rappela mal à propos les merveilles de la guerre de Prusse, quand les citadelles tombaient devant les sabres de nos cavaliers, où s'il ne voulut d'abord que reconnaître cette première forteresse russe ; mais il s'en approcha trop : une balle le frappa au col ; irrité, il lança un bataillon contre la citadelle, au travers d'une grêle de balles et de boulets, qui lui firent perdre les deux tiers de ses soldats : les autres continuèrent ; les murailles russes purent seules les arrêter ; quelques-uns seulement en revinrent : on parla peu de l'effort héroïque qu'ils venaient de tenter, parce qu'il était une faute de leur général, et qu'il fut inutile.

Refroidi, le maréchal Ney se retira sur une hauteur sablonneuse et boisée, qui bordait le fleuve. Il observait la ville et le pays, quand, de l'autre côté du Dnieper, il crut entrevoir au loin des masses de troupes en mouvement ; il courut appeler l'empereur, et le guida à travers des taillis et dans des fonds, pour le dérober au feu de la place.

Napoléon, parvenu sur la hauteur, vit, dans un nuage de poussière, de longues et noires colonnes d'où jaillissait le reflet d'une multitude d'armes ; ces masses s'avançaient si rapidement, qu'elles semblaient courir. C'était Barclay, Bagration, près de cent vingt mille hommes, enfin toute l'armée russe.

A cette vue, Napoléon, transporté de joie, frappa des mains et s'écria : « Enfin je les tiens ! » Il n'en fallait plus douter ! cette armée surprise accourait pour se jeter dans Smolensk, pour la traverser, pour se déployer sous ses murs et nous livrer enfin cette bataille tant désirée : l'instant décisif du sort de la Russie était donc enfin venu.

Aussitôt il parcourt toute la ligne, et marque à chacun sa place. Davoust, puis le comte de Lobau, se déployeront à la droite de Ney ; la garde au centre en réserve, et plus loin, l'armée d'Italie. La place de Junot et des Westphaliens fut indiquée ; mais un faux mouvement les avait égarés. Murat et Poniatowski formèrent la droite de l'armée ; déjà ces deux chefs menaçaient la ville : il les fit reculer jusqu'à la lisière d'un taillis, et laisser vide devant eux une vaste plaine, qui s'étend depuis ce bois jusqu'au Dnieper. C'était un champ de bataille qu'il offrait à l'ennemi : l'armée française ainsi placée, était adossée à des défilés et à des précipices ; mais la retraite importait peu à Napoléon : il ne songeait qu'à la victoire.

Cependant, Bagration et Barclay revenaient vers Smolensk à grands pas ; l'un pour la sauver par une bataille, l'autre pour protéger la fuite de ses habitans et l'évacuation de ses magasins : il était décidé à ne nous abandonner que ses cendres. Les deux généraux russes arrivèrent hors d'haleine sur les hauteurs de la rive droite ; ils ne respirèrent qu'en se voyant encore maîtres des ponts qui réunissent les deux villes.

Napoléon faisait alors harceler l'ennemi par une nuée de tirailleurs, afin de l'attirer sur la rive gauche et d'engager une bataille pour le jour suivant. On assure que Bagration s'y serait laissé entraîner ; mais que Barclay ne l'exposa pas à cette tentation. Il l'envoya vers Elnia et se chargea de la défense de la ville.

Selon Barclay, la plus grande partie de notre armée marchait sur Elnia, pour aller se placer entre Moskou et l'armée russe. Il se trompait par cette disposition commune à la guerre, de prêter à son ennemi des desseins contraires à ceux qu'il montre. Car la défensive étant inquiète de sa nature, grandit souvent l'offensive, et la crainte échauffant l'imagination, fait supposer à l'ennemi mille projets qu'il n'a pas. Il se peut aussi que Barclay, ayant en tête un ennemi colossal, dût s'attendre à des mouvemens gigantesques.

Depuis, les Russes eux-mêmes ont reproché à Napoléon de ne s'être point décidé à cette manœuvre ; mais ont-ils assez songé qu'aller ainsi se placer par-delà un fleuve, une ville forte et une armée ennemie, c'eût été pour couper aux Russes le chemin de leur capitale, se faire couper à soi-même toute communication avec ses renforts, ses autres armées et l'Europe. Ceux-là ne savent guère apprécier les difficultés d'un tel mouvement, s'ils s'étonnent qu'on ne l'ait pas improvisé en deux jours au travers d'un fleuve et d'un pays inconnus, avec de telles masses, et au milieu d'une autre combinaison, dont l'exécution n'était pas achevée.

Quoi qu'il en puisse être, dans la soirée même du 16, Bagration commença son mouvement vers Elnia. Napoléon venait de faire planter sa tente au milieu de sa première ligne, presque à portée du canon de Smolensk, et sur les bords du ravin qui cerne la ville. Il appelle Murat et Davoust ; le premier vient de remarquer chez les Russes des mouvemens qui annoncent une retraite. Chaque jour, depuis le Niémen, il a l'habitude de les voir ainsi s'échapper ; il ne croit donc pas à une bataille pour le lendemain. Davoust fut d'un avis contraire ; quant à l'empereur, il n'hésita pas à croire ce qu'il désirait.

CHAPITRE IV.

Le 17, dès le point du jour, l'espérance de voir l'armée russe rangée devant lui réveilla Napoléon, mais le champ qu'il lui avait préparé était resté désert; néanmoins il persévéra dans son illusion. Davoust la partageait; ce fut de ce côté qu'il se rendit. Dalton, l'un des généraux de ce maréchal, a vu des bataillons ennemis sortir de la ville et se ranger en bataille. L'empereur saisit cet espoir, que Ney, d'accord avec Murat, combat en vain.

Mais pendant qu'il espère encore et attend, Belliard, fatigué de ces incertitudes, se fait suivre par quelques cavaliers; il pousse une bande de Cosaques dans le Dnieper, au-dessus de la ville, et voit, sur la rive opposée, la route de Smolensk à Moskou couverte d'artillerie et de troupes en marche. Il n'y a plus à en douter, les Russes sont en pleine retraite. L'empereur est averti qu'il faut renoncer à l'espoir d'une bataille, mais que d'une rive à l'autre, ses canons pourront inquiéter la marche rétrograde de l'ennemi.

Belliard proposa même de faire franchir le fleuve à une partie de l'armée, afin de couper la retraite à l'arrière-garde russe, chargée de défendre Smolensk. Mais les cavaliers envoyés pour découvrir un gué, firent deux lieues sans en trouver, et noyèrent plusieurs chevaux. Il existait cependant un passage large et commode, à une lieue au-dessus de la ville. Dans son agitation, Napoléon poussa lui-même son cheval de ce côté. Il fit plusieurs werstes dans cette direction, se fatigua et revint.

Dès lors, il parut ne plus considérer Smolensk que comme un passage, qu'il fallait enlever de vive force et sur-le-champ. Mais Murat, prudent quand la présence de l'ennemi ne l'échauffait pas, et qui, avec sa cavalerie, n'avait rien à faire à un assaut, combattit cette résolution.

Un si violent effort lui paraissait inutile, puisque les Russes se retiraient d'eux-mêmes; et quant au projet de les atteindre, on l'entendit s'écrier: « que puisqu'ils ne vou- » laient point de bataille, c'était assez loin les poursuivre, » et qu'il était temps de s'arrêter. »

L'empereur répliqua. On n'a point recueilli le reste de leur entretien. Cependant comme ensuite on entendit le roi dire : « qu'il s'était jeté aux genoux de son frère, qu'il l'a- » vait conjuré de s'arrêter, mais que Napoléon ne voyait » que Moskou; qu'honneur, gloire, repos, tout pour lui » était là; que cette Moskou nous perdrait! » on vit bien quel avait été le sujet de leur dissentiment.

Un fait certain, c'est qu'en quittant son beau-frère, les traits de Murat portaient l'empreinte d'un profond chagrin; ses mouvemens étaient brusques, une violence sombre et concentrée l'agitait; le nom de Moskou sortit plusieurs fois de sa bouche.

On avait placé non loin de là, sur la rive gauche du Dnieper, à l'endroit où Belliard avait aperçu la retraite de l'ennemi, une batterie formidable. Les Russes nous en avaient opposé deux plus terribles encore. A chaque instant nos canons étaient écrasés, nos caissons sautaient. Ce fut au milieu de ce volcan que le roi poussa son cheval; là, il s'arrête, met pied à terre et reste immobile. Belliard l'avertit qu'il se fera tuer inutilement et sans gloire; le roi, pour toute réponse, pousse plus avant. On n'en doute plus autour de lui, il désespère du sort de cette guerre; il prévoit un désastreux avenir, et il cherche la mort pour y échapper. Toutefois Belliard insiste, et lui fait remarquer que sa témérité causera la perte de ceux qui l'entourent. « Eh bien! » répond Murat, retirez-vous donc tous, et laissez-moi seul

» ici. » Mais tous s'y refusèrent. Alors le roi, se retournant avec emportement, s'arracha de ce lieu de carnage, comme quelqu'un à qui l'on fait violence.

Cependant, l'assaut général venait d'être ordonné. Ney avait à attaquer la citadelle, Davoust et Lobau les faubourgs qui couvrent les murs de la ville. Poniatowski, déjà sur les bords du Dnieper avec soixante pièces de canon, dut redescendre ce fleuve jusque dans le faubourg qui le borde, détruire les ponts de l'ennemi, et ôter à la garnison sa retraite. Napoléon voulut qu'en même temps l'artillerie de la garde abattît la grande muraille avec ses pièces de douze, impuissantes contre une masse si épaisse. Elle désobéit, prolongea ses feux dans le chemin couvert, et le nettoya.

Tout réussit à la fois, hors l'attaque de Ney, la seule qui aurait dû être décisive, mais qu'on négligea. L'ennemi fut rejeté brusquement dans ses murs. Tout ce qui n'eut pas le temps de s'y précipiter périt; mais en montant à cet assaut, nos colonnes d'attaque laissèrent une longue et large traînée de sang, de blessés et de morts.

Parvenus jusqu'aux murs de la place, on se mit à couvert de ses feux en se servant des ouvrages et des bâtimens extérieurs qu'on venait d'enlever. La fusillade continuait; son pétillement, redoublé par l'écho des murailles, paraissait de plus en plus vif. L'empereur en fut fatigué; il voulut retirer ses troupes. Ainsi, la faute que Ney avait fait commettre la veille à un bataillon, venait d'être répétée par l'armée entière; l'une avait coûté trois à quatre cents hommes, la seconde cinq à six mille; mais Davoust persuada à l'empereur de persévérer dans son attaque.

La nuit vint; Napoléon se retira dans sa tente, qu'on avait fait placer plus prudemment que la veille, et le comte de Lobau, maître du fossé, mais qui n'y pouvait plus tenir, fit jeter des obus dans la ville pour en déloger l'ennemi. Ce fut alors que l'on vit s'élever de plusieurs points d'épaisses et noires colonnes de fumée, qu'éclairèrent ensuite, par intervalles, des lueurs incertaines, puis des étincelles; enfin de longues gerbes de feux jaillirent de toutes parts. C'était comme un grand nombre d'embrasemens. Bientôt ils se réunirent et ne formèrent plus qu'une vaste flamme qui s'élevait en tourbillonnant, couvrait Smolensk, et la dévorait tout entière avec un sinistre bruissement.

Un si grand désastre, qu'il crut son ouvrage, effraya le comte de Lobau. L'empereur, assis devant sa tente, contemplait silencieusement cet horrible spectacle. On ne pouvait encore en déterminer ni la cause ni le résultat, et l'on passa la nuit sous les armes.

Vers trois heures du matin, un sous-officier de Davoust se hasarda jusqu'au pied de la muraille, et l'escalada sans bruit. Enhardi par le silence qui régnait autour de lui, il pénétra dans la ville; tout-à-coup plusieurs voix et l'accent slavon se font entendre, et le Français, surpris et environné, crut n'avoir plus qu'à se faire tuer ou à se rendre. Mais alors, les premiers rayons du jour lui montrèrent, dans ceux qu'il croyait des ennemis, les Polonais de Poniatowski. Les premiers ils avaient pénétré dans la ville, que Barclay venait d'abandonner.

Smolensk reconnue et ses portes déblayées, l'armée entra dans ses murs : elle traversa ces décombres fumans et ensanglantés, avec son ordre, sa musique guerrière et sa pompe accoutumée; triomphante sur ces ruines désertes, et n'ayant qu'elle-même pour témoin de sa gloire. Spectacle sans spectateurs, victoire presque sans fruit, gloire sanglante, dont la fumée qui nous environnait et qui semblait être notre seule conquête, n'était qu'un trop fidèle emblème.

CHAPITRE V.

Quand l'empereur sut Smolensk entièrement occupée, ses feux presque éteints, et que le jour et les différens rapports l'eurent suffisamment éclairé; lorsqu'enfin il vit que là, comme au Niémen, comme à Wilna, comme à Vitepsk, ce fantôme de victoire qui l'attirait, et qu'il se croyait toujours près de saisir, avait encore reculé devant lui, il s'achemina lentement vers sa stérile conquête. Il parcourut, selon son habitude, le champ de bataille pour apprécier la valeur de l'attaque, le mérite de la résistance, et les pertes mutuelles.

Il le trouva jonché d'un grand nombre de cadavres russes et de peu des nôtres. La plupart étaient dépouillés, surtout les Français : on les reconnaissait à leur blancheur et à leurs formes moins osseuses et musculeuses que celles des Russes. Triste revue de morts et de mourans; compte funeste à faire et à rendre. La contraction des traits de l'empereur et son irritation firent juger de sa souffrance; mais en lui la politique était une seconde nature, qui bientôt imposait silence à la première.

Au reste, ce calcul de cadavres, le lendemain d'un combat, fut aussi trompeur que rebutant; car on avait déjà fait disparaître la plupart des nôtres, et laissé en évidence ceux de l'ennemi; soin que l'on prenait pour prévenir de fâcheuses impressions sur nos soldats, et par cet empressement bien naturel, qui porte à ramasser et à secourir ses mourans, et à rendre à ses morts les derniers devoirs, avant de songer à ceux de l'ennemi.

Néanmoins, l'empereur écrivit que ses pertes, dans la

journée précédente, étaient bien moindres que celles des Moskovites; que la conquête de Smolensk le rendait maître des salines russes, et que son ministre du trésor devait compter sur vingt-quatre millions de plus. Il n'est ni vrai ni vraisemblable qu'il se soit laissé aller à de telles illusions. Cependant le pouvoir d'imposer aux autres, dont il savait faire un si puissant usage, on croit qu'il le tournait alors contre lui-même.

En continuant cette reconnaissance, il parvint à l'une des portes de la citadelle, près du Borysthène, en face du faubourg de la rive droite, que les Russes occupaient encore. Là, se trouvant entouré des maréchaux Ney, Davoust, Mortier, du grand-maréchal Duroc, du comte de Lobau et d'un autre général, il se plaça sur des nattes, devant une cabane, moins pour observer l'ennemi que par le besoin de décharger son cœur du poids qui l'oppressait, et pour chercher, dans les complaisances de ses généraux, ou dans leur ardeur, des encouragemens contre les faits et contre lui-même.

Il discourut longuement, vivement et sans interruption : « Quelle honte pour Barclay, d'avoir livré, sans bataille, » la clef de la vieille Russie! et pourtant quel champ d'hon-» neur il lui avait offert! combien il lui était avantageux! une » ville forte pour appuyer et partager ses efforts! cette » ville et un fleuve pour recevoir et couvrir ses débris, » s'il était vaincu!

» Et qu'aurait-il eu à combattre? une armée, grande, » il est vrai, mais gênée par un terrain trop étroit, n'ayant » pour retraite que des précipices. Elle s'était comme livrée » à ses coups. Il n'avait manqué à Barclay que de la réso-» lution. C'en était donc fait de la Russie. Elle n'avait une » armée que pour assister à la chute de ses villes, et non » pour les défendre. Car enfin, sur quel autre terrain plus » favorable Barclay s'arrêterait-il? quelle position se dé-

CHAPITRE V.

» terminerait-il à disputer? lui, qui abandonnait cette Smo-
» lensk, appelée par lui-même Smolensk la sainte, Smolensk
» la forte; cette clef de Moskou! ce boulevard de la Russie,
» annoncé comme le tombeau des Français! on allait voir
» l'effet de cette perte sur les Russes; on verrait leurs sol-
» dats lithuaniens, ceux même de Smolensk, déserter de
» leurs rangs, indignés de l'abandon sans combat de leur
» capitale. »

Napoléon ajouta : « que des rapports certains avaient
» fait connaître la faiblesse des divisions russes; que déjà
» la plupart étaient entamées; qu'elles se faisaient détruire
» en détail; que bientôt Alexandre n'aurait plus d'armée.
» Les ramassis de paysans, armés de piques, qu'on venait
» de voir à la suite de leurs bataillons, montraient assez
» où leurs généraux en étaient réduits. »

Pendant que l'empereur discourait ainsi, les balles des
tirailleurs russes sifflaient autour de sa tête; mais son sujet
l'emportait. Il s'acharnait sur le général et sur l'armée ennemie, comme s'il eût pu la détruire par ses raisonnemens, ne l'ayant pu par la victoire : on ne lui répondit
pas ; il était évident qu'il ne cherchait pas de conseils; on
voyait qu'il s'était tout dit à lui-même; qu'il se débattait
contre ses propres réflexions, et que par ce torrent de
conjectures, il cherchait à s'en imposer, et s'efforçait d'entraîner ainsi, dans ses illusions, les autres et lui-même.

D'ailleurs, il ne laissa pas le temps de l'interrompre.
Quant à la faiblesse et à la désorganisation de l'armée ennemie, personne n'y croyait; mais que lui répondre? il
citait des renseignemens positifs : c'étaient ceux qu'avait
envoyés Lauriston; on les avait altérés, en croyant les
rectifier; car l'évaluation des forces russes par Lauriston,
ministre de France en Russie, était exacte; mais d'après
d'autres renseignemens moins sûrs, et qui plaisaient davantage, on l'avait diminuée d'un tiers.

Après une heure d'entretien, l'empereur, regardant les hauteurs de la rive droite presque abandonnées par l'ennemi, finit en s'écriant : « que les Russes étaient des fem- » mes, et qu'ils s'avouaient vaincus. » Il cherchait à se persuader que ces peuples, par leur contact avec l'Europe, avaient perdu de leur valeur rude et sauvage. Mais leurs guerres précédentes les avaient instruits, et ils en étaient à ce point, où les nations ont encore toutes leurs vertus primitives, et déjà des vertus acquises.

Enfin il remonta à cheval. Ce fut alors que le grand-maréchal fit observer à l'un de nous : « que si Barclay » avait eu tant de tort de refuser la bataille, l'empereur » ne mettrait pas tant d'importance à vouloir nous le » persuader. » A quelques pas de là, un officier, naguère envoyé au prince de Schwartzenberg, se présenta; il dit que Tormasof et son armée s'étaient élevés dans le nord, entre Minsk et Varsovie, et qu'ils avaient marché sur notre ligne d'opération. Une brigade saxonne enlevée à Kobrynn, le grand-duché envahi, et Varsovie alarmée, avaient été les premiers résultats de cette agression; mais Regnier a appelé Schwartzenberg à son secours. Alors Tormasof a reculé jusqu'à Gorodeczna, où il s'est arrêté le 12 août, entre deux défilés, dans une plaine entourée de bois et de marais, mais accessible en arrière de son flanc gauche.

Regnier, si judicieux avant le combat, si habile appréciateur du terrain, savait préparer les batailles; mais quand les champs s'animaient, quand ils se couvraient d'hommes et de chevaux, il s'étonnait, et la rapidité des mouvemens semblait l'éblouir : aussi, ce général saisit-il d'abord, d'un coup d'œil, le côté faible des Russes : il s'y porta; mais au lieu d'y pénétrer par masses, et impétueusement, il ne fit que des attaques successives.

Tormasof, averti, eut le temps d'opposer d'abord des régimens à des régimens, puis des brigades à des brigades, enfin des divisions à des divisions. A la faveur de cette lutte prolongée, il gagna la nuit, et retira son armée de ce champ de bataille, où un effort rapide et simultané aurait pu la détruire. Toutefois il perdit quelques canons, beaucoup de bagages, quatre mille hommes, et se retira derrière le Styr, où Tchitchakof, qui accourait à son secours avec l'armée du Danube, le rejoignit.

Ce combat, quoique peu décisif, préservait le grand-duché; il réduisait sur ce point les Russes à se défendre, et donnait à l'empereur le temps de gagner une bataille.

Pendant ce récit, le génie tenace de Napoléon fut moins frappé de ces avantages en eux-mêmes, que de l'appui qu'ils prêtaient à l'illusion dont il venait de nous entretenir : aussi, toujours attaché à sa première pensée, et sans questionner l'aide-de-camp, il se tourna vers ses interlocuteurs, et, comme s'il eût continué son précédent entretien, il s'écria : « Vous le voyez, les misérables! ils se laissent » battre, même par des Autrichiens! » Puis, jetant autour de lui un regard inquiet : « J'espère, ajouta-t-il, que » des Français seuls m'écoutent. » Alors il demanda s'il pouvait compter sur la bonne foi du prince de Schwartzenberg; l'aide-de-camp en répondit, et il ne se trompa point, quoique l'événement ait semblé le démentir.

Toutes ces paroles, que l'empereur venait de prodiguer, ne prouvaient que son désappointement, et qu'une grande hésitation le ressaisissait; car en lui, le bonheur était moins communicatif, et la décision moins verbeuse. Enfin il entra dans Smolensk : comme il traversait l'épaisseur de ses murs, le comte de Lobau s'écria : « Voilà une belle tête » de cantonnemens. » C'était lui dire de s'y arrêter; mais l'empereur ne répondit à cet avis que par un coup d'œil sévère.

Ce regard changea bientôt d'expression, lorsqu'il ne put le reposer que sur des décombres, à travers lesquels se traînaient nos blessés, et sur des monceaux de cendres fumans où gisaient des squelettes humains, desséchés et noircis par le feu; cette grande destruction l'étonna! Quel fruit de sa victoire! cette ville où ses soldats devaient enfin trouver un abri, des vivres, une riche proie, dédommagemens promis à tant de maux, n'était plus qu'une ruine, sur laquelle il fallait bivouaquer. Sans doute son influence sur les siens était grande; mais pourrait-elle s'étendre par-delà la nature? Quelle allait être leur pensée?

Ici, il faut le dire, la misère de l'armée ne resta pas sans interprète; il sut que ses soldats se demandaient entre eux, « dans quel but on leur avait fait faire huit cents lieues » pour ne trouver que de l'eau marécageuse, la famine » et des bivouacs sur des cendres. Car c'étaient là toutes » leurs conquêtes : ils n'avaient de biens que ce qu'ils » avaient apporté. S'il fallait traîner tout avec soi, porter » la France en Russie, pourquoi donc leur avait-on fait » quitter la France? »

Plusieurs des généraux eux-mêmes commençaient à se fatiguer; les uns s'arrêtaient malades, d'autres murmuraient. « Que leur importait qu'il les eût enrichis, s'ils ne » pouvaient pas jouir; qu'il les eût mariés, s'il les rendait » veufs par une absence continuelle; qu'il leur eût donné » des palais, s'il les forçait de coucher sans cesse au loin, » sur la terre nue, au milieu des frimas: car chaque année » la guerre s'aggravait; de nouvelles conquêtes, forçant » d'aller chercher au loin de nouveaux ennemis. Bientôt » l'Europe ne suffirait plus: il faudrait l'Asie. »

Plusieurs, parmi nos alliés sur-tout, osèrent penser qu'on perdrait moins à une défaite qu'à une victoire; un revers dégoûterait peut-être l'empereur de la guerre; du moins la mettrait-il plus à notre portée.

Les généraux les plus rapprochés de Napoléon s'étonnaient de sa confiance. « N'était-il pas déjà comme sorti de

» l'Europe; et si l'Europe se soulevait contre lui, il n'au-
» rait donc plus que ses soldats pour sujets, que son camp
» pour empire; encore le tiers en étant étranger, lui de-
» viendrait ennemi. » Ainsi parlèrent Murat et Berthier.
Napoléon, irrité de retrouver, dans ses deux premiers lieutenans, et dans le moment de l'action, cette même inquiétude contre laquelle il se débattait, s'abandonna contre eux à son humeur chagrine : il les en accabla, comme il arrive souvent dans l'intérieur des princes; les hommes dont ils sont le plus sûrs, étant ceux qu'ils ménagent le moins, inconvénient de la faveur qui en compense les avantages.

Quand son humeur se fut écoulée dans un torrent de paroles, il les rappela; mais cette fois, ceux-ci mécontens se tinrent éloignés. L'empereur répara ses vivacités par des caresses, appelant Berthier « sa femme, » et ses emportemens, « des querelles de ménage. »

Murat et Ney le quittèrent le cœur plein de sinistres pressentimens sur cette guerre, qu'à la première vue des Russes ils allaient eux-mêmes pousser avec acharnement. Car dans ces hommes tout d'action, d'inspiration, de premiers mouvemens, rien n'était suivi, tout était inattendu; l'occasion les emportait : impétueux, ils changeaient de propos, de projets, de dispositions à chaque pas, comme le terrain change d'aspect.

CHAPITRE VI.

Ce fut alors que Rapp et Lauriston se présentèrent. Celui-ci venait de Pétersbourg; Napoléon ne fit aucune question à cet officier qui arrivait de la capitale de son ennemi. Connaissant sans doute la franchise de son ancien aide-de-camp, et son opinion sur cette guerre, il craignit d'apprendre des nouvelles peu satisfaisantes.

Mais Rapp, qui venait de suivre nos traces, ne put se taire: « L'armée n'avait fait que cent lieues depuis le Nié-
» men, et déjà tout y était changé. Les officiers qui la re-
» joignaient en poste de l'intérieur de la France, arrivaient
» effrayés. Ils ne concevaient pas qu'une marche victorieuse
» et sans combats, laissât derrière elle plus de débris qu'une
» défaite.

» Ils avaient rencontré tout ce qui marchait pour re-
» joindre les masses, et tout ce qui s'en était détaché; enfin
» tout ce qui n'était pas excité, ou par la présence des
» chefs, ou par l'exemple, ou par la guerre. La conte-
» nance de chaque troupe, suivant la distance où elle se
» trouvait de son sol natal, inspirait l'espoir, l'inquiétude,
» ou la pitié.

» En Allemagne, jusqu'à l'Oder, où mille objets rappe-
» laient toujours la France, ces jeunes soldats ne s'en croyaient
» pas encore tout-à-fait séparés; on les voyait ardens et
» joyeux; mais après l'Oder, en Pologne, où le sol, ses
» productions, ses habitans, les vêtemens, les mœurs, et
» tout, jusqu'aux habitations, est d'un aspect étrange; où
» rien enfin ne retraçait plus à leurs yeux une patrie qu'ils
» regrettaient, ils commençaient à s'étonner du chemin

» qu'ils avaient parcouru, et déjà une empreinte de fatigue
» et d'ennui attristait leurs figures.

» Par quelle singulière distance fallait-il donc qu'ils
» fussent séparés de la France, puisqu'ils avaient atteint
» déjà des contrées inconnues, où tout était pour eux d'une
» si triste nouveauté! combien de pas avaient-ils faits, que
» de pas il leur restait à faire! l'idée même du retour était
» décourageante; et cependant il fallait marcher, toujours
» marcher! et ils se plaignaient que, depuis la France, leurs
» fatigues eussent été en augmentant, et les moyens de
» les supporter en diminuant. »

En effet, d'abord le vin manqua, puis la bière, même
l'eau-de-vie; enfin l'on fut réduit à l'eau, qui souvent
manqua à son tour. Il en fut de même pour les alimens,
de même pour les autres nécessités de la vie; et dans ce
dénuement graduel, le découragement de l'ame suivait l'affaiblissement successif du corps. Troublés par une vague
inquiétude, ils marchaient à travers la morne uniformité
de ces vastes et silencieuses forêts de noirs sapins. Ils se
traînaient le long de ces grands arbres nus et dépouillés
jusqu'à leur cime, et s'effrayaient de leur faiblesse au milieu de cette immensité. Alors ils se formaient des idées
sinistres et bizarres sur la géographie de ces contrées inconnues; et, saisis d'une secrète horreur, ils hésitaient à
s'enfoncer plus avant dans de si vastes solitudes.

De ces peines physiques et morales, de ces privations,
de ces bivouacs continuels, aussi dangereux près du pôle
que sous l'équateur, et de l'infection de l'air par les corps
putréfiés des hommes et des chevaux qui jonchaient les
routes, étaient nées deux affreuses épidémies, la dyssenterie et le typhus. Les Allemands y succombèrent les
premiers; ils sont moins nerveux que les Français,
moins sobres; ils étaient moins intéressés dans une cause
qui leur paraissait étrangère. De vingt-deux mille Bava-

rois, qui avaient passé l'Oder, onze mille seulement étaient arrivés sur la Düna; et cependant ils n'avaient pas encore combattu. Cette marche militaire coûtait aux Français un quart, aux alliés la moitié de leur armée.

Chaque matin, les régimens partaient en ordre de leurs bivouacs; mais dès les premiers pas, leurs rangs desserrés s'allongeaient en files lâches et interrompues; les plus faibles, ne pouvant suivre, se laissaient dépasser; ces malheureux voyaient leurs compagnons et leurs aigles s'éloigner de plus en plus; ils s'efforçaient encore pour les rejoindre, mais enfin il les perdaient de vue, alors ils tombaient découragés. Les routes, les lisières des bois en étaient semées; on en vit qui arrachaient des épis de seigle pour en dévorer les grains; puis ils tentaient, souvent bien en vain, de gagner l'hôpital ou le village le moins éloigné. Beaucoup périrent.

Mais les malades ne se séparèrent pas seuls de l'armée; un grand nombre de soldats, dégoûtés et rebutés d'une part, de l'autre poussés par un esprit d'indépendance et de pillage, renoncèrent volontairement à leurs drapeaux; et ce ne furent pas les moins déterminés : bientôt leur nombre s'accrut, le mal engendrant le mal par l'exemple. Ils se formèrent en bandes et s'établirent dans les châteaux et dans les villages voisins de la route militaire. Ils y vécurent dans l'abondance : il y eut là moins de Français que d'Allemands; mais on remarqua que le chef de chacun de ces petits corps indépendans, composés d'hommes de plusieurs nations, était toujours un Français.

Rapp avait vu tous ces désordres; il arrivait, et sa brusque franchise n'en épargna pas les détails à son chef; mais l'empereur se contenta de lui répondre : « Je frap» perai un grand coup, et tout le monde se ralliera. »

Avec Sébastiani, il s'expliqua davantage. Celui-ci s'appuya des paroles mêmes de Napoléon. En effet, à Wilna,

il lui avait déclaré « qu'il ne dépasserait pas la Düna, et
» que vouloir aller plus loin cette année, ce serait courir
» infailliblement à sa perte. »

Sébastiani insista comme les autres sur l'état de l'armée.
« Il est affreux, repartit l'empereur, je le sais ; dès Wilna,
» il en traînait la moitié, aujourd'hui ce sont les deux
» tiers ; il n'y a donc plus de temps à perdre ; il faut ar-
» racher la paix ; elle est à Moskou. D'ailleurs cette ar-
» mée ne peut plus s'arrêter : avec sa composition, et dans
» sa désorganisation, le mouvement seul la soutient. On
» peut s'avancer à sa tête, mais non s'arrêter, ni reculer.
» C'est une armée d'attaque et non de défense, une ar-
» mée d'opération et non de position. »

Il parlait ainsi à ceux de son intérieur ; mais avec les généraux commandant ses divisions, c'était un autre langage. Devant les premiers, il découvrait les motifs qui le poussaient en avant ; avec les autres, il les cachait soigneusement, et semblait d'accord avec eux sur la nécessité de s'arrêter. C'est ce qui explique les contradictions qu'on remarqua dans ses paroles.

En effet, ce jour-là même, dans les rues de Smolensk, au milieu de Davoust et de ses généraux, dont les corps avaient le plus souffert dans l'assaut de la veille, il dit
« qu'il leur devait dans la prise de Smolensk un succès
» important ; qu'il considérait cette ville comme une bonne
» tête de cantonnement.

» Voilà, continua-t-il, ma ligne bien couverte ; arrê-
» tons-nous ici ! derrière ce rempart, je puis rallier mes
» troupes, les faire reposer, recevoir des renforts et nos
» approvisionnemens de Dantzick. Voilà toute la Pologne
» conquise et défendue : c'est un résultat suffisant ; c'est
» en deux mois avoir recueilli le fruit qu'on ne devait
» attendre que de deux ans de guerre : c'est donc assez.
» D'ici au printemps, il faudra organiser la Lithuanie et

» refaire une armée invincible; alors, si la paix n'est pas
» venue nous chercher dans nos quartiers d'hiver, nous
» irons la conquérir à Moskou. »

Puis il confia au maréchal, que s'il lui ordonnait de dépasser encore Smolensk, c'était seulement pour en éloigner les Russes de quelques journées; mais qu'il lui défendait formellement d'engager une affaire sérieuse. Il est vrai qu'en même temps c'est à Murat et à Ney, aux deux plus téméraires, qu'il a confié l'avant-garde, et qu'à l'insu de Davoust, il vient de mettre ce maréchal prudent et méthodique, sous les ordres de l'impétueux roi de Naples. Ainsi, son esprit paraît flotter entre deux grandes décisions, et les contradictions de ses paroles passent dans ses actions. Toutefois, dans ce conflit intérieur, on remarquait l'ascendant de son impatience sur sa raison, et comme elle disposait tout pour faire naître des circonstances qui devaient nécessairement l'entraîner.

CHAPITRE VII.

Cependant, les Russes défendaient encore le faubourg de la rive droite du Dnieper. De notre côté, on employa la journée du 18 et la nuit du 19 à reconstruire les ponts. Le 19 août, avant le jour, Ney passa le fleuve à la lueur du faubourg qui brûlait. D'abord, il n'y vit d'ennemis que les flammes, et il commença à gravir la pente longue et roide sur laquelle il est bâti. Ses troupes cheminaient lentement, avec précaution, et par mille détours, pour éviter l'incendie. Les Russes l'avaient habilement dirigé; il se présentait de toutes parts, et obstruait les principaux passages.

Ney et ses premiers soldats s'avancèrent en silence dans ce labyrinthe de feux, l'œil inquiet, l'oreille attentive, ignorant si, au sommet de cette pente rapide, les Russes ne les attendaient pas pour s'élancer tout-à-coup sur eux, pour les renverser et les précipiter dans les flammes et dans le fleuve. Mais ils respirèrent, soulagés du poids d'une grande crainte; en n'apercevant sur la crête du ravin, à l'embranchement des chemins de Pétersbourg et de Moskou, qu'une bande de Cosaques, qui s'écoulèrent aussitôt par ces deux routes. Comme on n'avait ni prisonniers, ni habitans, ni espions, on ne put, ainsi qu'à Vitepsk, interroger que le terrain. Mais l'ennemi avait laissé autant de traces sur une direction que sur l'autre, en sorte que le maréchal, incertain, s'arrêta entre les deux jusqu'à midi.

Pendant ce temps, le passage du Borysthène s'effectua sur plusieurs points; les routes des deux capitales ennemies furent reconnues jusqu'à la profondeur d'une lieue;

et l'infanterie russe rencontrée sur celle de Moskou : Ney l'eut bientôt rejointe; mais comme cette route côtoyait le Dnieper, il avait à traverser ses affluens. Chacun d'eux s'étant creusé son lit, marquait le fond d'un vallon, dont la côte opposée était une position, où l'ennemi s'établissait et qu'il fallait emporter : le premier, celui de la Stabna, l'arrêta peu; mais le côte du de Valoutina, dont la Kolowdnia marquait le pied, devint le sujet d'un terrible choc.

On a attribué la cause de cette résistance à une ancienne tradition de gloire nationale, qui faisait de ce champ de bataille un terrain consacré par la victoire. Mais cette superstition, digne encore du soldat russe, est déjà loin du patriotisme plus éclairé de ses généraux. Ce fut la nécessité qui les contraignit à ce combat; on a vu que la route de Moskou, en sortant de Smolensk, côtoyait le Dnieper, et que l'artillerie française, placée sur l'autre rive, la traversait de ses feux. Barclay n'osa pas se servir de la nuit et de cette route pour y risquer son artillerie, ses bagages et ses ambulances, dont le roulement aurait dénoncé la retraite.

La route de Pétersbourg quittait le fleuve plus brusquement : deux chemins marécageux s'en détachaient à droite, l'un à deux lieues de Smolensk, l'autre, à quatre; ils traversaient des bois, et rejoignaient la grande route de Moskou, après un long circuit, l'un à Bredichino, à deux lieues au-delà de Valoutina, l'autre plus loin, à Slobpnewa.

Ce fut dans ces défilés que Barclay ne craignit pas de s'engager avec tant de chevaux et de voitures; cette longue et lourde colonne avait à parcourir ainsi deux grands arcs de cercle, dont la grande route de Smolénsk à Moskou, que Ney attaqua bientôt, était la corde. A chaque instant, et comme il arrive toujours, une voiture renversée, une roue engravée; un seul cheval embourbé, un

CHAPITRE VII.

trait rompu, arrêtait tout. Cependant, le bruit du canon français s'avançait; déjà il semblait devancer la colonne russe, et être près d'atteindre et de fermer le débouché qu'elle s'efforçait de gagner.

Enfin, après une pénible marche, la tête du convoi ennemi revit la grande route, à l'instant où les Français n'avaient plus pour atteindre ce débouché, qu'à forcer la hauteur de Valoutina et le passage de la Kolowdnia. Ney venait d'emporter violemment celui de la Stabna; mais Korf, repoussé sur Valoutina, avait appelé à son secours la colonne qui le précédait. On assure que celle-ci, sans ordre et mal commandée, hésita; mais que Voronzof, comprenant l'importance de cette position, décida son chef à revenir sur ses pas.

Les Russes se défendirent pour tout défendre, canons, blessés, bagages; les Français attaquèrent pour tout prendre. Napoléon s'était arrêté à une lieue et demie de Ney. Ne croyant qu'à une affaire d'avant-garde, il envoya Gudin au secours du maréchal, rallia les autres divisions, et rentra dans Smolensk. Mais ce combat devint une bataille; trente mille hommes s'y engagèrent successivement de part et d'autre: on s'aborda, soldats, officiers, généraux; la mêlée fut longue, l'acharnement terrible: la nuit même n'arrêta point. Maître enfin du plateau, et épuisé de forces et de sang, Ney ne se sentant plus environné que de morts, de mourans, et de ténèbres, se fatigua; il fit cesser le feu, garder le silence et présenter les baïonnettes. Les Russes n'entendant plus rien, se turent aussi, et profitèrent de l'obscurité pour faire leur retraite.

Il y eut presque autant de gloire dans leur défaite que dans notre victoire; les deux chefs réussirent, l'un à vaincre, l'autre à n'être vaincu qu'après avoir sauvé l'artillerie, les bagages et les blessés russes. Un des généraux ennemis, resté seul debout sur ce champ de carnage, tenta de s'échapper du milieu de nos soldats, en répétant les commandemens français; la lueur des coups de feu le fit reconnaître; il fut saisi. D'autres généraux russes avaient péri; mais la grande-armée fit une plus grande perte.

Au passage du pont mal rétabli de la Kolowdnia, le général Gudin, dont la valeur réglée n'aimait à affronter que les dangers utiles, et qui d'ailleurs était peu confiant à cheval, en était descendu pour franchir le ruisseau, et dans le même moment un boulet, en rasant la terre, lui avait brisé les deux jambes. Quand la nouvelle de ce malheur parvint chez l'empereur, elle y suspendit tout, discours et actions. Chacun s'arrêta consterné : la victoire de Valoutina ne parut plus un succès.

Gudin, transporté à Smolensk, y reçut les soins de l'empereur; ils furent inutiles, il périt. Ses restes furent enterrés dans la citadelle de la ville, qu'ils honorent. Digne tombeau de cet homme de guerre, bon citoyen, bon époux, bon père, général intrépide, juste et doux, et à la fois probe et habile : rare assemblage, dans un siècle où, trop souvent, les hommes de bonnes mœurs sont inhabiles, et les habiles sans mœurs.

Les Russes, étonnés de n'avoir été attaqués que de front, crurent que toutes les combinaisons militaires de Murat se réduisaient à suivre leur grande route. Ils l'appelèrent, par dérision, le général des grands chemins; le jugeant ainsi d'après l'événement, qui trompe plus souvent qu'il n'éclaire.

En effet, pendant que Ney attaquait, Murat éclairait ses flancs avec sa cavalerie sans pouvoir la faire agir; des bois à gauche, et des marais à droite, arrêtaient ses mouvemens. Mais en combattant de front, tous deux attendaient l'effet d'une marche de flanc des Westphaliens, commandés par Junot.

Depuis la Stubna, la grande route, afin d'éviter les marais formés par les divers affluens du Dnieper, se détournait à gauche, cherchait les hauteurs, et s'éloignait du bassin de ce fleuve, pour s'en rapprocher ensuite dans un terrain plus favorable. On avait remarqué qu'un chemin de traverse plus hardi et plus court, comme ils le sont tous, courait directement à travers ces fonds marécageux, entre le Dnieper et le grand chemin, qu'il rejoignait en arrière du plateau de Valoutina.

C'était ce chemin de traverse que Junot parcourait, après avoir passé le fleuve à Prudiszi. Il le conduisit bientôt en arrière de la gauche des Russes, sur le flanc des colonnes qui revenaient au secours de leur arrière-garde. Il ne fallait qu'attaquer pour rendre la victoire décisive. Ceux qui résistaient de front au maréchal Ney, étonnés d'entendre combattre derrière eux, seraient devenus incertains, et le désordre, jeté au milieu d'un combat, dans cette multitude d'hommes, de chevaux et de voitures, engagés sur cette seule route, eût été irréparable; mais Junot, brave comme individu, hésitait comme chef. Sa responsabilité le troubla.

Cependant Murat, le jugeant en présence, s'étonnait de ne pas entendre son attaque. La fermeté des Russes devant Ney lui fit soupçonner la vérité. Il quitte sa cavalerie, et traversant presque seul les bois et les marais, il court à Junot; il lui reproche son inaction; Junot s'excuse : « il n'a point l'ordre d'attaquer; sa cavalerie wurtem-
» bergeoise est molle, ses efforts sont simulés, elle ne se
» décidera pas à mordre sur les bataillons ennemis. »

Murat répond à ces paroles par des actions. Il se précipite à la tête de cette cavalerie; avec un autre général, ce sont d'autres soldats : il les entraîne, les jette sur les Russes, renverse leurs tirailleurs, revient à Junot et lui dit: « Achève à présent, ta gloire est là et ton bâton de maré-
» chal! » Mais alors il le quitta pour rejoindre les siens, et

Junot troublé resta immobile. Trop long-temps près de Napoléon, dont le génie actif ordonnait tout, l'ensemble et le détail, il n'avait appris qu'à obéir; l'expérience du commandement lui manquait; enfin des fatigues et des blessures l'avaient vieilli avant le temps.

Quant au choix de ce général pour un mouvement si important, il n'étonna point : on savait que l'empereur lui était attaché par habitude, c'était son plus ancien aide-de-camp; et par une secrète faiblesse, car la présence de cet officier se liant à tous les souvenirs de son bonheur et de ses victoires, il lui répugnait de s'en séparer. On peut croire encore que son amour-propre se plaisait à voir des hommes, ses élèves, commander ses armées. Il était d'ailleurs naturel qu'il comptât plus sur leur dévouement, que sur celui de tous les autres.

Néanmoins, quand le lendemain les lieux lui parlèrent eux-mêmes, et qu'à la vue du pont sur lequel Gudin avait été abattu, il eut observé que ce n'était point là qu'il eût fallu déboucher, lorsqu'ensuite, fixant d'un œil enflammé la position qu'avait occupée Junot, il se fut écrié : « C'était là
» sans doute que devaient attaquer les Westphaliens ! toute
» la bataille était là ! que faisait donc Junot! » alors son irritation devint si violente, qu'aucune excuse ne put d'abord l'apaiser. Il appelle Rapp et s'écrie : « qu'il ôte au duc
» d'Abrantès son commandement ! qu'il le renvoie de l'ar-
» mée ! qu'il a perdu sans retour le bâton de maréchal ! que
» cette faute va peut-être leur fermer le chemin de Moskou!
» que c'est à lui, Rapp, qu'il donne les Westphaliens; qu'il
» leur parlera leur langue, et qu'il saura les faire battre. »
Mais Rapp refusa la place de son ancien compagnon d'armes; il apaisa l'empereur, dont la colère s'éteignait toujours facilement, dès qu'il l'avait exhalée en paroles.

Mais ce n'était pas seulement par sa gauche que l'ennemi avait failli être vaincu; à sa droite, il avait couru un plus

CHAPITRE VII.

grand danger. Morand, l'un des généraux de Davoust, avait été jeté de ce côté au travers des forêts; il marchait sur des hauteurs boisées, et se trouvait, dès le commencement du combat, sur le flanc des Russes. Encore quelques pas, et il débouchait en arrière de leur droite. Son apparition soudaine eût infailliblement décidé la victoire, elle l'eût rendue complète; mais Napoléon, ignorant les lieux, l'avait fait rappeler sur le point où Davoust et lui s'étaient arrêtés.

Dans l'armée, on se demanda pourquoi l'empereur, en faisant concourir pour un même but trois chefs indépendans l'un de l'autre, ne s'était pas trouvé là pour leur donner un ensemble indispensable, et sans lui impossible. Mais il était rentré dans Smolensk, soit fatigue, soit surtout qu'il ne se fût pas attendu à un combat si sérieux; soit enfin que par la nécessité de s'occuper de tout à la fois, il ne pût être à temps et tout entier nulle part. En effet, le travail de son empire et de l'Europe, suspendu par les jours d'action qui avaient précédé, s'amoncelait. Il fallait déblayer ses porte-feuilles, et donner un cours aux affaires civiles et politiques, qui commençaient à s'encombrer; il était d'ailleurs pressant et glorieux de dater de Smolensk.

Aussi, quand Borelli, général de Murat, vint crier au secours, le fit-il attendre; et telle était sa préoccupation, qu'il fallut qu'un ministre insistât pour le faire entrer. Le rapport de cet officier émut Napoléon: « Que dites-vous! » s'écria-t-il; quoi, vous n'êtes point assez! L'ennemi » montre-t-il soixante mille hommes! Mais c'est donc » une bataille! » Aussitôt il donna ordre à Davoust de soutenir Ney et Murat, puis il reprit tranquillement son travail, remettant au lendemain le soin des combats, car la nuit était venue : mais ensuite l'espoir d'une bataille l'agita, et il parut avec le jour suivant sur les champs de Valoutina.

CHAPITRE VIII.

Les soldats de Ney et ceux de la division Gudin, veuve de son général, y étaient rangés sur les cadavres de leurs compagnons, et sur ceux des Russes, au milieu d'arbres à demi brisés, sur une terre battue par les pieds des combattans, sillonnée de boulets, jonchée de débris d'armes, de vêtemens déchirés, d'ustensiles militaires, de chariots renversés et de membres épars; car ce sont là les trophées de la guerre! voilà la beauté d'un champ de victoire!

Les bataillons de Gudin ne paraissent plus être que des pelotons; ils se montraient d'autant plus fiers qu'ils étaient plus réduits: près d'eux, on respirait encore l'odeur des cartouches brûlées et celle de la poudre, dont cette terre, dont leurs vêtemens étaient imprégnés et leurs visages encore tout noircis. L'empereur ne pouvait passer devant leur front sans avoir à éviter, à franchir ou à fouler des baïonnettes tordues par la violence du choc et des cadavres.

Mais toutes ces horreurs, il les couvrit de gloire. Sa reconnaissance transforma ce champ de mort en un champ de triomphe, où pendant quelques heures régnèrent seuls l'honneur et l'ambition satisfaits.

Il sentait qu'il était temps de soutenir ses soldats de ses paroles et de ses récompenses. Jamais aussi ses regards ne furent plus affectueux; quant à son langage, « ce combat » était le plus beau fait d'armes de notre histoire mili- » taire; les soldats qui l'entendaient, des hommes avec » qui l'on pouvait conquérir le monde; ceux tués, des » guerriers morts d'une mort immortelle. » Il parlait ainsi, sachant bien que c'est sur-tout au milieu de cette destruction que l'on songe à l'immortalité.

Il fut magnifique dans ses récompenses : les 12e, 21e, 127e de ligne et le 17e léger reçurent quatre-vingt-sept décorations et des grades; c'étaient les régimens de Gudin. Jusque-là, le 127e avait marché sans aigle, car alors il fallait conquérir son drapeau sur un champ de bataille, pour prouver qu'ensuite on saurait l'y conserver.

L'empereur lui en remit une de ses mains; il satisfit aussi le corps de Ney. Ses bienfaits furent grands en eux-mêmes, et par leur forme. Il ajouta au don par la manière de donner. On le vit s'entourer successivement de chaque régiment comme d'une famille. Là, il interpelait à haute voix les officiers, les sous-officiers, les soldats, demandant les plus braves entre tous ces braves, ou les plus heureux, et les récompensant aussitôt. Les officiers désignaient, les soldats confirmèrent, l'empereur approuva : ainsi comme il l'a dit lui-même, les choix furent faits sur-le-champ, en cercle, devant lui, et confirmés avec acclamation par les troupes.

Ces manières paternelles, qui faisaient du simple soldat le compagnon de guerre du maître de l'Europe; ces formes, qui reproduisaient les usages toujours regrettés de la république, les transportèrent. C'était un monarque, mais c'était celui de la révolution, et ils aimaient un souverain parvenu qui les faisait parvenir : en lui tout excitait, rien ne reprochait.

Jamais champ de victoire n'offrit un spectacle plus capable d'exalter; le don de cette aigle, si bien méritée, la pompe de ces promotions, les cris de joie, la gloire de ces guerriers, récompensée sur le lieu même où elle venait d'être acquise; leur valeur proclamée par une voix dont chaque accent retentissait dans l'Europe attentive; par ce grand conquérant, dont les bulletins allaient porter leurs noms dans l'univers entier, et sur-tout parmi leurs concitoyens et dans le sein de leurs familles, à la fois rassurées et enorgueillies; que de biens à la fois! ils en furent enivrés : lui-même parut d'abord se laisser échauffer à leurs transports.

Mais lorsque, hors de la vue de ses soldats, l'attitude de Ney et de Murat, et les paroles de Poniatowski, aussi franc et judicieux au conseil qu'intrépide au combat, l'eurent calmé; quand toute la chaleur lourde de ce jour eut pesé sur lui, et que les rapports apprirent qu'on faisait huit lieues sans joindre l'ennemi, il se désenchanta. Dans son retour à Smolensk, le cahotage de sa voiture sur les débris du combat, les embarras causés sur la route par la longue file de blessés qui se traînaient ou qu'on rapportait, et dans Smolensk par ces tombereaux de membres amputés, qu'on allait jeter au loin; enfin tout ce qui est horrible et odieux hors des champs de bataille, acheva de le désarmer. Smolensk n'était plus qu'un vaste hôpital, et le grand gémissement qui en sortait, l'emporta sur le cri de gloire qui venait de s'élever des champs de Valoutina.

Les rapports des chirurgiens étaient hideux : en ce pays, on supplée au vin et à l'eau-de-vie de raisin, par une eau-de-vie qu'on tire du grain. On y mêle des plantes narcotiques : nos jeunes soldats, épuisés de faim et de fatigue, ont cru que cette liqueur les soutiendrait; mais sa chaleur perfide leur a fait jeter à la fois tout le feu qui leur restait, après quoi ils sont tombés épuisés, et la maladie s'est emparée d'eux.

On en a vu d'autres, moins sobres, ou plus affaiblis, frappés de vertiges, de stupéfaction et d'assoupissemens; ils s'accroupissent dans les fossés et sur les chemins. Là, leurs yeux ternes, à demi ouverts et larmoyans, semblent voir avec insensibilité la mort s'emparer successivement de tout leur être : ils expirent mornes et sans gémir.

CHAPITRE VIII.

A Wilna, on n'a pu créer d'hôpitaux que pour six mille malades; des couvens, des églises, des synagogues et des granges servent à recueillir cette foule souffrante : dans ces tristes lieux, quelquefois malsains, toujours trop rares et encombrés, les malades sont souvent sans vivres, sans lits, sans couvertures, sans paille même et sans médicamens. Les chirurgiens y deviennent insuffisans, de sorte que tout, jusqu'aux hôpitaux, contribue à faire des malades, et rien à les guérir.

A Vitepsk, quatre cents blessés russes sont restés sur le champ de bataille; trois cents autres ont été abandonnés dans la ville par leur armée, et comme elle en a emmené les habitans, ces malheureux sont restés trois jours, ignorés, sans secours, entassés pêle-mêle, mourans et morts, et croupissant dans une horrible infection : ils ont enfin été recueillis et mêlés à nos blessés, qui étaient au nombre de sept cents comme ceux des Russes. Nos chirurgiens ont employé jusqu'à leurs chemises, et celles de ces misérables, pour les panser, car déjà le linge manque.

Lorsqu'enfin les blessures de ces infortunés s'améliorent, et qu'il ne faut plus qu'une nourriture saine pour achever leur guérison, ils périssent faute de subsistance : Français ou Russes, peu échappent. Ceux que la perte d'un membre ou leur faiblesse empêche d'aller chercher quelques vivres, succombent les premiers; ces désastres se répètent par-tout où l'empereur n'est pas, ou n'est plus, sa présence attirant, et son départ entraînant tout après lui, enfin ses ordres n'étant scrupuleusement accomplis qu'à sa portée.

A Smolensk, les hôpitaux ne manquent point; quinze grands bâtimens de briques ont été sauvés du feu, on a même trouvé de l'eau-de-vie, des vins, quelques médicamens, et nos ambulances de réserve nous ont enfin rejoints, mais rien ne suffit. Les chirurgiens travaillent nuit et jour ; on n'en est qu'à la seconde nuit, et déjà tout manque pour panser les blessés ; il n'y a plus de linge, on est forcé d'y suppléer par le papier trouvé dans les archives. Ce sont des parchemins qui servent d'attelles et de draps fanons, et ce n'est qu'avec de l'étoupe et du coton de bouleau qu'on peut remplacer la charpie.

Nos chirurgiens accablés s'étonnent ; depuis trois jours, un hôpital de cent blessés est oublié ; un hasard vient de le faire découvrir : Rapp a pénétré dans ce lieu de désespoir ! j'en épargnerai l'horreur à ceux qui me liront ! Pourquoi faire partager ces terribles impressions dont l'ame reste flétrie ! Rapp ne les épargna pas à Napoléon, qui fit distribuer son propre vin et plusieurs pièces d'or à ceux de ces infortunés qu'une vie tenace animait encore, ou qu'une nourriture révoltante avait soutenus.

Mais à la violente émotion que ces rapports laissèrent dans l'ame de l'empereur, se joignait une effrayante considération. L'incendie de Smolensk n'était plus à ses yeux l'effet d'un accident de guerre fatal et imprévu, ni même le résultat d'un acte ds désespoir : c'était le résultat d'une froide détermination. Les Russes avaient mis à détruire le soin, l'ordre, l'à-propos qu'on apporte à conserver.

Dans ce même jour, les réponses courageuses d'un pope, le seul qu'on trouva dans Smolensk, l'éclairèrent encore davantage sur l'aveugle fureur qu'on avait inspirée à tout le peuple russe. Son interprète, qu'effrayait cette haine, amena ce pope devant l'empereur. Le prêtre vénérable lui reprocha d'abord avec fermeté ses prétendus sacriléges ; il ignorait que c'était le général russe lui-même qui avait fait incendier les magasins du commerce et les clochers, et qu'il nous accusait de ces horreurs, afin que les marchands et les paysans ne séparassent pas leur cause de celle de la noblesse.

L'empereur l'écouta attentivement : « Mais votre église,

» lui dit-il enfin, a-t-elle été brûlée? — Non, sire, répli-
» qua le pope; Dieu sera plus puissant que vous! il la
» protégera, car je l'ai ouverte à tous les malheureux
» que l'incendie de la ville laisse sans asile! » Napoléon
ému lui répondit: « Vous avez raison; oui, Dieu veillera
» sur les victimes innocentes de la guerre; il vous récom-
» pensera de votre courage. Allez, bon prêtre, retournez
» à votre poste. Si tous vos popes eussent imité votre
» exemple, s'ils n'eussent pas trahi lâchement la mission
» de paix qu'ils ont reçue du ciel, s'ils n'eussent pas
» abandonné les temples que leur seule présence rend
» sacrés, mes soldats auraient respecté vos saints asiles :
» car nous sommes tous chrétiens, et votre Bog est notre
» Dieu. »

A ces mots, Napoléon renvoya le prêtre à son temple, avec une escorte et des secours. Un cri déchirant s'éleva à la vue des soldats qui pénétraient dans cet asile. Une multitude de femmes et d'enfans effarés se pressèrent autour de l'autel; mais le pope élevant la voix leur cria : « Rassu-
» rez-vous : j'ai vu Napoléon, je lui ai parlé. Oh! comme
» on nous avait trompés, mes enfans! l'empereur de
» France n'est point tel qu'on vous l'a représenté. Appre-
» nez que lui et ses soldats connaissent et adorent le même
» Dieu que nous. La guerre qu'il apporte n'est point reli-
» gieuse; c'est un démêlé politique avec notre empereur.
» Ses soldats ne combattent que nos soldats! Ils n'égorgent
» point, comme on nous l'avait dit, les vieillards, les fem-
» mes et les enfans. Rassurez-vous donc, et remercions
» Dieu d'être délivrés du pénible devoir de les haïr comme
» des païens, des impies et des incendiaires. » Alors le pope entonna un cantique d'actions de graces, que tous répétèrent en pleurant.

Mais ces paroles mêmes montraient à quel point cette nation avait été abusée. Le reste des habitans avait fui. Désormais ce n'était donc plus leur armée seulement, c'était la population, c'était la Russie tout entière qui reculait devant nous. Avec cette population, l'empereur sentait s'échapper de ses mains l'un de ses plus puissans moyens de conquête.

CHAPITRE IX.

En effet, dès Vitepsk, Napoléon avait chargé deux des siens de sonder l'esprit de ces peuples. Il s'agissait de les gagner à la liberté, et de les compromettre dans notre cause, par un soulèvement plus ou moins général. Mais on n'avait pu agir que sur quelques paysans isolés, abrutis, et que peut-être les Russes avaient laissés comme espions au milieu de nous. Cette tentative n'avait servi qu'à mettre son projet à découvert, et les Russes en garde contre lui.

D'ailleurs, ce moyen répugnait à Napoléon, que sa nature portait bien plus vers la cause des rois que vers celle des peuples. Il s'en servit négligemment. Plus tard, dans Moskou, il reçut plusieurs adresses de différens chefs de famille. On s'y plaignait d'être traité par les seigneurs comme des troupeaux de bêtes que l'on vend et que l'on échange à volonté. On y demandait que Napoléon proclamât l'abolition de l'esclavage. Ils s'offraient pour chefs de plusieurs insurrections partielles, qu'ils promettaient de rendre bientôt générales.

Ces offres furent repoussées. On aurait vu, chez un peuple barbare, une liberté barbare, une licence effrénée, effroyable! quelques révoltes partielles en avaient jadis donné la mesure. Les nobles russes, comme les colons de Saint-Domingue, eussent été perdus. Cette crainte prévalut dans l'esprit de Napoléon, ses paroles l'exprimèrent; elle le détermina à ne plus chercher à exciter un mouvement qu'il n'aurait pu régler.

Au reste, ces maîtres s'étaient défiés de leurs esclaves. Au milieu de tant de périls, ils distinguèrent celui-ci comme le plus pressant. Ils agirent d'abord sur l'esprit de leurs malheureux serfs, abrutis par tous les genres de servitude. Leurs prêtres, qu'ils sont accoutumés à croire, les abusèrent par des discours trompeurs ; on persuada à ces paysans que nous étions des légions de démons, commandés par l'antechrist, des esprits infernaux dont la vue excitait l'horreur : notre attouchement souillait. Nos prisonniers s'aperçurent que des ustensiles dont ils s'étaient servis, ces malheureux n'osaient plus s'en servir, et qu'ils les réservaient pour les animaux les plus immondes.

Cependant, nous approchions, et devant nous toutes ces fables grossières allaient s'évanouir. Mais voilà que ces nobles reculent avec leurs serfs dans l'intérieur du pays, comme à l'approche d'une grande contagion. Richesses, habitations, tout ce qui pouvait les retenir ou nous servir, est sacrifié. Ils mettent la faim, le feu, le désert, entre eux et nous ; car c'était autant contre leurs serfs que contre Napoléon, que cette grande résolution s'exécutait. Ce n'était donc plus une guerre de rois qu'il fallait poursuivre, mais une guerre de classe, une guerre de parti, une guerre de religion, une guerre nationale, toutes les guerres à la fois.

L'empereur envisage alors toute l'énormité de son entreprise ; plus il avance et plus elle s'agrandit devant lui. Tant qu'il n'a rencontré que des rois, plus grand qu'eux tous, pour lui, leurs défaites n'ont été que des jeux ; mais les rois sont vaincus, il en est aux peuples ; et c'est une autre Espagne, mais lointaine, stérile, infinie, qu'il retrouve encore à l'autre bout de l'Europe. Il s'étonne, hésite, et s'arrête.

A Vitepsk, quelque décision qu'il eût prise, il lui fallait Smolensk, et il semble qu'il ait remis à Smolensk à se déterminer. C'est pourquoi une même perplexité le ressaisit ; elle est d'autant plus vive que ces flammes, cette épidémie, ces victimes qui l'entourent, ont tout aggravé ; une fièvre d'hésitation s'empare de lui ; ses regards se portent sur Kief, Pétersbourg et Moskou.

A Kief; il envelopperait Tchitchakof et son armée; il débarrasserait le flanc droit et les derrières de la grande-armée; il couvrirait les provinces polonaises les plus productives en hommes, vivres et chevaux; tandis que des cantonnemens fortifiés à Mohilef, Smolensk, Vitepsk, Polotsk, Dünabourg et Riga défendraient le reste. Derrière cette ligne, et pendant l'hiver, il soulèverait et organiserait toute l'ancienne Pologne, pour la précipiter au printemps sur la Russie; opposer une nation à une nation, et rendre la guerre égale.

Cependant, à Smolensk, il se trouve au nœud des routes de Pétersbourg et de Moskou, à vingt-neuf marches de l'une de ces deux capitales, et à quinze de l'autre. Dans Pétersbourg, c'est le point central du gouvernement, le nœud où tous les fils de l'administration se rattachent, le cerveau de la Russie; ce sont ses arsenaux de terre et de mer, car enfin le seul point de communication entre la Russie et l'Angleterre, dont il s'emparera. La victoire de Polotsk, qu'il vient d'apprendre, semble le pousser dans cette direction. En marchant d'accord avec Saint-Cyr sur Pétersbourg, il enveloppera Witgenstein, et fera tomber Riga devant Macdonald.

D'un autre côté, dans Moskou, c'est la noblesse, la nation qu'il attaquera dans ses propriétés, dans son antique honneur : le chemin de cette capitale est plus court, il offre moins d'obstacles et plus de ressources; la grande-armée russe, qu'il ne peut négliger, qu'il faut détruire, s'y trouve, et les chances d'une bataille, et l'espoir d'ébranler la nation, en la frappant au cœur dans cette guerre nationale.

De ces trois projets, le dernier lui paraît seul possible, malgré la saison qui s'avance. Cependant, l'histoire de Charles XII était sous ses yeux; non celle de Voltaire, qu'il venait de rejeter avec impatience, la jugeant romanesque et infidèle, mais le journal d'Adlerfeld, qu'il lisait et qui ne l'arrêta point. Dans le rapprochement de ces deux expéditions, il trouvait mille différences auxquelles il se rattachait; car qui peut être juge dans sa propre cause ! et de quoi sert l'exemple du passé, dans un monde où il ne se trouve jamais deux hommes, deux choses, ni deux positions absolument semblables ?

Toutefois, à cette époque, on entendit souvent le nom de Charles XII sortir de sa bouche.

CHAPITRE X.

Mais les nouvelles qui arrivaient de toutes parts excitaient son ardeur comme à Vitepsk. Ses lieutenans semblaient avoir fait plus que lui : les combats de Mohilef, de Molodecsna et de Valoutina étaient des batailles rangées, où Davoust, Schwartzenberg et Ney étaient vainqueurs : à sa droite, sa ligne d'opération paraissait couverte : devant lui, l'armée ennemie fuyait; à sa gauche, à Slowna, le 17 août, le duc de Reggio rejeté sur Polotsk, y venait d'être attaqué. L'attaque de Witgenstein avait été vive et acharnée ; elle avait échoué, mais il conservait sa position offensive, et le maréchal Oudinot avait été blessé. Saint-Cyr l'a remplacé dans le commandement de cette armée, composée d'environ trente mille Français, Suisses et Bavarois. Dès le lendemain, ce général, à qui le commandement ne plaisait que lorsqu'il l'exerçait seul et en chef, en a profité pour donner sa mesure aux siens et à l'ennemi ; mais froidement, suivant son caractère, et en combinant tout.

Depuis le point du jour jusqu'à cinq heures du soir, il trompa l'ennemi par la proposition d'un accord pour retirer les blessés, et sur-tout par des démonstrations de retraite. En même temps, il ralliait en silence tous ses combattans; il les disposait en trois colonnes d'attaque, et les cachait derrière le village de Spas et dans des plis de terrain.

A cinq heures, tout étant prêt, et Witgenstein endormi, il donne le signal : aussitôt son artillerie éclate et ses colonnes se précipitent. Les Russes surpris résistent vainement ; d'abord leur gauche est enfoncée, bientôt leur centre fuit en déroute ; ils abandonnent mille prisonniers, vingt pièces de canon, un champ de bataille, couvert de morts, et l'offensive, dont Saint-Cyr, trop faible, ne pouvait feindre d'user que pour mieux se défendre.

Dans ce choc court, mais rude et sanglant, l'aile droite des Russes, qui s'appuyait à la Düna, résista opiniâtrement. Il fallut en venir à la baïonnette au travers d'une épaisse muraille : tout réussit ; mais lorsqu'on croyait n'avoir plus qu'à poursuivre, tout pensa être perdu : des dragons russes, ivres, dit-on, risquèrent une charge sur une batterie de Saint-Cyr ; une brigade française, placée pour la soutenir, s'avança, puis tout-à-coup tourna le dos et s'enfuit à travers nos canons, qu'elle empêcha de tirer. Les Russes y arrivèrent pêle-mêle avec les nôtres ; ils sabrèrent les canonniers, renversèrent les pièces, et poussèrent si vivement nos cavaliers, que ceux-ci, toujours de plus en plus effarouchés, passèrent en déroute sur leur général en chef et sur son état-major, qu'ils culbutèrent. Le général Saint-Cyr fut obligé de fuir à pied. Il se jeta dans le fond d'un ravin, qui le préserva de cette bourasque. Déjà les dragons russes touchaient aux maisons de Polotsk, lorsqu'une manœuvre prompte et habile du quatrième des cuirassiers français, termina cette échauffourée. Les Russes disparurent dans les bois.

Le lendemain, Saint-Cyr les fit poursuivre, mais seulement pour éclairer leur retraite, marquer la victoire, et en recueillir encore quelques fruits. Pendant les deux mois qui suivirent, jusqu'au 18 octobre, Witgenstein le respecta. De son côté, le général français ne s'occupa plus qu'à observer son ennemi, à maintenir ses communications avec Macdonald, Vitepsk et Smolensk, à se fortifier dans sa position de Polotsk, et sur-tout à y vivre.

Dans cette journée du 18, quatre généraux, quatre colonels

et beaucoup d'officiers avaient été blessés. Parmi eux, l'armée remarqua les généraux bavarois Deroy et Liben. Ils succombèrent le 22 août. Ces généraux étaient du même âge; ils avaient été du même régiment; ils firent les mêmes guerres; ils marchèrent à peu près du même pas dans leur chanceuse carrière, qu'une même mort, dans la même bataille, termina glorieusement. On ne voulut pas séparer, par le tombeau, ces guerriers que la vie, et la mort elle-même, n'avaient pu désunir : une même sépulture les reçut.

A la nouvelle de cette victoire, l'empereur envoya le bâton de maréchal d'empire au général Saint-Cyr. Il mit un grand nombre de croix à sa disposition, et plus tard il approuva la plupart des avancemens demandés.

Malgré ces succès, la détermination de dépasser Smolensk était trop périlleuse, pour que Napoléon s'y décidât seul; il fallut qu'il s'y fît entraîner. Après Valoutina, le corps de Ney, fatigué, avait été remplacé par celui de Davoust. Murat, comme roi, comme beau-frère de l'empereur, et par son ordre, devait commander. Ney s'y était soumis, moins par condescendance que par conformité de caractère. Ils furent d'accord par leur ardeur.

Mais Davoust, dont le génie méthodique et tenace contrastait avec l'emportement de Murat, et qu'enorgueillissait le souvenir et le surnom de deux grandes victoires, s'irrita de cette dépendance. Ces chefs, fiers et du même âge, compagnons de guerre, qui s'étaient vus grandir réciproquement, et que gâtait l'habitude de n'avoir obéi qu'à un grand homme, n'étaient guère propre à se commander l'un à l'autre : Murat sur-tout, qui, trop souvent, ne savait pas se commander à lui-même.

Toutefois Davoust obéit, mais de mauvaise grace, mal, comme la fierté blessée sait obéir. Il affecta de cesser aussitôt toute corrrespondance directe avec l'empereur. Celui-ci, surpris, lui ordonna de la reprendre, alléguant sa défiance pour les rapports de Murat. Davoust s'autorisa de cet aveu; il ressaisit son indépendance. Dès lors, l'avant-garde eut deux chefs. Ainsi l'empereur, fatigué, souffrant, accablé de trop de soins de toute espèce, et forcé à des ménagemens pour ses lieutenans, disséminait le pouvoir comme ses armées, malgré ses préceptes et ses anciens exemples. Les circonstances, auxquelles il avait tant de fois commandé, devenaient plus fortes que lui, et le commandaient à leur tour.

Cependant, Barclay ayant reculé, sans résistance, jusqu'auprès de Dorogobouje, Murat n'eut pas besoin de Davoust, et l'occasion manqua à leur mésintelligence; mais à quelques werstes de cette ville, le 23 août, vers onze heures du matin, un bois peu épais que le roi voulut reconnaître, lui fut vivement disputé; il fallut l'emporter deux fois.

Murat, surpris de cette résistance, et à cette heure, s'opiniâtra; il perça ce rideau, et vit au-delà toute l'armée russe rangée en bataille. L'étroit ravin de la Luja l'en séparait; il était midi: l'étendue des lignes russes, sur-tout vers notre droite, les préparatifs, l'heure, le lieu, celui où Barclay avait rejoint Bagration, le choix du terrain, assez convenable pour un grand choc, tout lui fit croire une bataille; il dépêcha vers l'empereur pour l'en prévenir.

En même temps il ordonna à Montbrun de passer le ravin sur sa droite, avec sa cavalerie, pour reconnaître et déborder la gauche de l'ennemi. Davoust et ses cinq divisions d'infanterie s'étendaient de ce côté; il protégeait Montbrun: le roi les rappela à sa gauche, sur la grande route, voulant, dit-on, soutenir le mouvement de flanc de Montbrun par quelques démonstrations de front.

Mais Davoust répondit : « que ce serait livrer notre aile
» droite, au travers de laquelle l'ennemi arriverait derrière
» nous sur la grande route, notre seule retraite; qu'ainsi,
» il nous forcerait à une bataille, que lui, Davoust, avait

CHAPITRE X.

» l'ordre d'éviter, et qu'il éviterait, ses forces étant insuf-
» fisantes, la position mauvaise, et se trouvant sous les
» ordres d'un chef qui lui inspirait peu de confiance. » Puis
aussitôt, il écrivit à Napoléon qu'il se pressât d'arriver, s'il
ne voulait pas que Murat engageât sans lui une bataille.

A cette nouvelle, qu'il reçut dans la nuit du 24 au 25
août, Napoléon sortit avec joie de son indécision. Pour ce
génie entreprenant et décisif, elle était un supplice; il accourut avec sa garde et fit douze lieues sans s'arrêter; mais,
dès la veille au soir, l'armée ennemie avait disparu.

De notre côté, sa retraite fut attribuée au mouvement
de Montbrun; du côté des Russes, à Barclay, et à une
fausse position prise par son chef d'état-major, qui avait
mis le terrain contre lui, au lieu de s'en servir. Bagration
s'en était aperçu le premier, sa fureur avait éclaté sans
mesure; il cria à la trahison.

La discorde était dans le camp des Russes, comme à
notre avant-garde. La confiance dans le chef, cette force
des armées, y manquait; chaque pas y paraissait une
faute, chaque parti pris le pire. La perte de Smolensk avait
tout aigri; la réunion des deux corps d'armée augmenta
le mal; plus cette masse russe se sentait forte, plus son
général lui semblait faible. Le cri devint universel; on demanda hautement un autre chef. Cependant, quelques
hommes sages intervinrent; Kutusof fut annoncé, et l'orgueil humilié des Russes l'attendit pour combattre.

De son côté, l'empereur, déjà à Dorogobouje, n'hésite
plus : il sait qu'il porte par-tout avec lui le sort de l'Europe; que le lieu où il se trouvera sera toujours celui où
se décidera le destin des nations; qu'il peut donc s'avancer,
sans craindre les suites menaçantes de la défection des
Suédois et des Turcs. Ainsi, il néglige les armées ennemies
d'Essen à Riga, de Witgenstein devant Polotsk, d'Hœrtel
devant Bobruisk, de Tchitchakof en Volhinie. C'étaient

cent vingt mille hommes, dont le nombre ne pouvait que s'augmenter ; il les dépasse, il s'en laisse environner avec indifférence, assuré que tous ces vains obstacles de guerre et de politique tomberont au premier bruit du coup de foudre qu'il va porter.

Et, cependant, sa colonne d'attaque, forte encore, à son départ de Vitepsk, de cent quatre-vingt-cinq mille hommes, est déjà réduite à cent cinquante-sept mille ; elle est affaiblie de vingt-huit mille hommes, dont la moitié occupe Vitepsk, Orcha, Mohilef et Smolensk. Le reste a été tué, blessé, ou traîne et pille, en arrière de lui, nos alliés et les Français eux-mêmes.

Mais cent cinquante-sept mille hommes suffisaient pour détruire l'armée russe par une victoire complète, et pour s'emparer de Moskou. Quant à leur base d'opération, malgré ces cent vingt mille Russes qui la menaçaient, elle paraissait assurée. La Lithuanie, la Düna, le Dnieper, Smolensk enfin, étaient ou allaient être gardés, vers Riga et Dünabourg, par Macdonald et trente-deux mille hommes ; vers Polotsk, par Saint-Cyr et trente mille hommes ; à Vitepsk, Smolensk et Mohilef, par Victor et quarante mille hommes ; devant Bobruisk, par Dombrowski et douze mille hommes ; sur le Bug, par Schwartzenberg et Regnier, à la tête de quarante-cinq mille hommes. Napoléon comptait encore sur les divisions Loison et Durutte, fortes de vingt-deux mille hommes, qui déjà s'approchaient de Kœnigsberg et de Varsovie ; et sur quatre-vingt mille hommes de renfort, qui tous devaient être entrés en Russie avant le milieu de novembre.

C'était, avec les levées lithuaniennes et polonaises, s'appuyer sur deux cent quatre-vingt mille hommes, pour faire, avec cent cinquante-cinq mille autres, une invasion de quatre-vingt-treize lieues ; car telle était la distance de Smolensk à Moskou.

CHAPITRE X.

Mais ces deux cent quatre-vingt mille hommes étaient commandés par six chefs différens, indépendans l'un de l'autre, et dont le plus élevé, celui qui occupait le centre, celui qui semblait chargé de donner, comme intermédiaire, quelque ensemble aux opérations des cinq autres, était un ministre de paix et non de guerre.

D'ailleurs, les mêmes causes qui déjà avaient diminué d'un tiers les forces françaises entrées les premières en Russie, devaient disperser ou détruire, dans une bien plus grande proportion, tous ces renforts. La plupart arrivaient par détachemens, formés en bataillons provisoire de marche, sous des officiers nouveaux pour eux, qu'ils devaient quitter au premier jour, sans aiguillon de discipline, d'esprit de corps, ni de gloire, et traversant un sol dévoré, que la saison et le climat allaient rendre chaque jour plus nu et plus rude.

Cependant, Napoléon voit Dorogobouje en cendres comme Smolensk; sur-tout le quartier des marchands, de ceux qui avaient le plus à perdre, que leurs richesses pouvaient retenir, ou ramener parmi nous, et qui, par leur position, formaient une espèce de classe intermédiaire, un commencement de tiers-état, que la liberté pouvait séduire.

Il sent bien qu'il sort de Smolensk comme il y est arrivé, avec l'espoir d'une bataille, que l'indécision et les discordes des généraux russes ont encore ajournée; mais sa détermination est prise; il n'accueille plus que ce qui peut l'y soutenir. Il s'acharne sur les traces de ses ennemis; son audace s'accroît de leur prudence; il appelle leur circonspection pusillanimité; leur retraite, fuite; il méprise pour espérer.

LIVRE SEPTIÈME.

LIVRE SEPTIÈME.

CHAPITRE I.

L'EMPEREUR était accouru si rapidement à Dorogobouje, qu'il fut obligé de s'y arrêter pour attendre son armée et laisser Murat pousser l'ennemi. Il en repartit le 24 août : l'armée marchait sur trois colonnes de front ; l'empereur, Murat, Davoust et Ney au milieu, sur le grand chemin de Moskou ; Poniatowski à droite, l'armée d'Italie à gauche.

La colonne principale, celle du centre, ne trouvait rien sur une route où son avant-garde ne vivait elle-même que des restes des Russes ; elle ne pouvait guère s'écarter de sa direction faute de temps, dans une marche si rapide. D'ailleurs, les colonnes de droite et de gauche dévoraient tout à ses côtés. Pour mieux vivre, il aurait fallu partir chaque jour plus tard, s'arrêter plus tôt, puis s'étendre davantage sur ses flancs pendant la nuit : ce qui n'est guère possible sans imprudence, quand on est aussi près de l'ennemi.

A Smolensk, l'ordre avait été donné, comme à Vitepsk, de prendre, en partant, pour plusieurs jours de vivres. L'empereur n'en ignorait pas la difficulté, mais il comptait sur l'industrie des chefs et des soldats : ils étaient avertis, cela suffisait ; ils sauraient bien pourvoir eux-mêmes à leurs besoins. L'habitude en était prise : et réellement c'était un spectacle curieux que celui des efforts vo, lontaires et continuels de tant d'hommes, pour suivre un seul homme à de si grandes distances. L'existence de l'armée était un prodige, que renouvelait chaque jour l'esprit actif, industrieux et avisé des soldats français et polonais, et leur habitude de vaincre toutes les difficultés, et leur goût pour les hasards et les irrégularités de ce jeu terrible d'une vie aventureuse.

Il y avait à la suite de chaque régiment une multitude de ces chevaux nains dont la Pologne fourmille, un grand nombre de chariots du pays, qu'il fallait sans cesse renouveler, et un troupeau. Les bagages étaient conduits par des soldats, car ils se prêtaient à tous les métiers. Ceux-là manquaient dans les rangs; il est vrai; mais ici le défaut de vivres, la nécessité de tout traîner avec soi, excusait cet attirail; il fallait, pour ainsi dire, une seconde armée, pour porter ou conduire ce qui était indispensable à la première.

Dans cette organisation prompte et faite en marchant, on s'était plié aux usages et à toutes les difficultés des lieux; le génie des soldats avait admirablement tiré le meilleur parti possible des faibles ressources du pays. Quant aux chefs, comme les ordres généraux supposaient toujours des distributions régulières, qui ne se faisaient jamais, chacun d'eux, suivant le degré de son zèle, de son intelligence et de sa fermeté, s'était plus ou moins emparé de la maraude, et avait changé le pillage individuel en contributions régulières.

Car ce n'était que par des excursions sur ses flancs, et au travers d'un pays inconnu, qu'on pouvait se procurer quelques vivres. Chaque soir, la marche arrêtée, et les bivouacs établis, des détachemens, commandés rarement par divisions, quelquefois par brigades, et le plus souvent par régimens, allaient à la découverte et s'enfonçaient dans la campagne; ils trouvaient, à quelques werstes de la route, tous les villages habités, et n'y étaient pas reçus trop hostilement ; mais comme on ne s'entendait pas, et que d'ailleurs il leur fallait tout et sur-le-champ, la terreur s'emparait bientôt des paysans, qui s'enfuyaient dans les bois, d'où ils ressortaient en partisans peu redoutables.

Cependant, les détachemens bien repus et chargés de tout ce qu'ils avaient recueilli, rejoignaient leur corps le lendemain, ou quelques jours après ; et il arriva fréquemment qu'ils furent pillés à leur tour par leurs compagnons des autres corps qu'ils rencontrèrent. De là des haines, d'où l'on aurait infailliblement vu naître des guerres intestines, fort sanglantes, si tous n'avaient pas ensuite été abattus par une même infortune, et réunis dans l'horreur d'un même désastre.

En attendant leurs détachemens, les soldats restés autour de leurs aigles vivaient de ce qu'ils trouvaient sur la route militaire ; le plus souvent c'étaient des grains de seigle nouveau, qu'ils écrasaient et faisaient bouillir. La viande manqua moins que le pain, à cause des bestiaux qui suivirent ; mais la longueur, et sur-tout la rapidité des marches, fit perdre beaucoup de ces animaux, la chaleur et la poussière les suffoquèrent : quand alors ils rencontraient de l'eau, ils s'y précipitaient avec une telle fureur que beaucoup s'y noyèrent ; d'autres s'en remplissaient si immodérément, qu'ils enflaient et ne pouvaient plus marcher.

On remarqua, comme avant Smolensk, que les divisions du premier corps restaient les plus nombreuses ; leurs détachemens, plus disciplinés, rapportaient plus, et faisaient moins de mal aux habitans. Ceux qui étaient restés au drapeau vivaient de leurs sacs, dont la bonne tenue reposait les yeux, fatigués d'un désordre presque universel.

Chacun de ces sacs, réduit au strict nécessaire, quant aux vêtemens, contenait deux chemises, deux paires de souliers avec des clous et des semelles de rechange, un pantalon et des demi-guêtres de toile, quelques ustensiles de propreté, une bande à pansement, de la charpie, et soixante cartouches.

Dans les deux côtés étaient placés quatre biscuits, de seize onces chacun ; au-dessous, et dans le fond, un sac de toile, long et étroit, était rempli de dix livres de farine. Le sac entier ainsi composé, ses bretelles et la capote roulée et attaché par-dessus, pesait trente-trois livres douze onces.

Chaque soldat portait encore en bandoulière un sac de toile contenant deux pains, chacun de trois livres. Ainsi, avec son sabre, sa giberne garnie, trois pierres à feu, son tournevis, sa banderole et son fusil, il était chargé de cinquante-huit livres, et avait pour quatre jours de pain, pour quatre jours de biscuit, pour sept jours de farine, et soixante coups à tirer.

Derrière lui, des voitures traînaient encore pour six jours de vivres; mais on ne pouvait guère compter sur ces transports, pris sur les lieux, qui eussent été si commodes dans un autre pays, avec une moindre armée, et dans une guerre plus régulière.

Quand le sac de farine était vide, on l'emplissait du grain qu'on trouvait, et qu'on faisait moudre au premier moulin, s'il s'en rencontrait; sinon par des moulins à bras, qui suivaient les régimens, ou qu'on trouvait dans les villages, car ces peuples n'en connaissent guère d'autres. Il fallait seize hommes et douze heures pour moudre, dans chacun d'eux, le grain nécessaire, pour un jour, à cent trente hommes.

Dans ce pays, chaque maison ayant un four, ils manquèrent peu : les boulangers abondaient; car les régimens du premier corps renfermaient des ouvriers de toute espèce, de sorte que vivres et vêtemens, tout s'y confectionnait, ou s'y réparait en marchant. C'étaient des colonies à la fois civilisées et nomades. L'empereur en avait eu la pensée ; le génie du prince d'Eckmühl s'en était saisi : le temps, les lieux, les hommes, rien ne lui avait manqué pour l'accomplir ; mais ces trois élémens de succès furent moins à la disposition des autres chefs. Au reste, leur caractère, plus impétueux et moins méthodique, n'en aurait peut-être pas tiré le même parti ; avec un génie moins organisateur, ceux-ci avaient donc eu plus d'obstacles à vaincre : l'empereur ne s'était pas assez arrêté à ces différences ; elles avaient des suites funestes.

CHAPITRE II.

Ce fut de Slawkowo, à quelques lieues en avant de Dorogobouje, et le 27 août, que Napoléon envoya au maréchal Victor, alors sur le Niémen, l'ordre de se rendre à Smolensk. La gauche de ce maréchal occupera Vitepsk, sa droite Mohilef, son centre Smolensk. Là il secourra Saint-Cyr au besoin, il servira de point d'appui à l'armée de Moskou, et maintiendra ses communications avec la Lithuanie.

Ce fut encore de ce même quartier-impérial qu'il publia les détails de sa revue de Valoutina, et qu'il voulut apprendre aux siècles présent et à venir jusqu'aux noms des simples soldats qui s'y étaient le plus distingués. Mais il ajouta qu'à Smolensk « la conduite des Polonais avait étonné » les Russes, accoutumés à les mépriser ! » A ces mots, les Polonais jetèrent un cri d'indignation, et l'empereur sourit à un mécontentement prévu, dont l'effet ne devait retomber que sur les Russes.

Dans cette marche, il se plut à dater du milieu de la vieille Russie une foule de décrets qui allaient atteindre jusqu'à de simples hameaux français ; voulant paraître à la fois présent par-tout, remplir de plus en plus la terre de sa puissance, par l'effet de cette inconcevable grandeur croissante de l'ame, dont l'ambition n'a d'abord été qu'un simple jouet, et qui finit par désirer l'empire du monde.

Il est vrai qu'en même temps, à Slawkowo, il y avait si peu d'ordre autour de lui, que sa garde brûlait la nuit, pour se chauffer, le pont qu'elle était chargée de garder, le seul sur lequel il pût sortir le lendemain de son quartier-impérial. Au reste, ce désordre, comme tant d'autres, venait, non d'insubordination, mais d'insouciance : il fut réparé dès qu'on s'en aperçut.

Ce jour-là même, Murat poussa l'ennemi au-delà de l'Osma, rivière étroite, mais encaissée et profonde, comme la plupart des rivières de ce pays; effet des neiges, et ce qui, à l'époque de leurs grandes fontes, empêche les débordemens. L'arrière-garde russe, couverte par cet obstacle, se retourna et s'établit sur les hauteurs de la rive opposée. Murat fit sonder le ravin : on trouva un gué. Ce fut par ce défilé étroit et incertain qu'il osa marcher contre les Russes, s'aventurer entre la rivière et leur position, s'ôtant ainsi toute retraite, et faisant d'une escarmouche une affaire désespérée. En effet, les ennemis descendirent en force de leur hauteur, le poussèrent, le culbutèrent jusque sur les bords du ravin, et faillirent l'y précipiter. Mais Murat s'obstina dans sa faute, l'outra, et en fit un succès. Le quatrième des lanciers enleva la position, et les Russes s'allèrent coucher non loin de là, contens de nous avoir fait acheter chèrement un quart de lieue de terrain, qu'ils nous auraient abandonné gratuitement pendant la nuit.

Au plus fort du danger, une batterie du prince d'Eckmühl refusa deux fois de tirer. Son commandant allégua ses instructions, qui lui défendaient, sous peine de destitution, de combattre sans l'ordre de Davoust. Cet ordre vint, selon les uns, à propos, selon d'autres trop tard. Je rapporte cet incident, parce que, le lendemain, il fut le sujet d'une grande querelle entre Murat et Davoust, devant l'empereur, à Semlewo.

Le roi reprocha au prince une circonspection lente, et sur-tout une inimitié qui datait de l'Égypte. Il s'emporta jusqu'à lui dire que, s'ils avaient un différend, ils devaient le vider entre eux seuls, mais que l'armée ne devait pas en souffrir.

Davoust, irrité, accusa le roi de témérité ; suivant lui, « son ardeur irréfléchie compromettait sans cesse ses » troupes, et prodiguait inutilement leur vie, leurs for- » ces et leurs munitions. Il fallait enfin que l'empereur » sût ce qui se passait chaque jour à son avant-garde. Tous » les matins l'ennemi avait disparu devant elle ; mais » cette expérience ne faisait rien changer à la marche : » on partait donc tard, tous sur la grande route, formant » une seule colonne, et l'on s'avançait ainsi dans le vide » jusque vers midi.

» Alors, derrière quelque ravin marécageux, dont les » ponts étaient rompus, et que dominait le bord opposé, » on rencontrait l'arrière-garde ennemie prête à combattre. » Aussitôt les tirailleurs étaient engagés, puis les premiers » régimens de cavalerie qui se trouvaient là, puis l'artil- » lerie ; mais le plus souvent hors de portée, ou contre » des Cosaques épars qui ne valaient pas de pareils coups. » Enfin, après de vaines et sanglantes tentatives, faites de » front, le roi songeait à mieux reconnaître les forces de » l'ennemi, sa position, à manœuvrer, et il appelait l'in- » fanterie.

» Alors, après s'être long-temps attendu dans cette co- » lonne sans fin, on passait le ravin sur la droite, ou sur » la gauche des Russes, et ceux-ci se retiraient en tirail- » lant jusqu'à une nouvelle position, où la même résis- » tance et le même mode de marche et d'attaque nous fai- » saient éprouver les mêmes pertes et les mêmes retards.

» Il en était ainsi de position en position, jusqu'à ce » qu'on en rencontrât une plus forte ou mieux soutenue. » C'était ordinairement vers cinq heures du soir, quel- » quefois plus tard, rarement plus tôt : mais ici la téna- » cité des Russes et l'heure, avertissaient assez que leur » armée entière était là, déterminée à y coucher.

» Car il fallait convenir que cette retraite des Russes

« se faisait avec un ordre admirable. Le terrain seul la
» leur dictait, et non Murat. Leurs positions étaient si bien
» choisies, prises si à propos, défendues chacune tellement
» en raison de leur force et du temps que leur général
» voulait gagner, qu'en vérité leurs mouvemens sem-
» blaient tenir à un plan arrêté depuis long-temps, tracé
» soigneusement, et exécuté avec une scrupuleuse exac-
» titude.

» Jamais ils n'abandonnaient un poste qu'un instant avant
» de pouvoir y être battus.

» Le soir, ils s'établissaient de bonne heure dans une
» bonne position, ne laissant sous les armes que les trou-
» pes absolument nécessaires pour la défendre, tandis que
» le reste se reposait et mangeait. »

Et Davoust ajoutait : « que, loin de profiter de cet
» exemple, le roi ne tenait compte ni de l'heure, ni de
» la force des lieux, ni de la résistance ; qu'il s'opiniâtrait
» au milieu de ses tirailleurs, s'agitant devant la ligne
» ennemie, la tâtant de tous côtés ; s'irritant, donnant ses
» ordres à grands cris, perdant la voix à force de les ré-
» péter ; épuisant tout, gibernes, caissons, hommes et che-
» vaux, combattans ou non combattans, et tenant tout le
» monde sous les armes jusqu'à la nuit close.

» Qu'alors il fallait bien lâcher prise et s'établir où l'on
» était ; mais que l'on ne savait plus où trouver le nécessaire.
» C'était une pitié que d'entendre les soldats errer dans l'obs-
» curité, chercher comme à tâtons des fourrages, de l'eau,
» du bois, de la paille, des vivres ; puis ne plus retrouver
» leurs bivouacs, et s'appeler, pour se reconnaître, pen-
» dant toute la nuit. A peine avaient-ils le temps, non de
» se reposer, mais de préparer leur nourriture. Accablés,
» ils maudissaient leurs fatigues, jusqu'à ce que le jour et
» l'ennemi vinssent les ranimer.

» Et ce n'était pas l'avant-garde seule qui souffrait ainsi ;

» c'était toute la cavalerie. Chaque soir Murat avait laissé
» au loin derrière lui, vingt mille hommes à cheval sur
» la grande route, et sous les armes. Cette longue colonne
» était restée toute la journée sans manger et sans boire,
» au milieu d'une poussière épaisse, sous un ciel brûlant,
» ignorant ce qui se passait devant elle, avançant de quel-
» ques pas de quart d'heure en quart d'heure, puis s'ar-
» rêtant pour se déployer au milieu des seigles, mais sans
» oser débrider et y faire paître ses chevaux affamés, car
» le roi les tenait toujours en alerte. C'était pour faire cinq
» ou six lieues qu'on passait ainsi seize heures mortelles,
» sur-tout pour les chevaux de cuirassiers, plus chargés
» que les autres, plus faibles, comme le sont communé-
» ment les plus grands chevaux, et à qui il fallait plus de
» nourriture : aussi voyait-on ces grands corps maigres
» et efflanqués, se traîner plutôt que marcher, et à chaque
» instant l'un fléchir, l'autre tomber sous son cavalier qui
» l'abandonnait. »

Davoust finit en disant : « qu'ainsi périrait toute la ca-
» valerie ; qu'au reste Murat était le maître d'en dispo-
» ser, mais que pour l'infanterie du premier corps,
» tant qu'il la commanderait, il ne la laisserait pas ainsi
» prodiguer. »

Le roi ne resta pas sans réponse. On vit l'empereur les écouter en se jouant avec un boulet russe ; qu'il poussait de son pied. Il semblait qu'il y avait dans cette mésintelligence entre ces chefs quelque chose qui ne lui déplaisait pas. Il n'attribuait leur animosité qu'à leur ardeur, sachant bien que la gloire est de toutes les passions la plus jalouse.

L'impatiente ardeur de Murat plaisait à la sienne. Comme on n'avait pour vivre que ce qu'on trouvait, tout était à l'instant dévoré ; c'est pourquoi il fallait avoir fini promptement avec l'ennemi, et passer vite. D'ailleurs, la crise générale en Europe était trop forte, la position trop

critique pour y demeurer, lui trop impatient; il voulait en finir à tout prix, pour en sortir. L'impétuosité du roi semblait donc mieux répondre à son anxiété que la sagesse méthodique du prince d'Eckmühl. Aussi, quand il les congédia, dit-il doucement à Davoust, « qu'on ne pou-
» vait pas réunir tous les genres de mérite : qu'il savait
» mieux livrer une bataille que pousser une arrière-garde,
» et que si Murat avait poursuivi Bagration en Lithuanie,
» peut-être ne l'aurait-il pas laissé échapper. » On assure même qu'il reprocha à ce maréchal un esprit inquiet, qui voulait s'approprier tous les commandemens : moins, il est vrai, par ambition que par zèle, et pour que tout fût mieux; mais que ce zèle avait ses inconvéniens. Après quoi, il les renvoya, avec l'ordre de s'entendre mieux à l'avenir. Les deux chefs retournèrent à leur commandement et à leur haine. La guerre ne se faisant qu'à la tête de la colonne; ils se la disputaient.

CHAPITRE III.

Le 28 août, l'armée traversa les vastes plaines du gouvernement de Viazma ; elle marchait en toute hâte, tout à la fois, à travers champs, et plusieurs régimens de front, chacun formant une colonne courte et serrée. La grande route était abandonnée à l'artillerie, à ses voitures, aux ambulances. L'empereur à cheval fut vu par-tout: les lettres de Murat et l'approche de Viazma l'abusaient encore de l'espoir d'une bataille : on l'entendait calculer, en marchant, les milliers de coups de canon dont il pourrait écraser l'armée ennemie.

Napoléon avait assigné aux bagages leur place; il fit publier l'ordre de brûler toutes les voitures qu'on verrait au milieu des troupes, même les chariots qui portaient des vivres; car ils auraient pu troubler les mouvemens des colonnes, et, en cas d'attaque, compromettre leur sûreté. La voiture du général Narbonne, son aide-de-camp, s'étant trouvée sur son passage, il y fit mettre le feu lui-même, devant ce général, et sur-le-champ, sans permettre qu'on la vidât ; ordre qui n'était que sévère, mais qui parut dur, parce qu'il en fit commencer lui-même l'exécution, qu'au reste on n'acheva pas.

Les bagages de tous les corps furent donc réunis en arrière de l'armée; c'était, depuis Dorogobouje, une longue trainée de chevaux de bât et de kibiks attelés de cordes : ces voitures étaient chargées de butin, de vivres, d'effets militaires, des hommes préposés à leur garde, enfin de soldats malades et des armes des uns et des autres, qui s'y rouillaient. On voyait dans cette colonne beaucoup de ces grands cuirassiers démontés, portés sur des chevaux de la taille de nos ânes, car ils ne pouvaient suivre à pied, faute d'habitude et de chaussure. Dans cette foule confondue et désordonnée, comme sur la plupart des maraudeurs de nos flancs, les Cosaques eussent pu faire d'heureux coups de main. Par là, ils auraient inquiété l'armée et retardé sa marche ; mais Barclay semblait craindre de nous décourager : il ne luttait que contre notre avant-garde, et autant qu'il le fallait pour nous ralentir sans nous rebuter.

Cette détermination de Barclay, l'affaiblissement de l'armée, les querelles de ses chefs, l'approche du moment décisif, inquiétaient Napoléon. A Dresde, à Vitepsk, à Smolensk même, il avait vainement espéré une communication d'Alexandre. A Ribky, vers le 28 août, il paraît la solliciter : une lettre de Berthier à Barclay, peu remarquable du reste, se terminait ainsi : « L'empereur me charge de vous prier
» de faire ses complimens à l'empereur Alexandre : dites-lui
» que les vicissitudes de la guerre, et aucune circonstance,
» ne peuvent altérer l'amitié qu'il lui porte. »

Dans cette journée du 28 août, l'avant-garde repoussa les Russes jusque dans Viazma ; l'armée, altérée par la marche, la chaleur et la poussière, manqua d'eau, on se disputa quelques bourbiers : on se battit près des sources, bientôt troublées et taries ; l'empereur lui-même dut se contenter d'une bourbe liquide.

Pendant la nuit, l'ennemi détruisit les ponts de la Viazma, pilla cette ville et y mit le feu, Murat et Davoust s'avancèrent précipitamment pour l'éteindre. L'ennemi défendit son incendie, mais la Viazma était guéable près des débris de ses ponts ; on vit alors une partie de l'avant-garde combattre les incendiaires, et l'autre l'incendie, dont elle se rendit maîtresse. On trouva dans cette ville quelques ressources, que le pillage eut bientôt gaspillées.

L'empereur, en traversant la ville, vit ce désordre; il s'irrita violemment, poussa son cheval au milieu des groupes de soldats, frappa les uns, culbuta les autres, fit saisir un vivandier et ordonna qu'il fût à l'instant jugé et fusillé. Mais on savait la portée de ce mot dans sa bouche, et que plus ses accès de colère étaient violens, plus ils étaient promptement suivis d'indulgence. On se contenta donc de placer, un instant après, ce malheureux à genoux sur son passage: on mit à côté de lui une femme et quelques enfans, qu'on fit passer pour les siens. L'empereur, déjà indifférent, demanda ce qu'ils voulaient, et le fit mettre en liberté.

Il était encore à cheval quand il vit revenir vers lui Belliard, depuis quinze ans le compagnon de guerre, et alors la chef d'état-major de Murat. Étonné, il crut à un malheur. D'abord Belliard le rassure, puis il ajoute : « qu'au-
» delà de la Viazma, derrière un ravin, sur une position
» avantageuse, l'ennemi s'est montré en force et prêt à
» combattre; qu'aussitôt, de part et d'autre la cavalerie
» s'est engagée, et que l'infanterie devenant nécessaire, le
» roi lui-même s'est mis à la tête d'une division de Davoust,
» et l'a ébranlée pour la porter sur l'ennemi; mais que le
» maréchal est accouru, criant aux siens d'arrêter, blâ-
» mant hautement cette manœuvre, la reprochant dure-
» ment au roi, et défendant à ses généraux de lui obéir :
» qu'alors Murat en a appelé à son rang, à son grade, au
» moment qui pressait, mais vainement; qu'enfin il envoie
» déclarer à l'empereur son dégoût pour un commande-
» ment si contesté, et qu'il faut opter entre lui ou Davoust. »

A cette nouvelle, Napoléon s'emporte; il s'écrie : « que
» Davoust oublie toute subordination; qu'il méconnaît donc
» son beau-frère, celui qu'il a nommé son lieutenant; » et il fait partir Berthier, avec l'ordre de mettre désormais sous le commandement du roi la division Compans, celle-là

même qui avait été le sujet du différend. Davoust ne se défendit pas sur la forme de son action, mais il en soutint le fond, soit prévention contre la témérité habituelle du roi, soit humeur, ou qu'en effet il eût mieux jugé du terrain et de la manœuvre qui y convenait : ce qui est fort possible.

Cependant, le combat venait de finir, et Murat, que l'ennemi ne distrayait plus, était déjà tout entier au souvenir de sa querelle. Renfermé avec Belliard, et comme caché dans sa tente, à mesure que les expressions du maréchal se retraçaient à sa mémoire, son sang s'embrasait de plus en plus de honte et de colère. « On l'avait méconnu, outragé » publiquement, et Davoust vivait encore ! et il le re- » verrait ! Que lui faisaient la colère de l'empereur et sa » décision ! c'était à lui-même à venger son injure ! Qu'importe son rang ! c'est son épée seule qui l'a fait roi, c'est » à elle seule qu'il en appelle ! » et déjà il saisissait ses armes pour aller attaquer Davoust; quand Belliard l'arrêta, en lui opposant les circonstances, l'exemple à donner à l'armée, l'ennemi à poursuivre, et qu'il ne fallait pas attrister les siens et charmer l'ennemi par un fâcheux éclat.

Ce général dit qu'alors il vit ce roi maudire sa couronne, et chercher à dévorer son affront; mais que des larmes de dépit roulaient dans ses yeux et tombaient sur ses vêtemens. Pendant qu'il se tourmentait ainsi, Davoust, s'opiniâtrant dans son opinion, disait que l'empereur était trompé, et demeurait tranquille dans son quartier-général.

Napoléon rentra dans Viazma, où il fallait qu'il séjournât, pour reconnaître sa nouvelle conquête, et le parti qu'il en pouvait tirer. Les nouvelles qu'il apprit de l'intérieur de la Russie, lui montrèrent le gouvernement ennemi, s'appropriant nos succès, et s'efforçant de faire croire que la perte de tant de provinces était l'effet d'un plan général de retraite, adopté d'avance. Des papiers saisis dans Viazma disaient qu'à Pétersbourg on chantait des *Te Deum* pour de prétendues victoires de Vitepsk ou de Smolensk. Étonné, il s'écria : « Eh quoi! des *Te Deum!* ils osent donc mentir » à Dieu comme aux hommes! »

Au reste, la plupart des lettres russes interceptées, exprimaient le même étonnement. « Quand nos villes brû-
» lent, disaient-elles, nous n'entendons ici que le son des
» cloches, que des chants de reconnaissance et des rap-
» ports triomphans. Il semble qu'on veuille nous faire
» remercier Dieu des victoires des Français. Ainsi l'on
» ment dans l'air, on ment par terre, on ment en paroles
» et par écrit, on ment au ciel et à la terre, on ment par-
» tout. Nos grands hommes traitent la Russie comme un
» enfant, mais il y a de la crédulité à nous croire si cré-
» dules. »

Réflexions justes, si des moyens aussi grossiers eussent été employés pour tromper ceux qui savaient écrire de pareilles lettres. Toutefois, quoique ces mensonges politiques soient généralement mis en usage, on trouva que, portés à un tel excès, ils faisaient la satire, ou des gouvernans, ou des gouvernés, et peut-être des uns et des autres.

Pendant ce temps, l'avant-garde poussait les Russes jusqu'à Gjatz, en échangeant avec eux quelques boulets; échange qui se faisait presque toujours au désavantage des Français, les Russes ayant soin de n'employer que des pièces longues, et d'une plus grande portée que les nôtres. On fit une autre remarque, c'est que depuis Smolensk ces Russes avaient négligé de brûler les villages et les châteaux. Comme ils sont d'un caractère qui vise à l'effet, ce mal obscur leur parut peut-être inutile. Les incendies plus éclatans de leurs villes leur suffirent.

Ce défaut, si cette négligence en fut la suite, tourna, comme il arrive souvent de tous les défauts, au profit de leurs ennemis. L'armée française trouva dans ces villages des fourrages, des grains, des fours pour les faire cuire,

CHAPITRE III.

et des abris. D'autres ont observé à ce propos, que toutes ces dévastations furent confiées aux Cosaques, à des barbares, et que ces hordes, soit haine ou mépris pour la civilisation, semblèrent prendre un plaisir de sauvages à brûler sur-tout les villes.

CHAPITRE IV.

Le 1ᵉʳ septembre, vers midi, Murat n'était plus séparé de Gjatz que par un taillis de sapins. La vue des Cosaques l'obligea de déployer ses premiers régimens; mais bientôt, dans son impatience, il appela quelques cavaliers, et lui-même ayant chassé les Russes du bois qu'ils occupaient, il le traversa, et se trouva au portes de Gjatz. A cette vue, les Français s'animèrent, et la ville fut tout-à-coup envahie jusqu'à la rivière qui la sépare en deux, et dont les ponts étaient déjà livrés aux flammes.

Là, comme à Smolensk, comme à Viazma, soit hasard, soit reste de coutume tartare, le bazar se trouvait du côté de l'Asie, sur la rive qui nous était opposée. L'arrière-garde russe, garantie par la rivière, eut donc le temps de brûler tout ce quartier. La promptitude seule de Murat avait sauvé le reste.

On passa la Gjatz, comme on put, sur des poutres, dans quelques embarcations et à gué. Les Russes disparurent derrière leurs flammes, où nos premiers éclaireurs les suivaient, quand ils virent un habitant en sortir, accourir à eux, et criant qu'il était Français. Sa joie et son accent confirmaient ses paroles. Ils le conduisirent à Davoust. Ce maréchal le questionna.

Tout, selon le rapport de cet homme, venait de changer dans l'armée russe. Du milieu de ses rangs, une grande clameur s'était élevée contre Barclay. La noblesse, les marchands, Moskou entière, y avaient répondu. « Ce gé-
» néral, ce ministre était un traître : il faisait détruire en
» détail toutes leurs divisions ; il déshonorait l'armée par

» une fuite sans fin! et cependant on subissait la honte
» d'une invasion, et leurs villes brûlaient! S'il fallait se
» déterminer à cette ruine, on voulait se sacrifier soi-
» même; du moins y aurait-il alors quelque honneur,
» tandis que, se laisser sacrifier par un étranger, c'était
» tout perdre, jusqu'à l'honneur du sacrifice.

» Mais pourquoi cet étranger? Le contemporain, le com-
» pagnon de guerre, l'émule de Suwarow, n'existait-il
» pas encore? Il fallait un Russe pour sauver la Russie! »
Et tous demandaient, tous voulaient Kutusof et une bataille. Le Français ajouta qu'Alexandre avait cédé; que l'insubordination de Bagration et le cri universel avaient obtenu de lui ce général et cette bataille; et que d'ailleurs, après avoir attiré l'armée ennemie aussi loin, l'empereur moskovite avait lui-même jugé un grand choc indispensable.

Enfin il assura que le 29 août, entre Viazma et Gjatz, à Tzarewo-zaïmizcze, l'arrivée de Kutusof et l'annonce d'une bataille avaient enivré l'armée ennemie d'une double joie; qu'aussitôt tous avaient marché vers Borodino, non plus pour fuir, mais pour se fixer sur cette frontière du gouvernement de Moskou, pour s'y lier au sol, pour le défendre, enfin pour y vaincre ou mourir.

Un incident, du reste peu remarquable, sembla confirmer cette nouvelle : ce fut l'arrivée d'un parlementaire russe. Il avait si peu à dire qu'on s'aperçut d'abord qu'il venait pour observer. Sa contenance déplut sur-tout à Davoust, qui y trouva plus que de l'assurance. Un général français, ayant inconsidérément demandé à ce parlementaire ce qu'on trouverait de Viazma à Moskou: « Pultava, » répliqua fièrement le Russe. Cette réponse annonçait une bataille; elle plut aux Français, qui aiment l'à-propos, et se plaisent à rencontrer des ennemis dignes d'eux.

Ce parlementaire fut reconduit sans précaution, comme il avait été amené. Il vit qu'on pénétrait jusqu'à nos quartiers-généraux sans obstacle; il traversa nos avant-postes sans rencontrer une vedette; par-tout la même négligence, et cette témérité si naturelle à des Français et à des vainqueurs. Chacun dormait; point de mot d'ordre, point de patrouilles : nos soldats semblaient négliger ces soins comme trop minutieux. Pourquoi tant de précautions? eux attaquaient, ils étaient victorieux; c'était aux Russes à se défendre. Cet officier a dit depuis, qu'il fut tenté de profiter cette nuit-là même de notre imprudence, mais qu'il ne trouva pas de corps russe à sa portée.

L'ennemi, en se hâtant de brûler les ponts de la Gjatz, avait abandonné quelques-uns de ses Cosaques : on les envoya à l'empereur, qui s'approchait à cheval. Napoléon voulut les questionner lui-même : il appela son interprète, et fit placer à ses côtés deux de ces Scythes, dont l'étrange costume et la physionomie sauvage étaient remarquables. Ce fut ainsi qu'on le vit entrer à Gjatz et traverser cette ville. Les réponses de ces barbares furent d'accord avec les discours du Français, et, pendant la nuit du 1er au 2 août, toutes les nouvelles des avant-postes les confirmèrent.

Ainsi Barclay, seul contre tous, venait de soutenir jusqu'au dernier moment ce plan de retraite, qu'en 1807 il avait vanté à l'un de nos généraux, comme le seul moyen de salut pour la Russie. Parmi nous, on le louait de s'être maintenu dans cette sage défensive, malgré les clameurs d'une nation orgueilleuse, que le malheur irritait, et devant un ennemi si agressif.

Il avait sans doute failli en se laissant surprendre à Wilna, et en ne reconnaissant pas le cours marécageux de la Bérézina pour la véritable frontière de la Lithuanie; mais on remarquait que depuis, à Vitepsk et à Smolensk, il avait prévenu Napoléon; que sur la Loutcheza, sur le Dnieper et à Valoutina, sa résistance avait été pro-

CHAPITRE IV.

portionnée au temps et aux lieux; que cette guerre de détail, et les pertes qu'elle occasionnait, n'avaient été que trop à son avantage : chacun de ses pas rétrogrades nous éloignait de nos renforts, et le rapprochant des siens; il avait donc tout fait à propos, soit qu'il eût hasardé, défendu, ou abandonné.

Et cependant il s'était attiré l'animadversion générale; mais c'était à nos yeux son plus grand éloge. On l'approuvait d'avoir dédaigné l'opinion publique quand elle s'égarait, de s'être contenté d'épier tous nos mouvemens pour en profiter, et ainsi d'avoir su que, le plus souvent, on sauve les nations malgré elles.

Barclay se montra plus grand encore dans le reste de la campagne. Ce général en chef, ministre de la guerre, à qui l'on venait d'ôter le commandement pour le donner à Kutusof, voulut servir sous ses ordres; on le vit obéir, comme il avait commandé, avec le même zèle.

CHAPITRE V.

Enfin l'armée russe s'arrêtait. Miloradowitch, seize mille recrues, et une foule de paysans portant la croix et criant, *Dieu le veut !* accouraient se joindre à ses rangs. On nous apprit que les ennemis remuaient toute la plaine de Borodino, hérissant leur sol de retranchemens, et paraissant vouloir s'y enraciner pour ne pas reculer davantage.

Napoléon annonça une bataille à son armée ; il lui donna deux jours pour se reposer, pour préparer ses armes et ramasser des subsistances. Il se contenta d'avertir les détachemens envoyés aux vivres « que, s'ils n'étaient pas rentrés le » lendemain, ils se priveraient de l'honneur de combattre. »

L'empereur voulut alors connaître son nouvel adversaire. On lui dépeignit Kutusof comme un vieillard, dont jadis une blessure singulière avait commencé la réputation. Depuis, il avait su profiter habilement des circonstances. La défaite même d'Austerlitz, qu'il avait prévue, avait augmenté sa renommée. Ses dernières campagnes contre les Turcs venaient encore de l'accroître. Sa valeur était incontestable ; mais on lui reprochait d'en régler les élans sur ses intérêts personnels : car il calculait tout. Son génie était lent, vindicatif, et sur-tout rusé : caractère de Tartare ! sachant préparer, avec une politique caressante, souple et patiente, une guerre implacable.

Du reste, encore plus adroit courtisan qu'habile général ; mais redoutable par sa renommée, par son adresse à l'accroître, à y faire concourir les autres. Il avait su flatter la nation entière, et chaque individu, depuis le général jusqu'au soldat.

CHAPITRE V.

On ajouta qu'il y avait dans son extérieur, dans son langage, dans ses vêtemens même, enfin dans ses pratiques superstitieuses, et jusque dans son âge, un reste de Suwarow, une empreinte d'ancien Moskovite, un air de nationalité qui le rendait cher aux Russes ; à Moskou, la joie de sa nomination avait été poussée jusqu'à l'ivresse, on s'était embrassé au milieu des rues, on s'était cru sauvé.

Quand Napoléon eut pris ces renseignemens, et donné ses ordres, on le vit attendre l'événement avec cette tranquillité d'ame des hommes extraordinaires. Il s'occupa paisiblement à parcourir les environs de son quartier-général. Il y remarqua les progrès de l'agriculture ; mais à la vue de cette Gjatz qui verse ses eaux dans le Volga, lui qui a conquis tant de fleuves, il retrouve les premières émotions de sa gloire : on l'entend s'enorgueillir d'être le maître de ces flots destinés à voir l'Asie, comme s'ils allaient l'annoncer à cette autre partie du monde, et lui en ouvrir le chemin.

Le 4 septembre, l'armée, toujours partagée en trois colonnes, partit de Gjatz et de ses environs. Murat l'avait devancée de quelques lieues. Depuis l'arrivée de Kutusof, des troupes de Cosaques voltigeaient sans cesse autour des têtes de nos colonnes. Murat s'irritait de voir sa cavalerie forcée de se déployer contre un si faible obstacle. On assure que ce jour-là, par un de ces premiers mouvemens dignes des temps de la chevalerie, il s'élança seul et tout-à-coup contre leur ligne, s'arrêta à quelques pas d'eux, et que là, l'épée à la main, il leur fit d'un air et d'un geste si impérieux le signe de se retirer, que ces barbares obéirent et reculèrent étonnés.

Ce fait, qu'on nous raconta sur-le-champ, fut accueilli sans incrédulité. L'air martial de ce monarque, l'éclat de ses vêtemens chevaleresques, sa réputation et la nouveauté d'une telle action, firent paraître vrai cet ascendant momentané, malgré son invraisemblance ; car tel était Murat, roi théâtral par la recherche de sa parure, et vraiment roi par sa grande valeur et son inépuisable activité : hardi comme l'attaque, et toujours armé de cet air de supériorité, de cette audace menaçante, la plus dangereuse des armes offensives.

Toutefois il ne marcha pas long-temps sans être forcé de s'arrêter. Entre Gjatz et Borodino, à Griednewa, la grande route plonge tout-à-coup dans un profond ravin, d'où elle se relève subitement pour atteindre un vaste plateau. Kutusof chargea Konownitzin de s'y défendre. D'abord ce général s'y maintint assez vigoureusement contre les premières troupes de Murat ; mais l'armée suivant de près celui-ci, chaque moment renforçait l'attaque et affaiblissait la défense : bientôt même, l'avant-garde du vice-roi s'engagea sur la droite des Russes ; il y eut là une charge de chasseurs italiens que les Cosaques soutinrent un instant, ce qui étonna : ils se mêlèrent.

Platof a dit lui-même qu'à cette affaire un officier fut blessé près de lui, ce qui le surprit peu ; mais qu'il n'en fit pas moins fustiger, devant tous ses Cosaques, le sorcier qui l'accompagnait, l'accusant hautement de paresse pour n'avoir pas détourné les balles par ses conjurations, comme il en était expressément chargé.

Konownitzin battu se retira ; le 5 on suivit ses traces sanglantes jusqu'à l'énorme couvent de Kolotskoï, fortifié comme ces demeures l'étaient jadis, dans ces temps gothiques trop vantés, où les guerres intestines étaient si fréquentes, que tout, jusqu'à ces saints asiles de la paix, était transformé en places de guerre.

Konownitzin, débordé à droite et à gauche, ne tint nulle part, ni à Kolotskoï, ni à Golowino : mais quand l'avant-garde déboucha de ce village, elle vit toute la plaine et les bois infestés de Cosaques, les seigles gâtés, les villages saccagés, une destruction générale. A ces signes, elle reconnut le champ de bataille que Kutusof préparait à la grande-armée. Derrière ces nuées de Scythes, on aperçut trois villages : ils présentaient une ligne d'une lieue. Leurs intervalles, entrecoupés de ravins et de bois, étaient couverts de tirailleurs ennemis. Dans un premier moment d'ardeur, quelques cavaliers français s'emportèrent jusqu'au milieu de ces Russes, et allèrent s'y perdre.

Napoléon parut alors sur une hauteur, d'où il envisagea toute cette contrée avec ce coup d'œil des conquérans, qui voit tout à la fois et sans confusion, qui perce à travers les obstacles, écarte les accessoires, démêle le point capital, et le fixe de ce regard d'aigle, comme une proie sur laquelle il va fondre de toutes ses forces et avec toute son impétuosité.

Il sait qu'à une lieue devant lui, à Borodino, la Kologha, rivière ravineuse, qu'il côtoie depuis quelques werstes, tourne brusquement à gauche pour aller se jeter dans la Moskowa. Il comprend qu'une chaîne de fortes hauteurs a pu seule contrarier son cours, et en changer aussi subitement la direction. Sans doute, l'armée ennemie les occupe, et de ce côté elle est peu attaquable. Mais, en couvrant le centre et la droite de cette position, la Kologha, dont il suit les deux rives, en laisse la gauche à découvert.

Les cartes du pays sont insuffisantes toutefois, comme le sol penche nécessairement du côté du principal cours d'eau, qui n'est le plus considérable que parce qu'il est le plus inférieur, il en résulte que les ravins qui y affluent doivent se relever, s'affaiblir, et s'effacer en s'éloignant de la Kologha. D'ailleurs, la vieille route de Smolensk, qui court à sa droite, marque assez leur naissance : pourquoi l'aurait-on jadis éloignée du cours d'eau principal, et conséquemment des endroits les plus habitables, si ce n'était pour lui faire éviter des ravins et leurs ressauts.

Les démonstrations des ennemis s'accordent avec ces

inductions de son expérience! point de précautions, peu de résistance en avant de leur droite et de leur centre; mais devant leur gauche beaucoup de troupes, un soin marqué de profiter des moindres accidens du terrain pour le disputer, enfin une redoute formidable: c'était donc leur côté faible, puisqu'ils le couvraient avec tant de soin. De plus, c'était sur le flanc du grand chemin et sur celui de la grande-armée que se trouvait cette redoute; tout portait donc à l'enlever, si l'on voulait s'avancer: Napoléon en donna l'ordre.

Qu'il faut de paroles à l'historien pour exprimer le coup d'œil d'un homme de génie!

Aussitôt on se saisit des villages et des bois: à gauche et au centre ce furent l'armée d'Italie, la division Compans, et Murat; à droite, Poniatowski. L'attaque fut générale: car l'armée d'Italie et l'armée polonaise paraissaient à la fois sur les deux ailes de la grande colonne impériale. Ces trois masses rejetaient sur Borodino les arrière-gardes russes, et toute la guerre se concentrait sur un seul point.

Ce rideau enlevé, on découvrit la première redoute russe: trop détachée en avant de la gauche de leur position, elle la défendait sans en être défendue. Les accidens du sol avaient obligé de l'isoler ainsi.

Compans profita habilement des ondulations du terrain; ses élévations servirent de plate-forme à ses canons pour battre la redoute, et d'abri à son infanterie pour la disposer en colonnes d'attaque. Le 61ᵉ marcha le premier; la redoute fut enlevée d'un seul élan et à la baïonnette: mais Bagration envoya des renforts qui la reprirent. Trois fois le 61ᵉ l'arracha aux Russes, et trois fois il en fut rechassé; mais enfin il s'y maintint, tout sanglant et à demi détruit.

Le lendemain, quand l'empereur passa ce régiment en revue, il demanda où était son troisième bataillon: « Il est » dans la redoute, » repartit le colonel. Mais l'affaire n'en était pas restée là; un bois voisin fourmillait encore de tirailleurs russes; ils sortaient à chaque instant de ce repaire, pour renouveler leurs attaques, que soutenaient trois divisions : enfin l'attaque de Schewardino par Morand, celle des bois d'Elnia par Poniatowski, achevèrent de dégoûter les troupes de Bagration, et la cavalerie de Murat nettoya la plaine. Ce fut sur-tout la ténacité d'un régiment espagnol qui rebuta les ennemis; ils cédèrent, et cette redoute, qui était leur avant-poste, devint le nôtre.

En même temps, l'empereur désignait à chaque corps sa place; le reste de l'armée entrait en ligne, et une fusillade générale, entrecoupée de quelques coups de canon, s'était établie. Elle continua jusqu'à ce que chaque parti se fût fixé sa limite, et que la nuit eût rendu les coups incertains.

Un régiment de Davoust cherchait alors à prendre son rang dans la première ligne. Trompé par l'obscurité, il la dépassa, et alla donner tout au milieu des cuirassiers russes, qui l'assaillirent, le mirent en désordre, lui enlevèrent trois canons, et lui prirent ou tuèrent trois cents hommes. Le reste se pelotonna aussitôt, formant une masse informe, mais tout hérissée de fer et de feu; l'ennemi n'y put pénétrer davantage, et cette troupe affaiblie put regagner sa place de bataille.

CHAPITRE VI.

L'EMPEREUR campa derrière l'armée d'Italie, à la gauche de la grande route, la vieille garde se forma en carré autour de ses tentes. Aussitôt que la fusillade eut cessé, les feux s'allumèrent. Du côté des Russes, ils brillaient en vaste demi-cercle; du nôtre, en clarté pâle, inégale, et peu en ordre, les troupes arrivant tard et à la hâte, sur un terrain inconnu, où rien n'était préparé, et où le bois manquait, sur-tout au centre et à la gauche.

Cette nuit-là même, une pluie fine et froide commença à tomber, et l'automne se déclara par un vent violent. C'était un ennemi de plus, et qu'il fallait compter; car cette époque de l'année répondait à l'âge dans lequel entrait Napoléon, et l'on sait l'influence des saisons de l'année sur les saisons pareilles de la vie.

Dans cette nuit que d'agitations diverses! chez les soldats et les officiers, le soin de préparer leurs armes, de réparer leur habillement, et de combattre le froid et la faim; car leur vie était un combat continuel. Chez les généraux, et même chez l'empereur, l'inquiétude que le succès de la veille n'eût découragé les Russes, et que dans l'obscurité ils ne se dérobassent. Murat en avait menacé; on crut plusieurs fois voir leurs feux pâlir; on s'imagina entendre des bruits de départ. Mais le jour seul effaça la lueur des bivouacs ennemis.

Cette fois on n'eut pas besoin d'aller les chercher au loin: le soleil du 6 septembre retrouva les deux armées, et les montra l'une à l'autre sur le même terrain où la veille il les avait laissées. Ce fut une joie générale. Enfin cette guerre vague, molle, mouvante, où nos efforts s'amortissaient, dans laquelle nous nous enfoncions sans mesure, s'arrêtait! on touchait au fond, au terme! et tout allait être décidé.

L'empereur profita des premières lueurs du crépuscule pour s'avancer entre les deux lignes, et parcourir, de hauteur en hauteur, tout le front de l'armée ennemie. Il vit les Russes couronner toutes les crêtes, sur un vaste demi-cercle de deux lieues de développement, depuis la Moskowa jusqu'à la vieille route de Moskou. Leur droite borde la Kologha, depuis son embouchure dans la Moskowa jusqu'à Borodino; leur centre, de Gorcka à Semenowska, est la partie saillante de leur ligne. Leur droite et leur gauche se refusent. La Kologha rend leur droite inabordable.

L'empereur s'en aperçoit sur-le-champ, et comme, par son éloignement, cette aile n'est guère plus menaçante qu'elle n'est attaquable, il la néglige. C'est donc à Gorcka, village bâti sur la grande route, à la pointe d'un plateau qui domine Borodino et la Kologha, que commence pour lui l'armée russe. Cette saillie aiguë est entourée par la Kologha et par un ravin profond et marécageux; sa crête élevée, sur laquelle grimpe la grande route, en sortant de Borodino, est fortement retranchée; elle forme un ouvrage à part et détaché, à la droite du centre des Russes, dont elle est l'extrémité.

A sa gauche, et à portée de son feu, un mamelon s'élève comme le dominateur de cette plaine; il est couronné d'une redoute formidable, armée de vingt et un canons. La Kologha et des ravins l'environnent de front et à sa droite; sa gauche s'incline et s'appuie sur un long et large plateau, dont le pied plonge dans un ravin bourbeux, affluent de la Kologha. La crête de ce plateau, que bordent les Russes, baisse et recule en se prolongeant vers la gauche, en face de la grande-armée; puis elle se relève jusqu'aux ruines encore fumantes du village de Semenowska. Ce point saillant termine le commandement de Barclay et le centre de l'ennemi. Il est armé d'une forte batterie, couverte par un retranchement.

Ici commence Bagration et l'aile gauche des Russes. La crête moins élevée qu'elle occupe biaise, en se refusant de plus en plus jusqu'à Utitza, village sur la vieille route de Moskou, où finit le champ de bataille. Deux mamelons, armés de redoutes, et alignés diagonalement sur le retranchement de Semenowska, qui les flanque, marquent le front de Bagration.

De Semenowska au bois d'Utitza, il peut y avoir douze cents pas de développement. C'est la nature du terrain qui a décidé Kutusof à refuser ainsi cette aile. Car ici le ravin, qui escarpe le plateau du centre, est déjà à sa naissance ; il est à peine un obstacle ; les pentes de ses rives sont plus douces, et les sommets, propres pour l'artillerie, sont éloignés de ses bords. Ce côté est évidemment le plus accessible depuis que la redoute du 61°, celle que ce régiment a enlevée la veille, n'en défend plus les approches. Elles sont même favorisées par un bois de grands sapins, qui s'étend depuis cette redoute conquise, jusqu'à celle qui paraît terminer la ligne des Russes.

Mais leur aile gauche ne s'arrête pas là. L'empereur sait qu'au-delà de ce taillis se trouve la vieille route de Moskou ; qu'elle tourne autour de l'aile gauche des Russes, et passe derrière leur armée, pour aller rejoindre la nouvelle route de Moskou, avant Mojaisk ; il juge qu'elle doit être occupée ; et en effet Tutchkof, avec son corps d'armée, s'est établi en travers, à l'entrée d'un bois ; il s'est couvert par deux hauteurs, qu'il a hérissées d'artillerie.

Mais cela importait peu, parce que, entre ce corps détaché et la dernière redoute russe, il y avait cinq à six cents toises, et un terrain couvert. Si l'on ne commençait pas par accabler Tutchkof, on pouvait donc l'occuper, passer entre lui et la dernière redoute de Bagration, et prendre en flanc l'aile gauche ennemie ; mais l'empereur ne put s'en assurer par lui-même, les avant-postes russes et des bois arrêtèrent ses pas et ses regards.

Sa reconnaissance faite, il se décide. On l'entend s'écrier: « Eugène sera le pivot! c'est la droite qui engagera la ba-
» taille. Dès qu'à la faveur du bois elle aura envahi la
» redoute qui lui est opposée, elle fera un à-gauche, et
» marchera sur le flanc des Russes, ramassant et refoulant
» toute leur armée sur leur droite et dans la Kologha. »

L'ensemble ainsi conçu, il s'occupe des détails. Pendant la nuit, trois batteries, de soixante canons chacune, seront opposées aux redoutes russes : deux en face de leur gauche, la troisième devant leur centre. Dès le jour, Poniatowski et son armée, réduite à 5,000 hommes, s'avanceront sur la vieille route de Smolensk, tournant le bois auquel l'aile droite française et l'aile gauche russe s'appuient. Il flanquera l'une et inquiétera l'autre; on attendra le bruit de ses premiers coups.

Aussitôt, toute l'artillerie éclatera contre la gauche des Russes, ses feux ouvriront leurs rangs et leurs redoutes, et Davoust et Ney s'y précipiteront; ils seront soutenus par Junot et ses Westphaliens, par Murat et sa cavalerie; enfin, par l'empereur lui-même avec vingt mille gardes. C'est contre ces deux redoutes que se feront les premiers efforts: c'est par elles qu'on pénétrera dans l'armée ennemie, dès lors mutilée, et dont le centre et la droite se trouveront à découvert, et presque enveloppés.

Cependant, comme les Russes se montrent par masses redoublées à leur centre et à leur droite, menaçant la route de Moskou, seule ligne d'opération de la grande-armée ; comme, en jetant ses principales forces et lui-même vers leur gauche, Napoléon va mettre la Kologha entre lui et ce chemin, sa seule retraite, il pense à renforcer l'armée d'Italie qui l'occupe, et il y joint deux divisions de Davoust et la cavalerie de Grouchy. Quant à sa gauche, il juge qu'une division italienne, la cavalerie bavaroise et celle d'Ornano, environ dix mille hommes, suffiront pour la couvrir. Tels sont les projets de Napoléon.

CHAPITRE. VII.

Il était sur les hauteurs de Borodino, d'où il embrassait encore d'un dernier coup d'œil tout le champ de bataille, et se confirmait dans son plan, quand Davoust accourut. Ce maréchal venait d'examiner la gauche des Russes d'autant plus soigneusement que c'était le terrain sur lequel il devait agir, et qu'il se défiait de ses yeux.

Il demande à l'empereur « de lui laisser ses cinq divi-
» sions, fortes de trente-cinq mille hommes, et d'y joindre
» Poniatowski, trop faible à lui seul pour tourner l'ennemi.
» Le lendemain il mettra cette masse en mouvement; il
» couvrira sa marche des dernières ombres de la nuit, et
» du bois auquel s'appuie l'aile gauche russe, qu'il dépas-
» sera en suivant la vieille route de Smolensk à Moskou;
» puis tout-à-coup, par une manœuvre précipitée, il dé-
» ployera quarante mille Français et Polonais sur le flanc
» et en arrière de cette aile. Là, tandis que l'empereur oc-
» cupera le front des Moskovites par une attaque générale,
» lui, marchera violemment de redoute en redoute, de ré-
» serve en réserve, culbutant tout de la gauche à la droite
» sur la grande route de Mojaisk, où finiront l'armée russe,
» la bataille et la guerre! »

L'empereur écouta le maréchal attentivement; mais, après quelques minutes d'une silencieuse méditation, on entendit lui répondre : « Non! c'est un trop grand mouve-
» ment; il m'écarterait trop de mon but, et me ferait perdre
» trop de temps. »

Cependant, le prince d'Eckmühl, convaincu, persévère, il s'engage à avoir accompli sa manœuvre avant six heures du matin; il proteste qu'une heure après, la plus grande partie de son effet sera produit. Mais Napoléon, contrarié, l'interrompt brusquement par cette exclamation: « Ah! » vous êtes toujours pour tourner l'ennemi; c'est une ma- » nœuvre trop dangereuse! » Le maréchal, repoussé, se tut; puis il retourna à son poste, en murmurant contre une prudence qu'il trouvait intempestive, à laquelle il n'était pas accoutumé, et qu'il ne savait à quoi attribuer; à moins que les regards de tant d'alliés si peu sûrs, une armée tant affaiblie, une position si lointaine, et l'âge, n'eussent rendu Napoléon moins entreprenant.

L'empereur, décidé, était rentré dans son camp, lorsque Murat, que les Russes ont tant de fois trompé, lui persuade qu'ils vont fuir encore avant de combattre. En vain Rapp, envoyé pour observer leur contenance, revient dire qu'il les a vus se retranchant de plus en plus; qu'ils sont nombreux, disposés, et qu'ils paraissent déterminés bien plus à attaquer, si on ne les prévient pas, qu'à se retirer: Murat s'obstine, et l'empereur, inquiet, retourne sur les hauteurs de Borodino.

De là, il aperçoit de longues et noires colonnes de troupes, couvrir la grande route et se dérouler dans la plaine; puis de grands convois de voitures, de vivres et de munitions, enfin toutes les dispositions qui annoncent un séjour et une bataille. En ce moment même, et quoiqu'il se fût peu fait accompagner, pour ne pas attirer l'attention et le feu de l'ennemi, il est reconnu par les batteries russes, et un coup de leur canon vient interrompre le silence de cette journée.

Car, ainsi qu'il arrive souvent, rien ne fut si calme que le jour qui précéda cette grande bataille. C'était comme une chose convenue! Pourquoi se faire un mal inutile? le lendemain ne devait-il pas décider de tout? D'ailleurs, chacun avait besoin de se préparer; les différens corps, leurs armes, leurs forces, leurs munitions; ils avaient à reprendre tout leur ensemble, que la marche a toujours plus ou moins dérangé. Les généraux avaient à observer leurs dispositions réciproques d'attaque, de défense et de retraite, afin de les conformer l'une à l'autre et au terrain, et de donner au hasard le moins possible.

Ainsi, près de commencer leur terrible lutte, ces deux grands colosses s'observaient attentivement, se mesuraient des yeux, et se préparaient en silence à un choc épouvantable. L'empereur, ne pouvant plus douter de la bataille, rentre dans sa tente pour en dicter l'ordre. Là, il médite sur la gravité de sa position. Il a vu les deux armées égales. Environ cent vingt mille hommes et six cents canons de chaque côté. Chez les Russes, l'avantage des lieux, d'une seule langue, d'un même uniforme, d'une seule nation combattant pour une même cause, mais beaucoup de troupes irrégulières et de recrues. Chez les Français, autant d'hommes, mais plus de soldats; car on vient de lui remettre la situation de ses corps : il a devant les yeux le compte de la force de ses divisions; et, comme il ne s'agit ici ni d'une revue, ni de distribution, mais d'un combat, cette fois les états n'en sont point enflés. Son armée était réduite, il est vrai, mais saine, souple, nerveuse, telle que ces corps virils, qui, venant de perdre les rondeurs de la jeunesse, montrent des formes plus mâles et plus prononcées.

Toutefois, depuis plusieurs jours qu'il marche au milieu d'elle, il l'a trouvée silencieuse, de ce silence qui est celui d'une grande attente ou d'un grand étonnement; comme la nature au moment d'un grand orage, ou comme le sont les foules à l'instant d'un grand danger.

Il sent qu'il lui faut du repos, de quelque espèce qu'il soit, et qu'il n'y en a plus pour elle que dans la mort ou dans la victoire: car il l'a mise dans une telle nécessité de vaincre, qu'il faut qu'elle triomphe à tout prix. La témérité de la position où il l'a poussée est évidente: mais il sait que,

CHAPITRE VII.

de toutes les fautes, c'est celle que les Français pardonnent le plus volontiers; qu'enfin ils ne doutent, ni d'eux, ni de lui, ni du résultat général, quels que soient les malheurs particuliers.

D'ailleurs, il compte sur leur habitude et sur leur besoin de renommée, même sur leur curiosité; sans doute on veut voir Moskou, dire qu'on y a été, y recevoir les récompenses promises, la piller peut-être, et sur-tout y trouver du repos. Il ne leur a plus vu d'enthousiasme, mais quelque chose de plus ferme : une foi entière dans son étoile, dans son génie, la conscience de leur supériorité, et cette fière assurance de vainqueurs devant des vaincus.

Plein de ces sentimens, il dicte une proclamation simple, grave, franche, comme elle convenait à de telles circonstances, à des hommes qui n'en étaient pas à leur début, et qu'après tant de souffrances, on n'avait plus la prétention d'exalter.

Aussi ne parle-t-il qu'à la raison de tous, ou au véritable intérêt de chacun; ce qui est une même chose : il termine par la gloire, seule passion à laquelle il pût s'adresser dans ces déserts; dernier des nobles motifs par lesquels on pouvait agir sur des soldats toujours victorieux, éclairés par une civilisation avancée et par une longue expérience; enfin, de toutes les illusions généreuses, la seule qu'ils aient pu porter aussi loin. Un jour on trouvera cette harangue admirable; elle était digne du chef et de l'armée : elle fit honneur à tous deux.

« Soldats, dit-il, voilà la bataille que vous avez tant
» désirée! Désormais la victoire dépend de vous; elle nous
» est nécessaire, elle nous donnera l'abondance, de bons
» quartiers d'hiver, et un prompt retour dans la patrie!
» Conduisez-vous comme à Austerlitz, à Friedland, à Vi-
» tepsk et à Smolensk, et que la postérité la plus reculée cite
» votre conduite dans cette journée; que l'on dise de vous :
» Il était à cette grande bataille sous les murs de Moskou. »

CHAPITRE VIII.

Au milieu de cette journée, Napoléon avait remarqué dans le camp ennemi un mouvement extraordinaire; en effet, toute l'armée russe était debout et sous les armes: Kutusof, entouré de toutes les pompes religieuses et militaires, s'avançait au milieu d'elle. Ce général a fait revêtir à ses popes et aux archimandrites, leurs riches et majestueux vêtemens, héritage des Grecs. Ils le précèdent, portant les signes révérés de la religion, et sur-tout cette sainte image, naguère protectrice de Smolensk, qu'ils disent s'être miraculeusement soustraite aux profanations des Français sacriléges.

Quand le Russe voit ses soldats bien émus par ce spectacle extraordinaire, il élève la voix, il leur parle sur-tout du ciel, seule patrie qui reste à l'esclavage. C'est au nom de la religion, de l'égalité, qu'il cherche à exciter ces serfs à défendre les biens de leurs maîtres; c'est sur-tout en leur montrant cette image sacrée, réfugiée dans leurs rangs, qu'il invoque leurs courages et soulève leur indignation.

Napoléon, dans sa bouche, « est un despote universel! le
» tyrannique perturbateur du monde! un vermisseau! un
» archi-rebelle qui renverse leurs autels, les souille de sang;
» qui expose la vraie arche du Seigneur, représentée par la
» sainte image, aux profanations des hommes, aux intem-
» péries des saisons. »

Puis il montre à ces Russes leurs villes en cendres; il leur rappelle leurs femmes, leurs enfans, ajoute quelques mots sur leur empereur, et finit en invoquant leur piété et leur patriotisme. Vertus d'instinct chez ces peuples trop

CHAPITRE VIII.

grossiers, et qui n'en étaient encore qu'aux sensations, mais par cela même soldats d'autant plus redoutables; moins distraits de l'obéissance par le raisonnement; restreints par l'esclavage dans un cercle étroit, où ils sont réduits à un petit nombre de sensations, qui sont les seules sources des besoins, des désirs, des idées.

Du reste, orgueilleux par défaut de comparaison, et crédules, comme ils sont orgueilleux, par ignorance. Adorant des images, idolâtres autant que des chrétiens peuvent l'être : car cette religion de l'esprit, tout intellectuelle et morale, ils l'ont faite toute physique et matérielle, pour la mettre à leur brute et courte portée.

Mais, enfin, ce spectacle solennel, ce discours, les exhortations de leurs officiers, les bénédictions de leurs prêtres achevèrent de fanatiser leur courage. Tous, jusqu'aux moindres soldats, se crurent dévoués par Dieu lui-même à la défense du ciel et de leur sol sacré.

Du côté des Français, il n'y eut d'appareil ni religieux ni militaire, point de revue, aucun moyen d'excitation : le discours même de l'empereur ne fut distribué que très-tard, et lu le lendemain si près du combat, que plusieurs corps s'engagèrent avant d'avoir pu l'entendre. Cependant, les Russes, que tant de motifs puissans devaient enflammer, invoquaient encore l'épée de Michel, empruntant leurs forces à toutes les puissances du ciel; tandis que les Français ne les cherchaient qu'en eux-mêmes, persuadés que les véritables forces sont dans le cœur, et que c'est là l'armée céleste.

Le hasard voulut que ce jour-là même l'empereur reçût de Paris le portrait du roi de Rome, de cet enfant que l'empire avait accueilli comme l'empereur, avec les mêmes transports de joie et d'espérance. Depuis, et chaque jour, dans l'intérieur du palais, on avait vu Napoléon s'abandonner près de lui à l'expression des sentimens les plus tendres;

aussi quand, au milieu de ces champs si lointains et de tous ces préparatifs si menaçans, il revit cette douce image, son ame guerrière s'attendrit-elle! lui-même il exposa ce tableau devant sa tente, puis il appela ses officiers et jusqu'aux soldats de sa vieille garde, voulant faire partager son émotion à ces vieux grenadiers, montrer sa famille privée à sa famille militaire, et faire briller ce symbole d'espoir au milieu d'un grand danger.

Dans la soirée, un aide-de-camp de Marmont, parti du champ de bataille des Aropyles, arriva sur celui de la Moskowa. C'était ce même Fabvier qu'on a vu depuis figurer dans nos dissensions intestines. L'empereur reçut bien l'aide-de-camp du général vaincu. La veille d'une bataille si incertaine, il se sentait disposé à l'indulgence pour une défaite : il écouta tout ce qui lui fut dit sur la dissémination de ses forces en Espagne, sur la multiplicité des généraux en chef, et convint de tout : mais il expliqua ces motifs, qu'il est hors de propos de rappeler ici.

La nuit revint, et avec elle la crainte qu'à la faveur de ses ombres, l'armée russe ne s'évadât du champ de bataille. Cette anxiété entrecoupa le sommeil de Napoléon. Sans cesse il appela, demandant l'heure, si l'on n'entendait pas quelque bruit, et envoyant regarder si l'ennemi était encore en présence. Il en doutait encore tellement, qu'il avait fait distribuer sa proclamation avec ordre de ne la lire que le lendemain matin, et en cas qu'il y eût bataille.

Rassuré pour quelques momens, une inquiétude contraire le ressaisit. Le dénuement de ses soldats l'épouvante. Comment, faibles et affamés, soutiendront-ils un long et terrible choc? Dans ce danger il considère sa garde comme son unique ressource; il semble qu'elle lui réponde des deux armées. Il fait venir Bessières, celui de ses maréchaux à qui il se fie le plus pour la commander; il veut savoir si rien ne manque à cette réserve d'élite: plusieurs fois il le rappelle, et renouvelle ses pressantes questions. Il veut qu'on distribue à ces vieux soldats pour trois jours de biscuits et de riz, pris sur ses propres fourgons; enfin, craignant de ne pas être obéi, il se relève, et lui-même demande aux grenadiers de garde à l'entrée de sa tente, s'ils ont reçu ces vivres. Satisfait de leur réponse, il rentre et s'assoupit.

Mais bientôt il appelle encore; son aide-de-camp le retrouve la tête appuyée sur ses mains; il semble, à l'entendre, qu'il réfléchit sur les vanités de la gloire. «Qu'est-ce » que la guerre? Un métier de barbares, où tout l'art con- » siste à être le plus fort sur un point donné! » Il se plaint ensuite de l'inconstance de la fortune, qu'il commence, dit-il, à éprouver. Paraissant alors revenir à des pensées plus rassurantes, il rappelle ce qu'il lui a été dit sur la lenteur et l'incurie de Kutusof, et s'étonne qu'on ne lui ait pas préféré Beningsen. Puis il songe à la situation critique où il s'est jeté, et il ajoute « qu'une grande jour- » née se prépare; que ce sera une terrible bataille. » Il demande à Rapp « s'il croit à la victoire? — Sans doute, lui » répond celui-ci, mais sanglante! » Et Napoléon reprend: « Je le sais, mais j'ai quatre-vingt mille hommes; j'en per- » drai vingt mille, j'entrerai avec soixante mille dans Mos- » kou; les traîneurs nous y rejoindront, puis les bataillons » de marche, et nous serons plus forts qu'avant la bataille.»

Il parut ne comprendre dans ce calcul ni sa garde ni la cavalerie. Alors, ressaisi par sa première inquiétude, il envoie encore examiner l'attitude des Russes; on lui répond que leurs feux jettent toujours le même éclat, et qu'à leur nombre et à la multitude des ombres mobiles qui les entourent, on juge que ce n'est point une arrière-garde seulement, mais une armée entière qui les attise. La présence de l'ennemi tranquillisa enfin l'empereur, et il chercha quelque repos.

Mais les marches qu'il vient de faire avec l'armée, les fatigues des nuits et des jours précédens, tant de soins, une si grande attente, l'ont épuisé; le refroidissement de l'atmosphère l'a saisi; une fièvre d'irritation, une toux sèche, une violente altération, le consument. Le reste de la nuit, il cherche vainement à étancher la soif brûlante qui le dévore.

Enfin, cinq heures arrivent. Un officier de Ney vient annoncer que le maréchal voit encore les Russes, et qu'il demande à attaquer. Cette nouvelle paraît rendre à l'empereur ses forces, que la fièvre a épuisées. Il se lève, il appelle les siens, et sort en s'écriant : « Nous les tenons » enfin! Marchons! allons nous ouvrir les portes de » Moskou! »

CHAPITRE IX.

Il était cinq heures et demie du matin, quand Napoléon arriva près de la redoute, conquise le 5 septembre. Là, il attendit les premières lueurs du jour et les premiers coups de fusil de Poniatowski. Le jour parut. L'empereur, le montrant à ses officiers, s'écria : « Voilà le soleil d'Austerlitz. » Mais il nous était contraire. Il se levait du côté des Russes, nous montrait à leurs coups, et nous éblouissait. On s'aperçut alors que, dans l'obscurité, les batteries avaient été placées hors de portée de l'ennemi. Il fallut les pousser plus avant. L'ennemi laissa faire : il semblait hésiter à rompre le premier ce terrible silence.

L'attention de l'empereur était alors fixée sur sa droite, quand tout-à-coup, vers sept heures, la bataille éclate à sa gauche. Bientôt il apprend qu'un régiment du prince Eugène, le 106°, vient de s'emparer du village de Borodino et de son pont qu'il aurait dû rompre, mais qu'emporté par ce succès, il a franchi ce passage, malgré les cris de son général, pour assaillir les hauteurs de Gorcki, d'où les Russes viennent de l'écraser par un feu de front et de flanc.

On ajouta, que déjà le général commandant cette brigade était tué, et que le 106° aurait été entièrement détruit si le 92° régiment, accourant de lui-même à son secours, n'en avait recueilli promptement et ramené les débris.

C'était Napoléon lui-même qui venait d'ordonner à son aile gauche d'attaquer violemment. Peut-être crut-il n'être obéi qu'à demi, et voulut-il seulement retenir de ce côté l'attention de l'ennemi. Mais il multiplia ses ordres, il outra ses excitations, et il engagea de front une bataille qu'il avait conçue dans un ordre oblique.

Pendant cette action, l'empereur, jugeant Poniatowski aux prises sur la vieille route de Moskou, avait donné devant lui le signal de l'attaque. Soudain on vit de cette plaine paisible et de ses collines muettes, jaillir des tourbillons de feu et de fumée, suivis presque aussitôt d'une multitude d'explosions et du sifflement des boulets qui déchiraient l'air dans tous les sens. Au milieu de ce fracas, Davoust, avec les divisions Compans, Desaix et trente canons en tête, s'avance rapidement sur la première redoute ennemie.

La fusillade des Russes commence : les canons français ripostent seuls. L'infanterie marche sans tirer ; elle se hâtait pour arriver sur le feu de l'ennemi et l'éteindre, mais Compans, général de cette colonne, et ses plus braves soldats tombent blessés ; le reste, déconcerté, s'arrêtait sous cette grêle de balles pour y répondre, quand Rapp accourt remplacer Compans : il entraîne encore ses soldats, la baïonnette en avant et au pas de course, contre la redoute ennemie.

Déjà, lui le premier, il y touchait, lorsqu'à son tour il est atteint : c'était sa vingt-deuxième blessure. Un troisième général qui lui succède, tombe encore. Davoust lui-même est frappé : on porta Rapp à l'empereur, qui lui dit : « Eh quoi, Rapp, toujours ! Mais que fait-on là-
» haut ? » L'aide-de-camp répondit qu'il y faudrait la garde pour achever. « Non, reprit Napoléon, je m'en
» garderai bien, je ne veux pas la faire démolir ; je ga-
» gnerai la bataille sans elle. »

Alors Ney, avec ses trois divisions, réduits à dix mille hommes, se jette dans la plaine ; il court seconder Davoust ; l'ennemi partage ses feux ; Ney se précipite. Le 57e régiment de Compans, se voyant soutenu, se ranime ; par

CHAPITRE IX.

un dernier élan, il vient d'atteindre les retranchemens ennemis; il les escalade, joint les Russes, et de ses baïonnettes les pousse, les culbute et tue les plus obstinés. Le reste fuit, et le 57ᵉ s'établit dans sa conquête. En même temps Ney s'élance avec tant d'emportement sur les deux autres redoutes qu'il les arrache à l'ennemi.

Il était midi, la gauche de la ligne russe ainsi forcée, et la plaine ouverte, l'empereur ordonne à Murat de s'y porter avec sa cavalerie et d'achever. Un instant suffit à ce prince pour se faire voir sur les hauteurs, et au milieu de l'ennemi qui y reparaissait; car la seconde ligne russe et des renforts, amenés par Bagawout et envoyés par Tutchkof, venaient au secours de la première. Tous accouraient, s'appuyant sur Semenowska, pour reprendre leurs redoutes. Les Français étaient encore dans le désordre de la victoire! ils s'étonnent et reculent.

Les Westphaliens, que Napoléon venait d'envoyer au secours de Poniatowski, traversaient alors le bois qui séparait ce prince du reste de l'armée; ils entrevirent, dans la poussière et la fumée, nos troupes qui rétrogradaient. A la direction de leur marche, ils les jugèrent ennemies, et tirèrent dessus. Cette méprise, dans laquelle ils s'obstinèrent, augmenta le désordre.

Les cavaliers ennemis poussèrent vigoureusement leur fortune; ils enveloppèrent Murat, qui s'était oublié pour rallier les siens; déjà même ils étendaient les mains pour le saisir, quand ce souverain, en se jetant dans la redoute, leur échappa. Mais il n'y trouva que des soldats incertains, s'abandonnant eux-mêmes et courant tout effarés autour du parapet. Il ne leur manquait pour fuir qu'une issue.

La présence du roi et ses cris en rassurèrent d'abord quelques-uns. Lui-même saisit une arme: d'une main il combat, de l'autre il élève et agite son panache, appelant tous les siens, et les rendant à leur première valeur par cette autorité que donne l'exemple. En même temps, Ney a reformé ses divisions. Son feu arrête les cuirassiers ennemis, trouble leurs rangs; ils lâchent prise. Murat enfin est dégagé et les hauteurs sont reconquises.

Le roi, à peine sorti de ce péril, court à un autre : il se précipite sur l'ennemi avec la cavalerie de Bruyère et de Nansouty, et, par des charges opiniâtres et réitérées, il renverse les lignes russes, les pousse, les rejette sur leur centre, et termine, avant une heure, la défaite entière de leur aile gauche.

Mais les hauteurs du village détruit de Semenowska, où commençait la gauche du centre des Russes, étaient encore intactes; les renforts que Kutusof tirait sans cesse de sa droite, s'y appuyaient. Leur feu dominant plongeait sur Ney et Murat ; il arrêtait leur victoire; il fallait s'emparer de cette position. D'abord Maubourg avec sa cavalerie en balaie le front : Friand, général de Davoust, le suivait avec son infanterie. Ce fut Dufour et le 15ᵉ léger qui les premiers gravirent contre cet escarpement. Ils délogèrent les Russes de ce village, dont les ruines étaient mal retranchées. Friand soutint cet effort, profita de son succès, et l'assura, quoique blessé.

CHAPITRE X.

Cette action vigoureuse nous ouvrait le chemin de la victoire ; il fallait s'y précipiter : mais Murat, Ney et Davoust étaient épuisés ; ils s'arrêtent, et, pendant qu'ils rallient leurs troupes, ils envoient demander des renforts. On vit alors Napoléon saisi d'une hésitation jusque-là inconnue : il se consulta longuement ; enfin, après des ordres et des contre-ordres réitérés à sa jeune garde, il crut que la présence des forces de Friand et de Maubourg sur les hauteurs suffirait, l'instant décisif ne lui paraissant pas venu.

Mais Kutusof profite de ce sursis qu'il ne devait point espérer ; il appelle au secours de sa gauche découverte toutes ses réserves, et jusqu'à la garde russe. Bagration, avec tous ces renforts, reforme sa ligne ; sa droite s'appuie à la grande batterie qu'attaquait le prince Eugène, sa gauche au bois qui termine le champ de bataille vers Psarewo. Ses feux déchirent nos rangs ; son attaque est violente, impétueuse, simultanée : infanterie, artillerie, cavalerie, tous font un grand effort. Ney et Murat se roidissent contre cette tempête ; il ne s'agit plus pour eux de poursuivre la victoire, mais de la conserver.

Les soldats de Friand, rangés devant Semenowska, repoussent les premières charges, mais, assaillis par une grêle de balles et de mitraille, ils se troublent : un de leurs chefs se rebute et commande la retraite. Dans cet instant critique, Murat court à lui, et, le saisissant au collet, il lui crie : « Que faites-vous ? » Le colonel, montrant la terre couverte de la moitié des siens, lui répond : « Vous voyez

» bien qu'on ne peut plus tenir ici. — Eh! j'y reste bien, » moi! » s'écrie le roi. Ces mots arrêtèrent cet officier; il regarda fixement le monarque, et reprit froidement : « C'est juste! Soldats, face en tête! allons nous faire tuer! »

Cependant, Murat venait de renvoyer Borelli à l'empereur pour demander du secours; cet officier montre les nuages de poussière que les charges de cavalerie élèvent sur les hauteurs, jusque-là tranquilles depuis leur conquête. Quelques boulets viennent même, pour la première fois, mourir aux pieds de Napoléon : l'ennemi se rapproche : Borelli insiste, et l'empereur promet sa jeune garde; mais à peine eut-elle fait quelques pas que lui-même lui cria de s'arrêter. Toutefois, le comte de Lobau la faisait avancer peu à peu, sous prétexte de rectifier des alignemens. Napoléon s'en aperçut et réitéra son ordre.

Heureusement, l'artillerie de la réserve s'avança dans cet instant, pour prendre position sur les hauteurs conquises; Lauriston avait obtenu pour cette manœuvre le consentement de l'empereur, qui d'abord l'ordonna moins qu'il ne la permit. Mais bientôt elle lui parut si importante, qu'il en pressa l'exécution avec le seul mouvement d'impatience qu'il ait montré dans toute cette journée.

On ne sait si l'incertitude des combats de Poniatowski et du prince Eugène à sa droite et à sa gauche, ne le rendit pas incertain; ce qui est sûr, c'est qu'il parut craindre que l'extrême gauche des Russes, échappant aux Polonais, ne revînt s'emparer du champ de bataille derrière Ney et Murat. Ce fut au moins une des causes pour lesquelles il retint sa garde en observation sur ce point. Il répondait à ceux qui le pressaient : « qu'il y voulait mieux voir; que » sa bataille n'était pas encore commencée; qu'il fallait sa- » voir attendre; que le temps entrait dans tout; que c'était » l'élément dont toutes choses se composaient; que rien » n'était assez débrouillé. » Puis il demandait l'heure; et

CHAPITRE X.

ajoutait : « que celle de sa bataille n'était pas encore venue ; » qu'elle commencerait dans deux heures. »

Mais elle ne commença pas ; on le vit toute cette journée s'asseoir ou se promener lentement, en avant et un peu à gauche de la redoute conquise le 5, sur les bords d'une ravine, loin de cette bataille, qu'il apercevait à peine depuis qu'elle avait dépassé les hauteurs ; sans inquiétude, lorsqu'il la vit reparaître, sans impatience contre les siens, ni contre l'ennemi. Il faisait seulement quelques gestes d'une triste résignation quand, à chaque instant, on venait lui apprendre la perte de ses meilleurs généraux. Il se leva plusieurs fois pour faire quelques pas, et se rasseoir encore.

Chacun autour de lui le regardait avec étonnement. Jusque-là, dans ces grands chocs, on lui avait vu une activité calme; mais ici, c'était un calme lourd, une douleur molle, sans activité : quelques-uns crurent y reconnaître cet abattement, suite ordinaire des violentes sensations ; d'autres imaginèrent qu'il s'était déjà blasé sur tout, même sur l'émotion des combats. Plusieurs observèrent que cette constance calme, ce sang-froid des grands hommes dans ces grandes occasions, tournent avec le temps en flegme et en appesantissement, quand l'âge a usé leurs ressorts. Les plus zélés motivèrent son immobilité sur la nécessité, quand on commande sur une grande étendue, de ne pas trop changer de place, afin que les nouvelles sachent où vous trouver. Enfin, il y en eut qui s'en prirent, avec plus de raison, à sa santé affaiblie et à une forte indisposition.

Les généraux d'artillerie, qui s'étonnaient aussi de leur stagnation, profitèrent promptement de la permission de combattre, qu'on venait de leur donner. Ils couronnèrent bientôt les crêtes. Quatre-vingts pièces de canon éclatèrent à la fois. La cavalerie russe vint la première se briser contre cette ligne d'airain; elle s'en fut derrière son infanterie.

Celle-ci s'avançait pas masses épaisses, où d'abord nos boulets firent de larges et profondes trouées; et pourtant elles approchaient toujours, quand les batteries françaises, redoublant, les écrasèrent de mitraille. Des pelotons entiers tombaient à la fois; on voyait leurs soldats chercher à se remettre ensemble sous ce terrible feu. A chaque instant, séparés par la mort, ils se resserraient sur elle en la foulant aux pieds.

Enfin ils s'arrêtèrent, n'osant avancer davantage et ne voulant pas reculer, soit qu'ils fussent saisis et comme pétrifiés d'horreur, au milieu de cette grande destruction, ou que dans cet instant Bagration ait été blessé ; soit qu'une première disposition échouant, leurs généraux n'en sussent pas changer, n'ayant pas, comme Napoléon, le grand art de remuer de si grands corps à la fois, avec ensemble et sans confusion. Enfin ces masses inertes se laissèrent écraser pendant deux heures, sans autre mouvement que celui de leur chute. On vit alors un massacre effroyable, et la valeur intelligente de nos artilleurs admira le courage immobile, aveugle et résigné de leurs ennemis.

Ce furent les victorieux qui se fatiguèrent les premiers. La lenteur de ce combat d'artillerie irrita leur impatience. Leurs munitions s'épuisaient; ils se décident : Ney marche donc en étendant sa droite, qu'il fait rapidement avancer pour tourner encore la gauche du nouveau front qu'on lui a opposé. Davoust et Murat le secondent, et les débris de Ney sont vainqueurs des restes de Bagration.

La bataille cesse alors dans la plaine, elle se concentre sur le reste des hauteurs ennemies, et vers la grande redoute, que Barclay, avec le centre et la droite, défend obstinément contre le prince Eugène.

Ainsi, vers le milieu du jour, toute l'aile droite française, Ney, Davoust et Murat, après avoir fait tomber Bagration et la moitié de la ligne russe, se présentaient sur le flanc entr'ouvert du reste de l'armée ennemie, dont ils voyaient tout l'intérieur, les réserves, les derrières abandonnés, et jusqu'à la retraite.

Mais se sentant trop affaiblis pour se jeter dans ce vide, derrière une ligne encore formidable, ils appellent la garde à grands cris ! « La jeune garde! qu'elle les suive de loin!
» qu'elle se montre seulement, qu'elle les remplace sur
» ces hauteurs! eux alors suffiront pour achever! »

C'est Belliard qu'ils ont envoyé à l'empereur. Ce général déclare « que, de leur position, les regards percent
» sans obstacle jusqu'à la route de Mojaïsk, derrière l'ar-
» mée russe; qu'on y voit une foule confuse de fuyards,
» de blessés et de chariots en retraite; qu'une ravine et
» un taillis clair les en séparent encore, il est vrai, mais
» que les généraux ennemis, déconcertés, n'ont point
» songé à en profiter; qu'enfin il ne faut qu'un élan pour
» arriver au milieu de ce désordre, et décider du sort de
» l'armée ennemie et de la guerre ! »

Cependant, l'empereur hésite, doute, et ordonne à ce général d'aller voir encore et de revenir lui rendre compte.

Belliard, surpris, court et revient promptement : il annonce » que l'ennemi commence à se raviser; que déjà
» on voit le taillis se garnir de ses tirailleurs; que l'oc-
» casion va s'échapper; qu'il n'y a plus un instant à per-
» dre, sans quoi il faudra une seconde bataille pour ter-
» miner la première! »

Mais Bessières insiste sur l'importance de la garde : il rappelle « la distance où l'on se trouve des renforts; que
» l'Europe est entre Napoléon et la France; qu'on devait
» conserver au moins cette poignée de soldats qui res-
» taient seuls pour en répondre. » Et l'empereur alors dit à Belliard, « que rien n'était encore assez débrouillé;
» que, pour faire donner ses réserves, il voulait voir
» plus clair sur son échiquier. » Ce fut son expression,

qu'il répéta plusieurs fois, en montrant la grande redoute, contre laquelle se brisaient les efforts du prince Eugène.

Belliard, consterné, retourne auprès du roi; il lui annonce l'impossibilité d'émouvoir l'empereur : « il l'a, » dit-il, trouvé assis à la même place, l'air souffrant et » abattu, les traits affaissés, le regard morne; donnant ses » ordres languissamment, au milieu de ces épouvantables » bruits de guerre, qui lui semblent étrangers! » A ce récit, Ney, furieux, et emporté par son caractère ardent et sans mesure, éclate : « Sont-ils donc venus de si loin pour se » contenter d'un champ de bataille! Que fait l'empereur » derrière l'armée! Là, il n'est à portée que des revers, » et non des succès. Puisqu'il ne fait plus la guerre par lui-» même, qu'il n'est plus général, qu'il veut faire par-tout » l'empereur, qu'il retourne aux Tuileries et nous laisse » être généraux pour lui! »

Murat fut plus calme : il se souvenait d'avoir vu l'empereur parcourir, la veille, le front de la ligne ennemie, s'arrêter plusieurs fois, descendre de cheval, et, le front appuyé sur ses canons, y rester dans l'attitude de la souffrance. Il savait l'agitation de sa nuit, et qu'une toux vive et fréquente coupait sa respiration. Le roi comprit que la fatigue et les premières atteintes de l'équinoxe avaient ébranlé son tempérament affaibli, et qu'enfin, dans ce moment critique, l'action de son génie était comme enchaînée par son corps, affaissé sous le double poids de la fatigue et de la fièvre.

Pourtant les excitations ne lui manquèrent pas; car, aussitôt après Belliard, Daru, poussé par Dumas et sur-tout par Berthier, dit à voix basse à l'empereur : « que, de toutes » parts, on s'écriait que l'instant de faire donner la garde » était venu. » Mais Napoléon répliqua : « Et, s'il y a une » seconde bataille demain, avec quoi la livrerai-je? » Le ministre n'insista pas, surpris de voir, pour la première fois, l'empereur remettre au lendemain, et ajourner sa fortune.

CHAPITRE XI.

Cependant, Barclay avec la droite luttait opiniâtrément contre le prince Eugène. Celui-ci, aussitôt après la prise de Borodino, avait passé la Kologha devant la grande redoute ennemie. Là sur-tout, les Russes avaient compté sur leurs hauteurs escarpées, environnées de ravins profonds et fangeux, sur notre épuisement, sur leurs retranchemens armés de grosses pièces, enfin sur quatre-vingts canons qui bordaient ces crêtes, toutes hérissées de fer et de feu! Mais ces élémens, l'art, la nature, tout leur manqua à la fois : assaillis par un premier élan de cette furie française si célèbre, ils virent tout-à-coup les soldats de Morand au milieu d'eux, et s'enfuirent déconcertés.

Ce fut là qu'on remarqua Fabvier, cet aide-de-camp de Marmont, arrivé la veille du fond de l'Espagne; il s'était jeté en volontaire et à pied à la tête des tirailleurs les plus avancés; comme s'il fût venu représenter l'armée d'Espagne au milieu de la grande-armée, et qu'animé de cette rivalité de gloire qui fait les héros, il voulût là montrer en tête et la première au danger.

Il tomba blessé sur cette redoute trop fameuse : car cette victoire fut courte; l'attaque manquait d'ensemble, soit précipitation des premiers assaillans, soit lenteur dans ceux qui suivirent. Il y avait un ravin à passer; sa profondeur garantissait des feux ennemis; on assure que plusieurs des nôtres s'y arrêtèrent. Morand se trouva donc seul devant plusieurs lignes russes. Il n'était que dix heures. A sa droite, Friand n'attaquait pas encore Semenowska;

à sa gauche, les divisions Gérard, Broussier et la garde italienne n'étaient pas encore en ligne.

D'ailleurs, cette attaque n'aurait pas dû être faite si brusquement; on ne voulait que contenir et occuper Barclay de ce côté, la bataille devant commencer par l'aile droite, et pivoter sur l'aile gauche. Tel avait été le plan de l'empereur, et l'on ignore pourquoi lui-même y manqua au moment de l'exécution; car ce fut lui qui, dès les premiers coups de canon, envoya au prince Eugène, officiers sur officiers, pour presser son attaque.

Les Russes, revenus de leur premier saisissement, accoururent de toutes parts. Koutaïsof et Yermolof les conduisirent eux-mêmes, avec une résolution digne de cette grande circonstance. Le 30º régiment fut chassé de la redoute. Il y laissa un tiers de ses soldats et son général percé de vingt blessures. Les Russes, encouragés, ne se contentèrent plus de se défendre, ils attaquèrent. On vit alors réuni sur ce seul point tout ce que la guerre a d'art, d'efforts et de fureur. Les Français tinrent pendant quatre heures sur le penchant de ce volcan et sous cette pluie de fer et de plomb. Mais il y fallut la tenace habileté du prince Eugène, et pour des victorieux depuis long-temps, tout ce qu'a d'insupportable l'idée de s'avouer vaincu.

Chaque division changea plusieurs fois de généraux. Le vice-roi allait de l'une à l'autre, mêlant la prière aux reproches, et rappelant sur-tout les anciennes victoires. Il fit avertir l'empereur de sa position critique; mais Napoléon répondit « qu'il n'y pouvait rien; que c'était à lui de vain-
» cre; qu'il n'avait qu'à faire un plus grand effort, que la
» bataille était là; et le prince ralliait toutes ses forces pour tenter un assaut général, quand soudain des cris furieux, qui partirent de sa gauche, détournèrent son attention.

Ouwarof, deux régimens de cavalerie et quelques milliers de Cosaques tombaient sur sa réserve; le désordre s'y mettait; il y courut, et, secondé des généraux Delzons et Ornano, il eut bientôt chassé cette troupe, plus bruyante que redoutable; puis il revint aussitôt se mettre à la tête d'une attaque décisive.

C'était le moment où Murat, forcé à l'inaction dans cette plaine où il régnait, avait renvoyé pour la quatrième fois à son frère pour se plaindre des pertes que les Russes, appuyés aux redoutes opposées au prince Eugène, faisaient éprouver à sa cavalerie. « Il ne lui demande plus que celle
» de sa garde; soutenu par elle, il tournera ces hauteurs re-
» tranchées et les fera tomber avec l'armée qui les dé-
» fend. »

L'empereur parut y consentir; il envoya chercher Bessières, chef de cette garde à cheval. Malheureusement on ne trouva pas ce maréchal, qui était allé considérer la bataille de plus près. L'empereur l'attendit près d'une heure sans impatience, sans renouveler son ordre : quand le maréchal revint enfin, il le reçut d'un air satisfait, écouta tranquillement son rapport, et lui permit de s'avancer jusqu'où il le jugerait convenable.

Mais il n'était plus temps; il ne fallait plus songer à s'emparer de toute l'armée russe, et peut-être aussi de la Russie entière; mais seulement du champ de bataille. On avait laissé à Kutusof le loisir de se reconnaître; il s'était fortifié sur ce qui lui restait de points d'un accès difficile, et avait couvert la plaine de sa cavalerie.

Ainsi les Russes s'étaient pour la troisième fois reformé un flanc gauche, devant Ney et Murat; mais celui-ci appelle la cavalerie de Montbrun. Ce général était tué. Caulincourt le remplace; il trouve les aides-de-camp du malheureux Montbrun pleurant leur général : « Suivez-moi,
» leur crie-t-il. Ne le pleurez plus, et venez le venger! »

Le roi lui montre le nouveau flanc de l'ennemi : il faut l'enfoncer jusqu'à la hauteur de la gorge de leur grande batterie ; là, pendant que la cavalerie légère poussera son avantage, lui, Caulincourt, tournera subitement à gauche avec ses cuirassiers, pour prendre à dos cette terrible redoute, dont le front écrase encore le vice-roi.

Caulincourt répondit : « Vous m'y verrez tout à l'heure » mort ou vif ! » Il part aussitôt et culbute tout ce qui lui résiste ; puis tournant subitement à gauche avec ses cuirassiers, il pénètre le premier dans la redoute sanglante, où une balle le frappe et l'abat. Sa conquête fut son tombeau. On courut annoncer à l'empereur cette victoire et cette perte. Le grand-écuyer, frère du malheureux général, écoutait : il fut d'abord saisi ; mais bientôt il se roidit contre le malheur, et, sans les larmes qui se succédaient silencieusement sur sa figure, on l'eût cru impassible. L'empereur lui dit : « Vous avez entendu, voulez-vous vous retirer ? » Il accompagna ces mots d'une exclamation de douleur. Mais, en ce moment, nous avancions contre l'ennemi, le grand-écuyer ne répondit rien ; il ne se retira pas ; seulement il se découvrit à demi, pour remercier et refuser.

Pendant que cette charge décisive de cavalerie s'exécutait, le vice-roi était près d'atteindre, avec son infanterie, la bouche de ce volcan ; tout-à-coup il voit son feu s'éteindre, sa fumée se dissiper, et sa crête briller de l'airain mobile et resplendissant dont nos cuirassiers sont couverts. Enfin ces hauteurs, jusque-là russes, étaient devenues françaises ; il accourt partager la victoire, l'achever, et s'affermir dans cette position.

Mais les Russes n'y avaient pas renoncé, ils s'obstinent et s'acharnent ; on les voyait se pelotonner devant nos rangs avec opiniâtreté ; sans cesse vaincus, ils sont sans cesse ramenés au combat par leurs généraux ; et ils viennent mourir au pied de ces ouvrages qu'eux-mêmes avaient élevés.

On ne put poursuivre leurs débris : de nouveaux ravins, et derrière eux des redoutes armées protégeaient leurs attaques et leurs retraites. Ils s'y défendirent avec rage jusqu'à la nuit; couvrant ainsi la grande route de Moskou, leur ville sainte, leur magasin, leur dépôt, leur refuge.

De ces secondes hauteurs, ils écrasaient les premières qu'ils nous avaient abandonnées. Le vice-roi fut obligé de cacher ses lignes haletantes, épuisées et éclaircies, dans des plis de terrain, et derrière les retranchemens à demi détruits. Il fallut tenir les soldats à genoux et courbés derrière ces informes parapets. Ils restèrent plusieurs heures dans cette pénible position, contenus par l'ennemi qu'ils contenaient.

Ce fut vers quatre heures que cette dernière victoire fut remportée; il y en eut plusieurs dans cette journée : chaque corps vainquit successivement ce qu'il avait devant lui, sans profiter de son succès pour décider de la bataille, car chacun, n'étant pas soutenu à temps par la réserve, s'arrêtait épuisé. Mais enfin tous les premiers obstacles étaient tombés. Le bruit des feux s'affaiblissait, et s'éloignait de l'empereur. Des officiers arrivaient de toutes parts. Poniatowski et Sébastiani, après une lutte opiniâtre, venaient aussi de vaincre. L'ennemi s'arrêtait et se retranchait dans une nouvelle position. Le jour était avancé, nos munitions épuisées, la bataille finie.

Alors seulement, l'empereur monta à cheval avec effort, et se dirigea lentement sur les hauteurs de Semenowska. Il y trouva un champ de bataille acquis incomplètement, que les boulets ennemis et même les balles nous disputaient encore.

Au milieu de ces bruits de guerre et de l'ardeur encore toute chaude de Ney et de Murat, il resta toujours le même, sa démarche affaissée, sa voix languissante, et ne recommandant à des vainqueurs que la prudence ; puis il revint toujours au pas chercher ses tentes, dressées derrière cette batterie enlevée depuis deux jours, et devant laquelle il était, depuis le matin, resté témoin presque immobile de toutes les vicissitudes de cette terrible journée.

En cheminant ainsi, il appela Mortier, et lui ordonna « de faire enfin avancer la jeune garde ; mais sur-tout de » ne point dépasser le nouveau ravin qui séparait de » l'ennemi. » Il ajouta, « qu'il le chargeait de garder le » champ de bataille ; que c'était là tout ce qu'il lui de-» mandait ; qu'il fît pour cela tout ce qu'il fallait, et rien » de plus. » Il le rappela bientôt pour lui demander « s'il l'avait bien entendu, lui recommandant de n'enga-» ger aucune affaire, et de garder sur-tout le champ de » bataille. » Une heure après, il lui fit encore réitérer l'ordre « de n'avancer, ni reculer, quoi qu'il arrivât. »

CHAPITRE XII.

Quand il fut dans sa tente, à son abattement physique se joignit une grande tristesse d'esprit. Il avait vu le champ de bataille ; les lieux encore plus que les hommes avaient parlé ; cette victoire, tant poursuivie, si chèrement achetée, était incomplète : était-ce lui, qui poussait toujours les succès jusqu'au dernier résultat possible, que la fortune venait de trouver froid et inactif, quand elle lui avait offert ses dernières faveurs ?

En effet, les pertes étaient immenses, et sans résultat proportionné. Chacun, autour de lui, pleurait la mort d'un ami, d'un parent, d'un frère ; car le sort des combats était tombé sur les plus considérables. Quarante-trois généraux avaient été tués ou blessés. Quel deuil dans Paris ! quel triomphe pour ses ennemis ! quel dangereux sujet de pensées pour l'Allemagne ! Dans son armée, jusque dans sa tente, la victoire est silencieuse, sombre, isolée, même sans flatteurs.

Ceux qu'il a fait appeler, Dumas, Daru, l'écoutent et se taisent : mais leur attitude, leurs yeux baissés, leur silence, n'étaient point muets.

Il était dix heures. Murat, que douze heures de combat n'avaient pas éteint, vint encore lui demander la cavalerie de sa garde. « L'armée ennemie, dit-il, passe en hâte » et en désordre la Moskowa ; il veut la surprendre et l'a- » chever. » L'empereur repoussa cette saillie d'une ardeur immodérée ; puis il dicta le bulletin de cette journée.

Il se plut à apprendre à l'Europe que ni lui ni sa garde n'avaient été exposés. Quelques-uns attribuèrent ce soin à une recherche d'amour-propre. Les mieux instruits en jugèrent autrement; ils ne lui avaient guère vu de passion vaine ou gratuite : ils pensèrent qu'à cette distance, et à la tête d'une armée d'étrangers, qui n'avait d'autre lien que la victoire, un corps d'élite et dévoué lui avait paru indispensable à conserver.

En effet, ses ennemis n'auraient plus rien à espérer des champs de bataille, ni sa mort, puisqu'il n'avait pas besoin de s'exposer pour vaincre; ni une victoire, puisque son génie suffisait de loin, sans même qu'il fît donner sa réserve. Tant que cette garde restait intacte, sa puissance réelle et sa puissance d'opinion restaient donc entières. Il semblait qu'elle lui répondît de ses alliés comme de ses ennemis ; c'est pourquoi il prenait tant de soin d'instruire l'Europe de la conservation de cette redoutable réserve ; et cependant, c'était à peine vingt mille hommes, dont plus d'un tiers de nouvelles recrues.

Ces motifs étaient puissans, mais ils ne satisfaisaient pas des hommes qui savaient qu'on trouve toujours d'excellentes raisons pour commettre les plus grandes fautes. Aussi tous disaient : « qu'ils avaient vu le combat, gagné dès le
» matin à la droite, s'arrêter où il nous était favorable,
» pour se continuer successivement de front et à force
» d'hommes, comme dans l'enfance de l'art! que c'était
» une bataille sans ensemble, une victoire de soldats plutôt
» que de général ! Pourquoi donc tant de précipitation
» pour joindre l'ennemi, avec une armée haletante, épui-
» sée, affaiblie; et, quand enfin on l'avait atteint, négliger
» d'achever, pour rester, tout sanglant et mutilé, au mi-
» lieu d'un peuple furieux, dans d'immenses déserts, et à
» huit cents lieues de ses ressources ? »

On entendit alors Murat s'écrier : « que, dans cette
» grande journée il n'avait pas reconnu le génie de Napo-
» léon. » Le vice-roi avoua « qu'il ne concevait point l'in-

CHAPITRE XII.

» décision qu'avait montrée son père adoptif; » et Ney, quand il fut appelé à son tour, mit une singulière opiniâtreté à lui conseiller la retraite.

Ceux qui ne l'avaient pas quitté virent seuls, que ce vainqueur de tant de nations avait été vaincu par une fièvre brûlante. Ceux-là citèrent alors ces mots, que lui-même avait écrits en Italie quinze ans plus tôt : « La santé » est indispensable à la guerre, et ne peut être remplacée » par rien; » et cette exclamation, malheureusement prophétique, des champs d'Austerlitz, où l'empereur s'écria : « Ordener est usé. On n'a qu'un temps pour la guerre : » j'y serai bon encore six ans, après quoi moi-même je » devrai m'arrêter. »

Pendant la nuit, les Russes constatèrent leur présence par quelques clameurs importunes. Le lendemain matin, il y eut une alerte jusque dans la tente de l'empereur. La vieille garde fut obligée de courir aux armes, ce qui, après une victoire, parut un affront. L'armée resta immobile jusqu'à midi, où plutôt on eût dit qu'il n'y avait plus d'armée, mais une seule avant-garde. Le reste était dispersé sur le champ de bataille pour enlever les blessés. Il y en avait vingt mille. On les portait à deux lieues en arrière, à cette grande abbaye de Kolotskoï.

Le chirurgien en chef, Larrey, venait de prendre des aides dans tous les régimens. Les ambulances avaient rejoint, mais tout fut insuffisant. Il s'est plaint depuis, dans une relation imprimée, qu'aucune troupe ne lui eût été laissée pour requérir les choses de première nécessité dans les villages environnans.

L'empereur parcourait alors le champ de bataille : jamais aucun ne fut d'un si horrible aspect. Tout y concourait : un ciel obscur, une pluie froide, un vent violent, des habitations en cendres, une plaine bouleversée, couverte de ruines et de débris; à l'horizon, la triste et sombre verdure des arbres du nord; par-tout des soldats errant parmi des cadavres et cherchant des subsistances jusque dans les sacs de leurs compagnons morts; d'horribles blessures, car les balles russes sont plus grosses que les nôtres; des bivouacs silencieux, plus de chants, point de récits; une morne taciturnité.

On voyait autour des aigles, le reste des officiers et sous-officiers et quelques soldats, à peine ce qu'il en fallait pour garder le drapeau. Leurs vêtemens étaient déchirés par l'acharnement du combat, noircis de poudre, souillés de sang; et pourtant, au milieu de ces lambeaux, de cette misère, de ce désastre, un air fier, et même à l'aspect de l'empereur, quelques cris de triomphe, mais rares et excités : car, dans cette armée, capable à la fois d'analyse et d'enthousiasme, chacun jugeait de la position de tous.

Les soldats français ne s'y trompent guère; ils s'étonnaient de voir tant d'ennemis tués, un si grand nombre de blessés et si peu de prisonniers. Il n'y en avait pas huit cents. C'était par le nombre de ceux-ci qu'on calculait le succès. Les morts prouvaient le courage des vaincus plutôt que la victoire. Si le reste se retirait en si bon ordre, fier, et si peu découragé, qu'importait le gain d'un champ de bataille. Dans de si vastes contrées, la terre manquerait-elle jamais aux Russes pour se battre?

Pour nous, nous n'en avions déjà que trop, et bien plus que nous ne pouvions en garder. Était-ce donc la conquérir! L'étroit et long sillon que nous tracions si péniblement depuis Kowno, à travers des sables et des cendres, ne se refermerait-il pas derrière nous, comme celui d'un vaisseau sur une vaste mer! il suffisait de quelques paysans mal armés pour l'effacer.

En effet, ils allaient enlever derrière l'armée nos blessés et nos maraudeurs. Cinq cents traîneurs tombèrent bientôt entre leurs mains. Il est vrai que quelques soldats français,

CHAPITRE XII.

arrêtés ainsi, feignirent de prendre parti parmi ces Cosaques; ils les aidèrent à faire de nouvelles captures, jusqu'au moment où, se trouvant avec leurs nouveaux prisonniers en nombre assez considérable, ils se réunirent tout-à-coup, et se débarrassèrent de leurs ennemis trop confians.

L'empereur ne put évaluer sa victoire que par les morts. La terre était tellement jonchée de Français étendus sur les redoutes, qu'elles paraissaient leur appartenir plus qu'à ceux qui restaient debout. Il semblait y avoir là plus de vainqueurs tués que de vainqueurs vivans.

Dans cette foule de cadavres, sur lesquels il fallait marcher pour suivre Napoléon, le pied d'un cheval rencontra un blessé, et lui arracha un dernier signe de vie ou de douleur. L'empereur, jusque-là muet comme sa victoire, et que l'aspect de tant de victimes oppressait, éclata; il se soulagea par des cris d'indignation, et par une multitude de soins qu'il fit prodiguer à ce malheureux. Quelqu'un, pour l'apaiser, remarqua que ce n'était qu'un Russe; mais il reprit vivement, « qu'il n'y avait plus d'ennemis » après la victoire, mais seulement des hommes! » Puis il dispersa les officiers qui le suivaient, pour qu'ils secourussent ceux qu'on entendait crier de toutes parts.

On en trouvait sur-tout dans le fond des ravins, où la plupart des nôtres avaient été précipités, et où plusieurs s'étaient traînés pour être plus à l'abri de l'ennemi et de l'ouragan. Les uns prononçaient en gémissant le nom de leur patrie ou de leur mère, c'étaient les plus jeunes. Les plus anciens attendaient la mort d'un air ou impassible ou sardonique, sans daigner implorer, ni se plaindre; d'autres demandaient qu'on les tuât sur-le-champ : mais on passait vîte à côté de ces malheureux, qu'on n'avait ni l'inutile pitié de secourir, ni la pitié cruelle d'achever.

Un d'eux, le plus mutilé (il ne lui restait que le tronc et un bras), parut si animé, si plein d'espoir et même de gaieté, qu'on entreprit de le sauver. En le transportant, on remarqua qu'il se plaignait de souffrir des membres qu'il n'avait plus; ce qui est ordinaire aux mutilés, et ce qui semblerait être une nouvelle preuve que l'ame reste entière, et que le sentiment lui appartient seul, et non au corps, qui ne peut pas plus sentir que penser.

On apercevait des Russes se traînant jusqu'aux lieux où l'entassement des corps leur offrait une horrible retraite. Beaucoup assurent qu'un de ces infortunés vécut plusieurs jours dans le cadavre d'un cheval ouvert par un obus, et dont il rongeait l'intérieur. On en vit redresser leur jambe brisée, en liant fortement contre elle une branche d'arbre, puis s'aider d'une autre branche, et marcher ainsi jusqu'au village le plus prochain. Ils ne laissaient pas échapper un seul gémissement.

Peut-être, loin des leurs, comptaient-ils moins sur la pitié. Mais il est certain qu'ils parurent plus fermes contre la douleur que les Français : ce n'est pas qu'ils souffrissent plus courageusement, mais ils souffraient moins; car ils sont moins sensibles de corps comme d'esprit, ce qui tient à une civilisation moins avancée, et à des organes endurcis par le climat.

Pendant cette triste revue, l'empereur chercha vainement une rassurante illusion, en faisant recompter le peu de prisonniers qui restaient, et ramasser quelques canons démontés : sept à huit cents prisonniers et une vingtaine de canons brisés étaient les seuls trophées de cette victoire incomplète.

CHAPITRE XIII.

En même temps, Murat poussait l'arrière-garde russe jusqu'à Mojaïsk : la route qu'elle découvrit en se retirant, était nette et sans un seul débris d'hommes, de chariots, ou de vêtemens. On trouva tous leurs morts enterrés, car ils ont un respect religieux pour les morts.

Murat, en apercevant Mojaïsk, s'en crut maître; il envoya dire à l'empereur d'y venir coucher. Mais l'arrière-garde russe avait pris position en avant des murs de cette ville, derrière laquelle on voyait sur une hauteur tout le reste de leur armée. Ils couvraient ainsi les routes de Moskou et de Kalougha.

Peut-être Kutusof hésitait-il entre ces deux routes, ou voulait-il nous laisser dans l'incertitude sur celle qu'il aurait suivie; ce qui arriva. D'ailleurs les Russes tenaient à honneur de ne coucher qu'à quatre lieues du champ de notre victoire. Cela leur donnait aussi le temps de désencombrer la route derrière eux, et de déblayer leurs débris.

Leur attitude était ferme et imposante, comme avant la bataille; ce qu'il fallut admirer, mais ce qui tenait aussi à la lenteur que nous avions mise à quitter le champ de Borodino, et à une profonde ravine qui se trouvait entre eux et notre cavalerie. Murat n'aperçut pas cet obstacle; un de ses officiers, le général Dery, le devina. Il alla reconnaître le terrain jusqu'aux portes de la ville, sous les baïonnettes russes.

Mais le roi, fougueux comme au commencement de la campagne et de sa vie militaire, n'en tint compte : il appelait sa cavalerie; il lui criait avec fureur d'avancer, de charger, d'enfoncer ces bataillons, ces portes, ces murailles!

son aide-de-camp lui objectait en vain l'impossibilité; il lui montrait cette armée sur la hauteur opposée, qui commandait Mojaïsk, et ce ravin où le reste de nos cavaliers était prêt à s'engouffrer. Mais lui, toujours plus emporté, répétait « qu'il fallait qu'ils marchassent; que s'il y avait » un obstacle, ils le verraient! » Puis il insultait pour exciter; et l'on allait porter ses ordres, lentement toutefois, car on s'entendait d'ordinaire pour en retarder l'exécution, afin de lui donner le temps de réfléchir, et qu'un contre-ordre prévu pût arriver avant un malheur : ce qui n'avait pas toujours lieu, mais ce qui arriva cette fois. Murat se satisfit, en épuisant ses canons sur des Cosaques ivres et épars, dont il était presque environné, et qui l'attaquaient en poussant de sauvages hurlemens.

Néanmoins, cette affaire s'engagea assez pour ajouter aux pertes de la veille : Belliard y fut blessé; ce général, qui depuis manqua beaucoup à Murat, s'occupait à reconnaître la gauche de la position ennemie : elle était abordable, c'était de ce côté qu'il eût fallu attaquer; mais Murat ne pensa qu'à se heurter contre ce qu'il avait devant lui.

Pour l'empereur, il n'arriva sur le champ de bataille qu'avec la nuit, et suivi de forces insuffisantes. On le vit s'avancer vers Mojaïsk, marchant d'un pas encore plus lent que la veille, et dans une telle absorption, qu'il semblait ne pas entendre le bruit du combat, ni les boulets qui arrivaient jusqu'à lui.

Quelqu'un l'arrêta, en lui montrant l'arrière-garde ennemie entre lui et la ville, et derrière, les feux d'une armée de cinquante mille hommes. Ce spectacle constatait l'insuffisance de sa victoire, et le peu de découragement de l'ennemi; il y parut insensible; il écouta les rapports d'un air affaissé et laissa faire; puis il retourna se coucher dans un village à quelques pas de là, et à portée des feux ennemis.

L'automne des Russes venait de l'emporter; sans lui,

peut-être la Russie tout entière eût fléchi sous nos armes aux champs de la Moskowa : son inclémence prématurée vint singulièrement à propos au secours de leur empire. Ce fut le 6 septembre, la veille même de la grande bataille ! un ouragan annonça sa fatale présence. Il glaça Napoléon. Dès la nuit qui précéda cette bataille décisive, on a vu qu'une fièvre ardente brûla son sang, abattit ses esprits, et qu'il en fut accablé pendant le combat ; cette souffrance arrêta ses pas et enchaîna son génie pendant les cinq jours qui suivirent : après avoir préservé Kutusof d'une ruine totale à Borodino, elle lui donna le temps de rallier les restes de son armée, et de les dérober à notre poursuite.

Le 9 septembre nous montra Mojaïsk debout et ouverte ; mais en deçà, l'arrière-garde ennemie encore sur les hauteurs qui la dominent, et qu'occupait la veille leur armée. On pénétra dans la ville, les uns pour la traverser et poursuivre l'ennemi, les autres pour piller et se loger : ceux-ci n'y trouvèrent point d'habitans, point de vivres, mais seulement des morts, qu'il fallut jeter par les fenêtres pour se mettre à couvert, et des mourans qu'on réunit dans un même lieu.

Il y en avait par-tout, et en si grand nombre, que les Russes n'avaient pas osé incendier ces habitations ; toutefois, leur humanité, qui n'avait pas toujours été si scrupuleuse, céda au besoin de tirer sur les premiers Français qu'ils virent entrer, et ce fut avec des obus, de sorte qu'ils mirent le feu à cette ville de bois, et brûlèrent une partie des malheureux blessés qu'ils y avaient abandonnés.

Pendant qu'on cherchait à les sauver, cinquante voltigeurs du 33ᵉ gravissaient la hauteur, dont la cavalerie et l'artillerie ennemie occupaient le sommet. L'armée française, encore arrêtée sous les murs de Mojaïsk, regardait avec surprise cette poignée d'hommes dispersés, qui, sur cette pente découverte, irritaient de leurs feux des milliers de cavaliers russes. Tout-à-coup ce qu'on prévoyait arriva. Plusieurs escadrons ennemis s'ébranlèrent : un instant leur suffit pour envelopper ces audacieux, qui se pelotonnèrent rapidement, et firent face et feu de tous côtés ; mais ils étaient si peu, au milieu d'une plaine si vaste, et d'une si grande quantité de chevaux, qu'ils disparurent bientôt à tous les yeux.

Une exclamation générale de douleur s'éleva de tous les rangs de l'armée. Chacun de nos soldats, le cou tendu, l'œil fixe, suivait tous les mouvemens de l'ennemi, et cherchait à démêler le sort de ses compagnons d'armes. Les uns s'irritaient contre la distance, et demandaient à marcher ; d'autres chargeaient machinalement leurs armes ou croisaient la baïonnette d'un air menaçant, comme s'ils avaient été à portée de les secourir. Tantôt leurs regards s'animaient comme lorsqu'on combat, tantôt ils se troublaient comme lorsqu'on succombe. D'autres conseillaient et encourageaient, oubliant qu'on ne pouvait les entendre.

Quelques jets de fumée, qui s'élevèrent du milieu de cette masse noire de chevaux, prolongèrent l'incertitude. On s'écria que les nôtres tiraient, qu'ils se défendaient encore, que tout n'était pas fini. En effet, un chef russe venait d'être tué par l'officier commandant ces tirailleurs. Il n'avait répondu à la sommation de se rendre que par ce coup de feu. Cette anxiété durait depuis plusieurs minutes, quand tout-à-coup l'armée jeta un cri de joie et d'admiration en voyant la cavalerie russe, étonnée d'une résistance si audacieuse, s'écarter pour éviter un feu bien nourri, se disperser, et nous laisser enfin revoir ce peloton de braves, maître sur ce vaste champ de bataille, dont il occupait à peine quelques pieds.

Dès que les Russes virent qu'on manœuvrait sérieusement pour les attaquer, ils disparurent sans laisser de traces après eux. Ce fut comme après Vitepsk et Smolensk ; et bien plus remarquable, le surlendemain d'un si grand désastre : on resta d'abord incertain entre les routes de Moskou et de Kalougha ; puis Murat et Mortier se dirigèrent à tout hasard sur Moskou.

Ils marchèrent pendant deux jours, ne mangeant que du cheval et du grain pilé, sans trouver ni hommes ni choses qui décelassent l'armée russe. Celle-ci, quoique son infanterie ne formât plus qu'une seule masse toute confuse, n'abandonna pas un débris : tant il y avait d'amour-propre national, et d'habitude d'ordre, dans l'ensemble et le détail de cette armée, et tant nous fûmes dépourvus de toute espèce de renseignemens, comme de ressources, dans ce pays désert et tout ennemi.

L'armée d'Italie s'avançait à quelques lieues sur la gauche de la grande route, elle surprit des paysans en armes qui ne surent point combattre : mais leur seigneur, le poignard à la main, se rua sur nos soldats, comme un désespéré ; il criait qu'il n'avait plus d'autel, plus d'empire, plus de patrie, et que la vie lui était odieuse ; on voulut pourtant la lui laisser, mais comme il s'efforçait de l'ôter aux soldats qui l'entouraient, la pitié fit place à la colère, et on le satisfit.

Vers Krymskoïe, le 11 septembre, l'armée ennemie reparut bien établie dans une forte position. Elle avait repris sa méthode d'avoir égard, dans sa retraite, au terrain plus qu'à l'ennemi. Le duc de Trévise fit d'abord convenir Murat de l'impossibilité d'attaquer ; mais la fumée de la poudre eût bientôt enivré ce monarque. Il se compromit, et obligea Dufour, Mortier, et leur infanterie, de s'avancer. C'était le reste de la division Friand et la jeune garde. On perdit là, sans utilité, deux mille hommes de cette réserve, ménagée si mal à propos le jour de la bataille ; et Mortier furieux écrivit à l'empereur qu'il n'obéirait plus à Murat.

Car c'était par des lettres que les généraux d'avant-garde communiquaient avec Napoléon. Il était resté depuis trois jours à Mojaïsk, enfermé dans sa chambre, toujours consumé par une fièvre ardente, accablé d'affaires et dévoré d'inquiétudes. Un rhume violent lui avait fait perdre l'usage de la parole. Forcé de dicter à sept personnes à la fois, et ne pouvant se faire entendre, il écrivait sur différens, papiers le sommaire de ses dépêches. S'il s'élevait quelques difficultés, il s'expliquait par signes.

Il y eut un moment où Bessières lui fit l'énumération de tous les généraux blessés le jour de la bataille. Cette fatale nomenclature lui fut si poignante, que, retrouvant sa voix par un violent effort, il interrompit ce maréchal par cette brusque exclamation : « Huit jours de Moscou, » et il n'y paraîtra plus. »

Cependant, quoiqu'il eût placé jusque-là tout son avenir dans cette capitale, une victoire si sanglante et si peu décisive avait affaibli son espoir. Ses instructions du 11 septembre, à Berthier pour le maréchal Victor, montrèrent sa détresse. « L'ennemi, attaqué au cœur, ne s'amuse plus » aux extrémités. Dites au duc de Bellune qu'il dirige tout, » bataillons, escadrons, artillerie, hommes isolés, sur » Smolensk, pour pouvoir de là venir à Moskou. »

Au milieu de ces souffrances de corps et d'esprit, dont il dérobait la vue à son armée, Davoust pénétra jusqu'à lui; ce fut pour s'offrir encore, quoique blessé, pour le commandement de l'avant-garde, promettant qu'il saurait marcher jour et nuit, joindre l'ennemi, et le forcer au combat, sans prodiguer, comme Murat, les forces et la vie de ses soldats. Napoléon ne lui répondit qu'en vantant avec affectation l'audacieuse et inépuisable ardeur de son beau-frère.

Il venait d'apprendre qu'on avait retrouvé l'armée ennemie; qu'elle ne s'était point retirée sur son flanc droit, vers Kalougha, comme il l'avait craint; qu'elle reculait toujours, et qu'on n'était plus qu'à deux journées de Moskou. Ce grand nom et le grand espoir qu'il y attachait, ranimèrent ses forces, et le 12 septembre il fut en état de partir en voiture, pour rejoindre son avant-garde.

FIN DU TOME PREMIER.

www.ingramcontent.com/pod-product-compliance
Lightning Source LLC
Chambersburg PA
CBHW071519160426
43196CB00010B/1579